# 帝国を調べる

植民地フィールドワークの科学史

坂野徹 編著
Toru SAKANO

keiso shobo

# 帝国を調べる

——植民地フィールドワークの科学史

／目次

# 序論　「帝国日本」「ポスト帝国」時代のフィールドワークを問い直す

坂野　徹

## 1　本書のねらい

本書は、「帝国日本」「ポスト帝国」時代[1]に東アジア各地で行われたフィールドワークや学術調査を、科学史あるいは学問史の観点から検討しようとするものである。

周知のように、一九九〇年代以降、日本では、かつて支配下に置いたアジア各地の植民地・占領地の歴史に関する膨大な研究が積み重ねられてきた。こうした植民地・占領地史研究の進展にくわえ、近年では、日本敗戦＝植民地帝国崩壊後におけるアジア各国の「戦後」史に関する研究も盛んになっており、「帝国日本」「ポスト帝国」史研究は、現在、歴史研究の大きな潮流となっている。

こうした研究の展開と連動して、九〇年代には、科学史家を含むさまざまな領域の研究者によって、アジア各地の植民地・占領地における学術活動に関する歴史研究も本格的にはじまった。その後、生物学、物理学、化学、医学、工学などのいわゆる科学技術の領域から、歴史学、政治学、法学、経済学などの人文社会科学の領域まで、かつて植民地・占領地で行われたさまざまな分野の学術活動についての検討が進められるとともに、現地に設立された研究教育機関、博物館の歴史など、多様な問題系をめぐって「帝国日本」の学知の政治性が問う研究が登場するようになった(2)。こうした「帝国日本」時代の学術活動への関心は、かつて日本の支配下に置かれた東アジア諸国にも共有されており、韓国・台湾・中国においても、植民地・占領地時代の学術活動に関する歴史研究が盛んになっている。本書は、こうした研究潮流に棹さしつつ、学術活動のなかでも特にフィールドワークに焦点を当て、その歴史的意味を考えることを企図している。

いうまでもなく、フィールド系の学問領域では、日本国内を含むフィールドワークや学術調査に関する学史研究は古くから存在する。とりわけ民族学（文化／社会人類学）や民俗学においては、現地調査が大きな位置を占めているため、これらの学問領域の学史研究は必然的にフィールドワークの歴史を含むものとなる。また、かつて今西錦司らを擁し、「探検大学」とも称された京都大学における学術調査の歴史について、関係者を中心に、研究が一定積み重ねられてきたことも見逃せない。いずれにせよ、先に述べた「帝国日本」「ポスト帝国」史研究の潮流とは別のところで、従来からフィールドワークの歴史に関わる研究が進められてきたことは確かである(3)。

だが、先に述べた「帝国日本」の学知という問題意識にもとづき、（特に海外における）フィールドワークの政治性を問うような研究が登場したのはやはり九〇年代以降のことである。そして、こうした研究動向をリードしたのは、古くから植民地主義との関係が指摘されてきた民族学（文化／社会人類学）に関する学史研究であった(4)。

しかし、ここで注意したいのは、民族学（文化／社会人類学）の学史以外に視野を広げてみると、「帝国日本」のフィールドワークの歴史を主題とした研究は必ずしも多くないということである。先に述べたとおり、本書は九〇年代以降の植民地・占領地史研究の蓄積を踏まえているが、管見の限り、本書で扱うさまざまな学問領域におけるフィールドワークの展開を「帝国日本」「ポスト帝国」史のなかに位置づけるような著作は――研究論文はともあれ――ほぼ皆無に近い[5]。本書では、自然・人文・社会の区別をこえた多様な学問領域におけるフィールドワークを取り上げることになるが、そうした意味で、本書は、学問領域横断的な形でフィールドワークと「帝国」との関わりを考えようとする、日本ではじめての研究書だといってよい。

## 2　本書の視角

本書で扱われる学問領域は、考古学、歴史学、民俗学、文化人類学（民族学）、地理学、薬理学、生物学である。人文科学から自然科学まで、また、いわゆるフィールド系の学問から、一見するとフィールドワークとは無縁にも思える学問まで、各章が分析対象とする領域は多種多様だが、それぞれの学問領域のなかでフィールドワークが果たした役割が分析されることになる。

また、本書がカバーする時代は、一九世紀末から戦後、おおむね一九六〇年代までである。基本的には「帝国日本」時代の植民地・占領地におけるフィールドワークが中心となるが（第一章―第四章）、最後の二章には、「ポスト帝国」時代のフィールドワークに関する論考が置かれる（第五章・第六章）。各章で検討対象となるフィールドワークが実施された地域は、中国大陸および日本国内（第一章）、朝鮮半島（第二章・第三章）、パラオ（第四章）、北海道（第五章）、瀬戸内地方・沖縄・韓国（第六章）だが、フィールド研究者の多くは一ヶ所に留まらず、「帝国」各地を移動しながら調査を実施したので、各章では、必要に応じて彼らの地域間での移動をめぐる問題にも目を向けている[6]。

本書で検討するフィールドワークのほとんどは植民地や占領地を舞台に行われたものである以上、当然そこにはさまざまな形で植民地状況が影を落としている。「調査する側」と「調査される側」のあいだの不均衡な関係や、そこで生じるさまざまな問題（宮本常一「調査地被害」）が指摘されて既に久しいが、植民地・占領地で行われるフィールド調査において、それはより先鋭的な形で現れることになる。しかもまた、それは調査する側の人間＝研究者と、調査される側の人間＝現地住民のあいだの関係にとどまらない。宗主国の研究者とその調査対象（当然、それは人間とは限らない）のあいだには、植民地出身の研究者を含めてさまざまなエージェントが存在するが、各章では、こうした多様なエージェントをめぐる問題も検討されている。

ただし、各章におけるフィールドワークに対する捉え方は大きく異なっている。第一章が扱うのは文献史学を越える可能性をもつ（と考えられた）方法論としてのフィールドワークであるのに対して、第二章におけるフィールドワークとは、極論すれば文献の記述を再確認するための作業にすぎない。さらに第三章におけるフィールドワークは、実験研究と相補うものであり、第四章においては植民地での生活総体がフィールドワークだということになる。また、第五章が焦点を当てるのは研究者のフィールドノートなどから明らかになるフィールドワークの実態であり、第六章が主題化するのは、フィールドワーカーが各地を移動する姿である。

もちろん、これは、まずは各章が扱う学問分野によってフィールドワークの捉え方や方法論に違いがあったからだともいえるが、本書ではこうしたフィールドワークの方法論上の問題について議論することはできなかった。だが、少なくとも本書を通読することで、植民地や占領地などで進められた多様なフィールドワークの姿が浮かび上がってくるはずである。本書各章での分析をきっかけに、フィールドワークの方法論について、さらなる議論が生まれることを期待している。

## 3　各章の内容

ここで本書への導入として、各章の内容を簡単に紹介しよう。

第一章（菊地暁「民俗学者・水野清一」）が取り上げるのは、中国の雲高（雲崗）石窟の発掘調査や京大イラン・アフガニスタン・パキスタン学術調査などで知られる東洋考古学者・水野清一と彼を取り巻く研究者である。ただし、ここで考察の対象となるのは、水野たちの考古学上の業績ではない。本章の題名が示すとおり、本章は、「「考古学者・水野清一」の陰に忘れられた「民俗学者・水野清一」」に光を当てようとする試みである。

著者によれば、一九三〇―四〇年代まで時代を遡ると、そこには現在では考えられないような、考古学と民俗学の距離感と協同が存在した。この時代、京大文学部の史学科に学んだ水野清一を含む若き研究者たちは、民俗学に対して並々ならぬ関心を抱いており、彼らにとって、考古学と民俗学は、ともにフィールドワークを基盤とし、かつ非文字資料を扱い人類文化史の再構成を目指す「新しい歴史学」にほかならなかった。かくして、本章では、水野と彼の周辺にいた考古学者・民俗学者の学術活動が、「戦前期」「戦中期」「占領期」に分けて分析されていく。第2節（戦前期）で、水野が学んだ京大史学科が標榜した「文化史学」と民俗学との近さが明らかにされ、第3節（戦中期）では、戦時中、中国大陸でフィールドワークを盛んに進めた水野における民俗学的関心があぶり出される。そしてさらに、第4節（占領期）では、水野を介した京大の研究者と「旅の巨人」宮本常一（民俗学者）の接近がもつ意味が考察される。

現在でも、例えば博物館などでは、民俗学者と考古学者の協同が皆無とはいえないだろうが、本章が指摘するとおり、同じフィールド系の学問でありながら、戦後、考古学と民俗学はある意味で対照的な道を歩むことになった。学問の制度化の意味を改めて考えさせる論考である。

続く第二章（アルノ・ナンタ「植民地考古学・歴史学・博物館」）は、第一章と同じく、考古学・歴史学におけるフィールドワークを扱っているが、だいぶおもむきが異なる。ここで問題とされるのは、植民地統治時代の朝鮮を舞台とした考古学・歴史学研究とナショナリズム（ナショナル・アイデンティティの創造）、植民地統治の関係である。

本章は、大韓帝国期から日韓併合（一九一〇年）を経て、日本の植民地支配が終わる四五年までの朝鮮半島における考古学研究の展開を、初期におけるフィールドワーク（第2節）、日韓併合後、総督府主導で行われた考古学研究の制度化（第3節）、その後の発掘事業の展開と博物館の設立（第4節）、考古学関係の出版物（第5節）という順序で丹念に追っていく。本章の議論を通じて明らかにされるのは、植民地朝鮮における考古学研究が朝鮮半島の過去を古代から連綿と続く「一国史」として捉え、（解放後の）朝鮮人のナショナル・アイデンティティにも一定の影響を与えたという事実である。

そして、ここで注目されるのは、こうした朝鮮半島におけるフィールドワーク＝発掘調査が、結局のところ、文献資料によって「既に知られた」知識を再確認するにとどまったという指摘である。第一章に登場する一九三〇年代の京大文化史学派において、フィールドワークは文献史学の限界性を越える方法論と位置づけられていたが、ここではフィールドワークとは古文献の記述を再確認するためのものであった。

そして、第三章（愼蒼健「フィールドワークと実験室科学の接合」）は、やはり日本統治時代の朝鮮半島における学知を扱ったものである。先の二つが人文科学分野であったのに対して、ここで焦点が当てられるのは、京城帝大における薬理学研究の誕生とフィールドワークの関係である。

著者によれば、植民地統治下の朝鮮において、一九一〇年代から総督府のさまざまなセクターで薬用植物に関するフィールドワーク（現地医療者に対する聞き取りを含む）と文献調査が進められていた（第2節―第

4節）。そこに日本の「内地」および満洲で進められた漢薬に対する実験研究（第5節）が合流する形（「フィールドワークと実験室科学の接合」）で、京城帝大における漢薬に関する薬理学的研究は成立したのだという。そして、京城帝大の薬理学研究は、一九三〇年以降、帝国日本の大陸進出と連動して、中国大陸でのフィールドワークや軍事用医薬品の研究開発に邁進していくことになる。京城帝大薬理学教室の研究史は、受け身ではなく、主体的に政治に関与することで研究を拡大していく歴史なのであった（第6節）。

ここでは、第一章、第二章とはまた違った形でのフィールドワークの姿が描かれている。すなわち、菊地・ナンタが問題としていたのは、フィールドワークと文献研究の関係であったが、ここで描き出されるのは実験室科学を補うものとして文献調査とフィールドワークが求められる姿である。

同じく自然科学分野のフィールドワークを扱った第四章（坂野徹「珊瑚礁・旅・島民」）は、戦前、南洋群島と呼ばれたミクロネシア・パラオに置かれたパラオ熱帯生物研究所の学術活動について考えようとするものである。パラオ研には、「内地」から若い研究者が派遣され、現地で珊瑚礁を中心とする熱帯生物の研究にあたった。

本章は、植民地統治下で進められたパラオ研における研究生活全てをフィールドワークと捉える。パラオ研のような臨海実験所においては、「野外調査」と「実験室」の区分は明確ではなく、しかも海外植民地での研究生活はそれ自体が一種のフィールドワークとみなせるという判断からである。ここでは、研究所設立の背景を確認した上で（第2節）、現地住民との交流を含めた、研究員のパラオでの研究生活が詳細に検討される（第3節）。そして、一九三〇年代末以降、研究所が戦時体制に巻き込まれ、ついには閉鎖されるとともに、元研究員たちが東南アジアの占領地における占領政策に関わった局面（第4節）と、研究所の遺産がアメリカに利用されていく事態（第5節）が描き出されることになる。

本章がおもに依拠するのは（元）研究員たちが戦後も刊行し続けたパラオ研の同窓会誌（『岩山会会報』）

だが、著者は、それをひとつの偉大なフィールドノートと呼んでいる。

以上ここまでが「帝国日本」時代のフィールドワークに関する章であったのに対して、以下の二つの章が扱うのは「ポスト帝国」時代のフィールドワークである。

まず第五章（木名瀬高嗣「「アイヌ民族綜合調査」とは何だったのか」）が焦点を当てるのは、日本敗戦後の北海道を舞台とした「アイヌ民族綜合調査」（一九五一―五四年）とそこで泉靖一（文化人類学者）が果たした役割である。

本章は大きく二つの部分からなる。まず第2節では、家系調査にもとづきアイヌ社会に「固有」の構造と機能を再構成しようとする「綜合調査」の試みが本来的に「仮構」でしかないこと、この共同研究には、中央の「文化人類学」者が、「北海道諸学者」（仮に「民族／民俗学」者と呼ばれる）とアイヌの「ネイティヴ・インフォーマント」という二重のエージェントを媒介としてアイヌを知的に搾取・収奪する構造が存在したことが指摘される。

だが、著者によれば、以上はあくまでも活字化された論文などから導き出された分析であり、その意味で本章の真骨頂は第3節にある。ここで分析の対象となるのは、泉靖一のアイヌ調査に関する「挫折」体験――「綜合調査」の後半、泉がひとりのアイヌの老女から罵倒され、アイヌ研究から撤退したというエピソード――と呼ばれるものである。しかし、著者は、泉靖一の遺したフィールドノートや泉の調査に同行した研究者からの私信などにもとづいて、実際の「挫折」はもっと後のことである可能性が高く、しかもこの「挫折」譚が、一九六〇年代末における全共闘運動などを背景とした文化人類学における植民地主義批判の流れのなかで登場したことを明らかにする。

そして、最後の第六章（泉水英計「アメリカ人地理学者による冷戦期東アジアのフィールド調査」）が分析の俎上にあげるのは、「帝国日本」に代わる新たな「帝国」として東アジア地域の覇権を握ったアメリカの地理学者（F・ピッツ）のフィールドワークである。フィールド研究者の移動の問題は、ここまでの各章でも触れられていたが、本章は、それを中心的テーマとしている。

日本敗戦間際の一九四五年にアメリカ海軍東洋語学校を卒業後、ミシガン大学大学院で学んだピッツは、五〇年代から六〇年代にかけて、瀬戸内、沖縄、韓国で農村調査を実施した。本章が注目するのは、戦時中、対日戦争のためにアメリカで急速に発展した日本研究が沖縄研究、さらには韓国研究へとつながっていく姿である。

ピッツが瀬戸内、沖縄、韓国で実施した調査は基本的に実践的な目的と結びついていたが、著者はそこに単純な政治性（アメリカ政府や軍の要請）を読み込んでよしとはしない。なぜなら、ピッツは現地（沖縄）の統治にとって不利な調査をも辞さなかったからだ。むしろ、ここで著者が強調するのは、研究者が「地域」を結んで移動することは（その研究者が属する国家が）優勢であることを示しており、逆に「地域」に留まることこそが「劣位」の証だということである。

翻って考えてみると、同種の構造は、本書の他の章で検討されたフィールドワークにも存在したし――例えば、植民地朝鮮における日本人研究者（さらにそれは細分化できる）と朝鮮人研究者の関係（第二章）や、アイヌ研究における中央の「文化人類学」者と「北海道諸学者」の関係（第五章）など――、さらに、現在の学術研究のさまざまな局面にも見出すことができるだろう。その意味で、ここでの著者の指摘は、「帝国日本」にとどまらない、フィールドワークや地域研究の覇権をめぐる問題を考えるための重要な視座を提示しているように思われる。

なお、本書は全体としてストーリー展開を入念に検討したうえで構成を決めているが、もともと各論考は独立の論文として執筆されている。それゆえ、興味のある章から読んでいただいても理解可能な内容となっていることをここでお伝えしておきたい。

## 注

（1）本論では、「帝国日本」崩壊後の時期を指す際、（少々座りのよくない表現だが）「ポスト帝国」時代という用語を用いることにする。ここには、もはや「帝国」とは呼びがたいが、同時に「帝国」の遺産がさまざまな形で残っている時代といった意味を込めている。

（2）その一つの達成が、『岩波講座「帝国」日本の学知』全八巻だといえる。ただし、科学技術関係の巻が、「実学としての科学技術」（第七巻）だけであることなど（田中編　二〇〇六）、この講座で扱われている学問領域に片寄りがあることも否めない。

（3）ここでは、個別の学問分野におけるフィールドワークの歴史に触れた研究を羅列する代わりに、こうした学問領域での著名なフィールドワーカーを主人公とした代表的著作として、中薗英助『鳥居龍蔵伝――アジアを走破した人類学者』、佐野眞一『旅する巨人――宮本常一と渋沢敬三』、斎藤清明『今西錦司伝――「すみわけ」から自然学へ』の三冊を挙げておく。こうした著作をみれば、人類学（民族学）、民俗学、京都学派におけるフィールドワークが占める役割の大きさがわかる（中薗　一九九五；佐野　一九九六；斎藤　二〇一四）。

（4）九〇年代以降、刊行された日本の民族学（人類学）史に関する多くの歴史研究のなかから、ここでは特に「学術調査」を表題にもつ著作として、山路勝彦『近代日本の海外学術調査』（二〇〇六）と山路勝彦編『日本の人類学――植民地主義・異文化研究・学術調査の歴史』（二〇一一）の二冊を挙げておく。

（5）あくまでも国内調査が対象だが、「ポスト帝国」時代のフィールドワークを主題とした研究として、拙著『フィールドワークの戦後史――宮本常一と九学会連合』（二〇一一）がある。

（6）残念ながら、台湾でのフィールドワークを扱う章を置くことはできなかった。

## 参考文献

斎藤清明（二〇一四）『今西錦司伝――「すみわけ」から自然学へ』ミネルヴァ書房
坂野徹（二〇一一）『フィールドワークの戦後史――宮本常一と九学会連合』吉川弘文館
佐野眞一（一九九六）『旅する巨人――宮本常一と渋沢敬三』文藝春秋
田中耕司編（二〇〇六）『岩波講座「帝国」日本の学知（第七巻）実学としての科学技術』岩波書店
中薗英助（一九九五）『鳥居龍蔵伝――アジアを走破した人類学者』岩波書店

山路勝彦（二〇〇六）『近代日本の海外学術調査』山川出版社
山路勝彦編（二〇一一）『日本の人類学——植民地主義・異文化研究・学術調査の歴史』関西学院大学出版会

# 第一章　民俗学者・水野清一

## ――あるいは、「新しい歴史学」としての民俗学と考古学

菊地　暁

### 1　はじめに――東方部の「折口ファン」たち

中国研究の牙城たる京都大学人文科学研究所東方部に、どういうわけか「熱烈な折口ファン」が多いことは、すでに東洋史家・礪波護の指摘がある（礪波　二〇〇一：二八〇頁）[1]。東洋史学の貝塚茂樹（一九〇四―八七年）、中国文学の平岡武夫（一九〇九―九五年）、歴史地理学の森鹿三（一九〇六―八〇年）、考古学の水野清一（一九〇五―七一年）、専門を異にする面々が、なぜかそれぞれ、折口信夫（一八八七―一九五三年）に関心を抱いていたのだ。

貝塚の場合は、大学生の頃、何気なくスイッチをつけたラジオがきっかけだった。「翁の発生」を説き語る折口の言葉を「息もつがずに聞き入るうちに、知らぬまに三十分の講演がおわった」（貝塚　一九六六：一頁）。一緒に聞いていた弟・秀樹（湯川秀樹　一九〇七―八一年）ともども、大いに感銘を受けたという。この

折口なる学者が何者であるか、当時の貝塚はまるで知らなかったのだが、たまたま父・小川琢治（一八七〇―一九四一年）のもとに届けられる雑誌『民族』に「水の女」（一九二七年）など、折口の論考をみいだすことになる。「読んでみると、どれも素晴らしい。私はすっかりこの未知の学者のファンになって、雑誌へ出る端から先生の論文を読みはじめた」（貝塚　一九六六：二頁）。

この頃、水野清一や森鹿三も貝塚と同様に折口学に傾倒、「「水の女」などは、われらの一党のもっとも愛読した論文で、いつも話題になったものである」という（貝塚　一九六六）。その後、折口が京大で集中講義した際（一九三九年）、貝塚は勤務先の東方文化研究所から通いつめ、その言霊のごとき講説に魅了されている。「壇上の先生の口から、まるで蠶が絲をはくように、とめどもなく引き出されてくる、あやしい連想の数々にたゞ驚異の眼をみはるばかりだった」（貝塚　一九六九：八頁）。

こうした「折口ファン」の叢生には、当時の京大史学科のユニークな雰囲気が作用していた。

当時の京都の文学部では、西田幾多郎博士の影響もあって、学問の方法論が盛んに論議されていた。京大文学部史学科の陳列館の地下の溜り場の炉を囲んで、絶えず歴史学とは何ぞや、文化史とは何か、という方法論の議論が交はされていた。国史の肥後和男・山根徳太郎・池田源太などとともに、論争を執拗に交えられていたのは水野君であった。こういう連中が後年、国史の西田直二郎教授のお宅に月一回金曜日に集まって、文化史について一夕を論じることになった。この金曜会に水野君の勧めで、森鹿三君とこのグループに加わることになった。

この時代はまた柳田国男・折口信夫を中心とした日本民俗学の勃興期にもあたっていた。西田直二郎教授と折口信夫とは大阪の天王寺中学の同窓生であった関係で、金曜会でも一夕お話を聞いたことがある。こういうことが契機になり金曜会の大部分はまた、京都民俗学会のメンバーとして活動することになった。

水野君が「民俗学」四巻八号にのせたR. F. Fortuneの「ドブの呪術師の書評」はこういう雰囲気から生まれたのである。私は水野君と東洋史、ないしは東洋考古学の同学としてではなく、何よりも文化史学と民俗学の同好として、学交を深めたのである（貝塚　一九七三：八一―八二頁）。

当時の京都にあっては、歴史学の革新のなかで、文献史学、地理学、考古学、民俗学等々の広範な連携が始動しつつあった。そしてその中心にいた一人が、本章の主人公、考古学者・水野である。戦時中、中国・雲岡石窟の発掘に粛々と取り組み、戦後、長廣敏雄との共著『雲岡石窟』（一九五一―五六年）全一六巻三二冊を公刊、その業績により日本学士院恩賜賞を受賞した東洋考古学の泰斗・水野清一は（菊地　二〇〇七a）、それ以前に「文化史学と民俗学の同好」だったのだ。

このことは、水野の個人的嗜好や若さゆえの過ちといったものには還元できない。というのも、この時期、民俗学と考古学に等しく関心を抱く学徒が少なくなかったからだ。高松塚古墳の発掘で名高い末永雅雄（一八九七―一九九一年）、内蒙古「慶陵」の発掘で日本学士院恩賜賞を受賞することになる小林行雄（一九一一―一八九年）、朝鮮考古学の第一人者・有光教一（一九〇七―二〇一一年）、考古学会の最長老として長らく君臨した斎藤忠（一九〇八―二〇一三年）、昭和初年を京大考古学教室で過ごした彼らはいずれも民俗学に興味を示し、その研究会に参加していた。小林は、折口説が自らの考古学説に重要なインスパイアを与えていることを自ら認め（小林　一九六七）、考古学専攻の学生にも折に触れ折口学を学ぶことを勧めていたらしい（京都大学文学部考古学研究室編　一九九四）。

誤解を恐れずにいえば、考古学と民俗学は、このとき、「新しい歴史学」の最前線だった。大正末年から昭和初年にかけて、西欧から移植された近代的歴史学すなわち文献実証主義がスタンダードとして確立される一方、大正教養主義を追い風に和辻哲郎、津田左右吉らが新たな構想力で史学に新風を吹き込み、日本最初の「新しい歴史学」ともいうべき潮流を産み出していた（山口 二〇〇五：菊地 二〇〇八）。そして、伝承を対象とする民俗学と遺物を対象とする考古学は、いずれも「フィールドワーク」を基盤とし、かつ「非文字史料」を扱い「人類文化史」の再構成に目指す点において、多くの課題を共有した。今日とは全く異なる学問の距離感がそこにあったのだ。

学問の発展が専門の分化と深化を必然とする以上、そうした古き良き蜜月が無条件によかったとは、もちろん、いえない。しかし、その乖離の経緯やそれによって生じた得失は、きちんと確認しておいてもよいだろう。「考古学者・水野清一」の陰に忘れられた「民俗学者・水野清一」を手がかりに、そんなことを考えてみたい。

## 2 文化史学と民俗学——戦前期

### 水野清一

まず、水野の経歴を確認しておこう。(2) 一九〇五年、神戸市兵庫算所町（現兵庫区兵庫町）に清一は生誕する。『折口信夫全集』月報に寄せた一文で、水野は故郷について述べている。

わたくしのうまれ、そだったのは神戸市の兵庫側で、町のなかではあったけれども、「村」とよばれていた。〔中略〕うちでは芝居ずきの祖母がいて、いつも子もりかたがた孫どもをつれて芝居見物をした。それで芝居には、そうとうなじんでいたとはいうものの、子どものこととて、これというまとまった印象はない。〔中略〕しかし、それからは世のなかもかわったというのか、このような陰気な狂言は、すっかりはやらない時代になってしまった。そうして二十年ちかくたって、忽焉と出あったのが、おもいもかけぬ

〔折口〕先生の「餓鬼阿弥蘇生譚」であった。わたくしにとってそれは、大きな啓示であった。筋書を知らされて、心のすみにあったしこりのとりはらわれたのはこころよかったが、こんな身ぢかな、たわいないことが、古代人の信仰にふかくねざし、生活の古典であることをおしえられたのには、ふかい感動を覚えた（水野　一九六七：一頁）。

こうした「村」体験が、民俗学への機縁となっていることがうかがえる。じっさい、「水野清一著作目録」によれば（水野　一九六八所収）、水野の最初の学術的著作は『民族』三巻三号に掲載された「各地俗信比較兵庫県神戸市方面」（一九二八年）であり、郷里における俗信の民俗学的報告だった。

ところで、水野の父・寅太（八百寅）は一代で産を成した青物商であり、その唯一の男児として家業を継ぐことを運命づけられていたのが清一である。高等小学校を卒業するとすぐに家業を手伝わされた水野にとって、「二代目八百寅」から逃れることは並大抵のことではなかった。そこで彼が選んだ道が「専検合格」、すなわち試験により中学五年修了の資格を得ることだった。中学に通っていても相当の努力を要する修了資格を、独学で獲得しようとしたのだ。

この時、水野を助けたのが、近所に住む二年後輩の少年、後に京大の同窓、人文研の同僚となる歴史地理学者・森鹿三だった。神戸一中に進学した森に、水野は中学での勉強について教えを請い、ときには銭湯で落ち合って勉学に励むこともあったという。その甲斐あって、水野は無事、専検合格する。

一方、森は中学四年で第三高等学校に合格（一九二三年）。すると水野は、引き続き高校の課程について森の助力を仰ぐことになる。一九二四年には、京都帝国大学の東洋史（このとき、考古学「専攻」はまだなかった）に「選科生」（高校卒業資格のない学生）として入学、「スクーリングとしては小学校から一躍して大学に入ったことになる」（森　一九七三：四頁）。京大にほど近い岡崎の農家に下宿した水野は、なおも勉学に励み、一九二八年二月、「高等学校文科卒業学力検定試験」に合格、同年四月、「選科」から入った京大を「正科」で卒業する。結局、通常なら高校三年、大学三年の合計六年になる課程を、わずか四年で卒業したわけだ。イレギュラーな学歴。それを可能にしたのは、水野の並々ならぬ学問への情熱、そしてそれを実現する類い稀な粘り強さだった。水野を評する人が一様に口をそろえる目標実現への実行力、諦めを知らない粘り強さは、こうした若き日の苦学によって鍛え抜かれたものであり、やがてそれは、中国の雲岡石窟からイラン・アフガニスタン・パキスタン調査へと続くフィールドサーベイにおいて、遺憾なく発揮されていくこととなる。

## 京大民俗学会

ここで水野の進学した京都帝大の文学部について確認しておこう（菊地 二〇〇九）。

京都帝国大学に文科大学（後の文学部）が設置されたのは一九〇六年。翌年、史学科が設置され、国史、東洋史、西洋史、人文地理、考古の五分野が設けられる。分野間の相互交流が活発で、また、考古や地理といった多様な形態の資料に対する関心も高く、「政治史」中心の東大に対抗して「文化史」を標榜し意気盛んだった。この史学科で人的交流の結節点となったのが、史学科五専攻の研究室、図書室、資料室で固められた「陳列館」である。とりわけ、水野の指導教官である浜田耕作（一八八一―一九三八年）の主催する考古学教室は、学内のみならず新聞記者、芸術家などさまざまな人々が訪れ、「カフェ・アルケオロジー」と通称されるほどだった。

一九二八年に東洋史を卒業した貝塚茂樹は、当時の史学科を次のように回想している。

ぼくらが入ったら、西田直二郎先生がそのときに主任で、史学科の新任の卒業生もみんな集めて、百万遍の方丈で歓迎会を開いてくださったことがある。だいたい先輩の人たちもみんな言うのやけども、肥後和男はぼくの先輩ですけどね、それから中原与茂九郎は卒業していたかな、そんな人がみんな来ていて、一年のときは歴史とは何ぞやということから勉強したらいいと言う。はあ、そんなものかなと思うた。やはり史学方法論というのがやかましかった。史学研究法というよりは歴史学方法論ですね（貝塚　一九八二：七五頁）。

こうして、学科を超えて史学科全体が一つの研究室のような雰囲気に包まれるなか、方法論を深め、文献、考古、民俗といった多様な素材と格闘し、歴史学の革新が模索された。そしてその中心人物が、京大史学科一期生にして『日本文化史序説』（一九三二年）をひっさげた国史学教授・西田直二郎（一八八六―一九六四年）である（菊地　二〇〇八）。

東方部の「折口ファン」を折口本人に結びつけたのも西田だった(3)。貝塚らが折口に関心を持ち始めていた昭和初年、西田も欧州帰り、新進気鋭の少壮教授として、歴史学に「文化史学」の新風を吹き込みつつあった。その西田による折口説の紹介に、学生たちが敏感に反応したのも無理はない。その一人、森鹿三は、「西田先生が親しみをもって話されたので、さらに聞きただした」ところ、折口と西田が天王寺中学の同窓生であること、歌人・釈迢空とは折口その人であることなどを教えられた（森　一九六六：一頁）。こうした折口と西田の旧交が機縁となり、折口が西田邸での私的サークル「金曜会」に招かれ、さらには京大での集中講義（一九三九年）に至ったわけだ。

そして、この「金曜会」が発展的に解消され、一九二七年一二月、京都帝国大学民俗談話会（のちに民俗学研究会、民俗学会に改称）が設立されることとなる（菊地　二〇〇五）。水野は「云ひ出しは考古学関係の学生でありますが」と述べているが（水野　一九二八：一二九頁）、さしづめ水野自身が首謀者の一人なのだろ

図表1－1　1937年2月19日　京大洛友会館で開催された京大民俗学会における柳田国男講演「盆と行器」の際の記念写真

注：前列右から西田直二郎（国史）、柳田国男、不明、澤田四郎作（大阪在住の民俗学者）、田中緑紅（京都在住の郷土史家）、柴田実（国史）。後列右から平山敏治郎（国史）、小葉田淳（国史学）、五来重（国史学）、水野清一（考古学）、不明、高谷重夫（国史学）、小林行雄（考古学）、岡見正雄（国文学）。

出典：大藤・柳田編 1981

う。これに参加した医学部病理学教室助手・三宅宗悦は次のように語っている。

> 近時民俗学的研究台頭の機運にかられ、当地に於ても、一昨年冬以来、京都帝国大学文学部史学科の学生及び卒業生が中心になつて、民俗談話会が生れました。設立以来文学部西田直二郎教授、医学部金関丈夫助教授等の熱心な指導、後援によつて、漸く健全な歩みを続け、今では各学部及在京同好者も増加し、毎月研究発表、見学、採訪等を続ける一方、土俗品の蒐集にも努力して居ます。（三宅　一九二九：二二一頁）

この民俗談話会について、水野が同時代的に語った文章はあまり残されていないのだが、後年、水野が日本初の民俗学の講座である平凡社刊『日本民俗学大系』全一二巻（一九五八―六〇年）の第一巻『民俗学の成立と展開』（一九六〇年）に寄稿した「考古学と民俗学

Ｉ」が参考となる。

柳田国男の『民間伝承論』は昭和九年に出たが、そこでは文献史学の弊をつき、われわれの知りたい庶民のおいたちは、民間伝承でなければ明らかにしがたいといた。大正一一年にでた浜田耕作の『通論考古学』では、文献の重んずべきことをのべながらも、遺物、遺跡の研究には、おのずから独自の方法があって、文献の制約をうけるべきではないとのべている。この両者のことばのなかには、これまで武断にすぎた文献史学にたいする批判がつよく感ぜられる。年わかい民俗学と考古学とは、ようやく文献史学の羈絆から脱しつつあったのである（水野　一九六〇：二二四頁）

柳田『民間伝承論』と浜田『通論考古学』。それぞれ日本における斯学の起源ともいうべき重要な著作だが、両者が並べて論じられることは今日ほとんどない。その二つが自然と並べられているところが水野の学問であり、水野を育んだ当時の学問状況である。水野はいう。

民俗学と考古学とは、その対象において、一方はいいつたえとしきたり、他方は有形物と場所というふうにちがいがあるが、どちらも現在的意味をうしなったところを対象にしているという点が共通している。また、それを新旧いくつかの相にわけて、その発展過程をくみたてるという点も、また一致している。だから、その研究の対象はちがうけれども、方法はよく似ているといえる（水野　一九六〇：二二五―二二六頁）

「対象はちがう」が「方法はよく似ている」。これが、一九三〇年前後、文献史学の軛を越え、史学のフロンティアにかき立てられた若き学徒たちのヴィジョンだった。

## 3　石窟と民具――戦中期

### 東亜考古学会

民俗学の同好だった水野を中国考古学に邁進させていくきっかけとなったのが北京留学（一九二九年四月―一九三〇年一一月）である。

一九二七年三月、浜田耕作（京大）、原田淑人（東大）が日本側代表となり馬衡（北京大）ら中国側の考古学者と折衝した結果、日中の考古学者の連絡機関として「東亜考古学会」が設立される。(4)「東亜諸地方ニ於ケル考古学的研究調査」（会則第二条）を目的に掲げる同会は、中国北東部を中心に発掘調査を行い、その報告書を「東方考古学叢刊」として刊行するとともに、交換留学制度による人材育成・交流にも力を注いだ。その第一回（一九二八年）の駒井和愛（一九〇五―七一年、考古学者、東大卒、後に東大教授）に続き、水野が派遣されることとなったのだ。

一九二九年の春、北京に到着した水野は、「東四牌楼を少し南へ下って東に折れた演楽胡同、その路北三十九号の唐氏の家」を宿舎とする（吉川　一九七三：一二頁）。そこは前年より京都から留学していた中国文学研究者・吉川幸次郎――後の東方文化学院京都研究所での同僚――の宿舎だった。ここで彼らは、「同じ釜の飯」を食う仲間、「厳密にいえば、少なからぬ場合は同じ鍋の麺」を食う仲間となる。「麺の方が米飯よりもむこうではうまいことを、二人で発見し確認した」からだ（吉川　一九七三：一三頁）。一九三〇年には、第三回の留学生として派遣された江上波夫（一九〇六―二〇〇二年）がここに加わり、彼らの宿舎はたぐいまれな学問道場と化した。吉川は以下のように回想する。

留学は日本ではもちにくい時間を与える。二人は盛んに議論をした。あるいはそれを楽しんだ。江上波夫が来てからは一層であった。おおむねは方法論であった。何かの拍子に、文献の信ずるに足らぬことは、ほれこの例によっても顕著だと、彼はいい、私は私で、文献は事実の記録としては信ずるに足らぬ場合も、文献がそう書いているという事実、それは厳然として存在すると、今日もなお考えつづけていることを、今よりも稚拙な論理でいい、相手の論理もまた稚拙であったに相違ない。そこへ江上氏が外から帰って来、双方をなだめるような、けしかけるようなことを、例の早口でまくし立て、もう寝ようやといったのは、夜半をすぎた二時であった。そうしたこと一度でない（吉川　一九七三：一四―一五頁）。

この時期、水野が最も親交を深めたのが江上波夫である。「二人は北京大学で馬衡先生の金石学の講筵に連なり、学外では陳垣、容庚、周作人などのお宅をしばしば訪問して中国一流の学者文人の謦咳風貌に接することができた。また瑠璃廠や隆福寺の書店や古玩鋪を一軒一軒廻って中国の図書、文物に自由に親しむ楽しみを学んだ」といい（江上　一九七三：二七頁）、「その親密さは全く兄弟の関係のよう」だった（杉村　一九七三：四一頁）。

二人の相性の良さはフィールドワークにおいて如何なく発揮される。ときに匪賊に追われ、ときに官憲に監視されるなど、政情不安のなかでのトラブルを物ともせず、二人は華北・内蒙古の地を果敢に踏査した。江上は以下のように回想している。

大体水野君は学問に対して非常に熱心な人だが、それだけではなく、ひどく色々なことに関心をもっている。私も何でも好き、何でも面白いという方で、お互いに好奇心があるでしょう。それで、調査に行くにしても、二人とも何の同意も、下調べもせずに出かけてゆく、出たとこ勝負という方法ですよ。これが全く二人に共通していた。おのづから人の知らないところの調査が好きなんですよ。だから、どこでもいいんです（江上他　二〇〇〇：四〇頁）。

遺跡もそれ以外も何でも見てやろうという水野のスタンスは、こうした江上との大陸行脚でますます強固なものとなり、その学問的な屋台骨となった。二人の旅の考古学的成果は後に東亜考古学会より江上・水野の共著『内蒙古・長城地帯』（一九三五年）として刊行され、中国北部地域の新石器文化・青銅器文化研究に新生面を開く。末永雅雄の評言が同書の価値をよく物語っている。

思索と実行力に富んだ水野君と、快男子型の江上君とが、共に体系を有つ若き考古学者として、我学界に送られた貴重な文献である。学問的に大きな抱負を持つ両君には、これはむしろほんの籠手調べの仕事の様に思つて居られて、我々が思ふほどに大作を完成したとは考へて居られないらしい。我々はそこにまた大なる期待を持たざるを得ないのである（末永　一九三五：二七五頁）。

このほか、水野は雑誌『民俗学』に「蒙古遊牧民の生活――シリンゴル蒙古見聞録」（一九三二年）を発表、内蒙古の民具を京大に持ち帰るなど、民俗学方面においても貴重な資料を残している。(5)

### 大東亜学術協会

留学を終えて帰国し、東方文化学院京都研究所（一九三八年より東方文化研究所）の研究員となった水野は、以後、政情不安により渡航が禁止される一九四五年まで、ほぼ毎年のように中国大陸に赴き、調査研究を推

**図表1-2　水野清一の中国考古学調査**

| | |
|---|---|
| 1933年5-7月 | 東亜考古学会主催、東京城（渤海国郡龍泉府址）発掘 |
| 1934年5-7月 | 第二次東京城発掘 |
| 1935年5-7月 | 東亜考古学会主催熱河、赤峰山発掘 |
| 1936年3-5月 | 東方文化学院京都研究所より華北に派遣、南北響堂山、龍門を調査 |
| 1936年9-10月 | 輯安の高句麗遺跡調査、雲岡石窟の予備調査 |
| 1938年4-7月 | 雲岡石窟調査（第1回） |
| 1939年4-10月 | 雲岡石窟調査（第2回） |
| 1940年6-9月 | 雲岡石窟調査（第3回）<br>この間、應縣・懐仁縣の古蹟調査 |
| 1940年11月-1941年1月 | 渾源縣、和林縣、山西省南部の古蹟調査 |
| 1941年6-10月 | 雲岡石窟調査（第4回）<br>雲岡終了後、東亜考古学会主催懐安縣萬安北沙城漢墓調査 |
| 1942年6-10月 | 雲岡石窟調査（第5回）<br>雲岡終了後、陽高縣古城堡漢墓調査 |
| 1943年6-12月 | 雲岡石窟調査（第6回）<br>雲岡終了後、陽高縣古城堡漢墓調査 |
| 1944年8-12月 | 雲岡石窟調査（第7回）<br>雲岡終了後、陽高縣漢墓発掘 |

し進めていく。

その精力的な調査ぶりは、ただ驚嘆するほかない。「本務」の考古学調査については長廣敏雄との共著『雲岡石窟』全一六巻三二冊（一九五一―五六年）や東亜考古学会の報告書に譲るとして、一点だけ、水野の研究テーマ変更に留意しておこう。森鹿三は次のように述べている。

> 北京から帰来したのは昭和五年の暮であったろうか。中国の青銅器文化についての見通しなど顔をかがやかしながら語ってくれたのを思い出す。［中略］水野君は青銅器からさらに石器時代にさかのぼろうと志向していたようだが、最初の一期三年の青銅器研究が終って次の研究テーマをきめようとしていた時、浜田先生から仏教美術とくに石窟研究を命ぜられた。彼のことだから相当に先生とわたりあったと思うが、結局先生の命に服することになった。詳しいことは話さなかったが、一時は大分当惑していた様子であった。結果か

図表1－3　1933年5月8日　東亜考古学会東京城調査団及び護衛警備隊

注：後列左端が水野。
出典：池内　1933

らみて先生の見通しはみごとであって、彼と長広君とのコンビによる石窟調査とくに雲岡のそれは世界的な成果をもたらしたのである。（森　一九七三：五―六頁）

先史考古学を志向していた水野は、石窟研究を計画した浜田と対立の末、恩師にして上司の命に従ったということらしい。それは、森の指摘するとおり、「結果」としては世界的な成果をもたらしたわけだが、水野自身にとっては転向であり挫折だったに相違ない。そのまま先史考古学に参入し、江上との共同作業を続けたなら、戦後、「騎馬民族説」をめぐる論争にも参入し、民俗学分野にもさらなる影響を残したのではないかという空想を禁じ得ない。

ここで少し遠回りになるが、大東亜学術協会とその雑誌『ひのもと』『学藝』『学海』について確認しておこう。というのも、この雑誌が、戦中・戦後の京都における学問動向を考える上で非常にユニークな情報源となり、水野の民俗学をトレースする恰好の素材となるからだ。

大東亜学術協会は、一九四二年夏、「大東亜共栄圏の風土、民族、文化を学術的に調査研究し、以て大東亜新文化建設に寄与」することを目的に設立されたもので、会長に

図表１-４　大東亜学術協会による雑誌刊行一覧

| | |
|---|---|
| ひのもと<br>（大東亜学術協会／ひのもと社） | 昭和17年12月（5巻11号）～昭和18年5月（6巻5号） |
| ひのもと<br>（大東亜学術協会／大和書院） | 昭和18年6月（新1巻1号） |
| 学藝（大東亜学術協会／大和書院） | 昭和18年7月（1巻2号）～昭和19年5月号（2巻5号） |
| 学海（大東亜学術協会／秋田屋） | 昭和19年6月（1巻1号）～昭和20年6月号（2巻6号） |
| 学海（東方学術協会／秋田屋） | 昭和20年7・8月号（2巻7号）～昭和22年5月号（4巻5号） |
| 学藝（東方学術協会／秋田屋） | 昭和22年7月（4巻6号）～昭和23年9・10月号（5巻6号） |

は新村出（京大名誉教授、言語学者）、松本文三郎（東方文化研究所長、インド学者）、羽田亨（京大総長、東洋史学者）、西田直二郎（京大教授、日本史学者）を迎え、そのほか、「京都帝大の東洋諸学の中堅学者に東方文化研究所の人々」を委員とした、あたかも、東方文化研究所を中心に京都の人文学者を総動員したような団体である。(6) 敗戦後は「東方学術協会」に名称変更し、少なくとも一九四八年まで活動したことが確認できる。この団体の発行する雑誌が『ひのもと』『学藝』『学海』なのだが、戦中の出版統制のあおりを受け、誌名と発行所名が目まぐるしく変転する。整理すると図表１-４のようになる。(7)

このように、誌名も発行所もバタバタした印象をぬぐいがたいのだが、にもかかわらず、実質的な編集は一貫して東方文化研究所で行われている点が注目される。推測するに、優れた学術誌を関西で発行するという企画が最初にあり、それに協力したのが東方文化研究所周辺の学徒たちだったのだろう。大東亜学術協会の創立日がはっきりせず、会則のたぐいが誌面に掲載されなかったことが、そうした事情を暗示させる。

さらに興味深いのは、誌面内容との時局との落差、時局に乗ろうとして乗り切れていない中途半端な便乗具合である。「詔書」や「天皇御製」が掲載され、時局への貢献を謳う論説もあるのだが、じっさいのところ、誌面の大半を占めるのは、時局に役立ちそうにはとても思えない、強いて良くいえばアカデミック、率直にいえばマニアックな内容が少なくない。これをどう評価するかは難しいところだが、そうした誌面の雰囲気が、敗戦にもかかわらず廃刊されなかった一因だろう。
いずれにせよ、この雑誌には東方文化研究所のスタッフのみならず、京大生態学派の今西錦司・梅棹忠夫といった「新京都学派」の面々が寄稿者に名を連ね、さらには西田直二郎門下の京大文化史学派も登場するなど、戦中・戦後の京都における人文学事情を伝えるきわめて貴重な素材である。そして、ここで培われた人的・メディア的なネットワークが、中国帰りの今西、梅棹、藤枝晃らを中心に設立される「自然史学会」（一九四八年設立）とその雑誌『自然と文化』に引き継がれていくのである（菊地 二〇〇七b）[8]。

## 水野と民具

水野に話を戻すと、東方文化研究所の研究員としてほぼ自動的に大東亜学術協会の委員となった彼も、必然的に雑誌の編集に携わり、寄稿することとなった。なかでも興味深いのは、「民俗雑陳」と題した連載コラム（一九四二年七月号―一九四八年七月号）である。これは、大陸で描きためたスケッチに解説文を加えた中国民具論の前後二〇回にわたるノートである。第二回「狼をつく短剣」は次のような文章である。

こんな短剣のかたちだけだすと、ひとは古代エウラシア大陸の遊牧民に使用されたアキナケス、他名軽呂剣だとおもふにちがひない。一歩すゝんだひとは軽呂剣だが、青銅器時代のものにしてはくせがちがふ、ことによると近代の偽物かも知れないといふ風に考へるに相違ない。しかし事実は、さやうな骨董でなく、またさやうな悪意ある偽作品ではない。大同にちかい陽高県の上吾其村で現在使用してゐる鉄剣である〔中略〕。むかし軽呂剣はもちろん第一に武器であつた、いくさの道具であつた。けれどもそのひろい分布のうちにはいまのモンゴルのごとく、肉をさく家庭の利器に使用したものもあつたらうとおもふ。〔中略〕この陽高県の短剣は狼をさす道具だといふ。ちやうどこの辺の狼は、わが国の野猪のやうなものだ。畑はあらさぬけれども、人畜に被害があるので、なんとかして駆除しなければならぬのである。わたくしはこの鉄剣をみ、このはなしをきゝ、なによりもまづわが国の大きな剛丈な猪つき槍をおもひだした。この二つのもの、あひだはすがたかたちの変化はあつても、なにかしら共通なものが感ぜられた（水野　一九四四：三八頁）。

古代にまで遡るフォルムの短剣が、現代の華北で害獣駆除具として使われている。この事実に興味を覚えた水野は、日本の猪つき槍を想起し、野生動物との攻防を繰り広げる日中の人々に思いを馳せる。物のディテールに寄り添いつつ、時間と空間を自在に行き交う軽やかさがこの連載の魅力である。

連載は戦後も変わりなく続けられた。一九四六年二・三月号の「槌子」は以下のようなものである。

大同の石炭は有名であるが、それは単なる工業用といふものではなく、土地の民生にふかくくひ入つてゐる点において充分注目に値するとおもふ。黒光りのある石炭の大塊はなんとかくだかねばならぬ。そのくだいて小さくする道具がこゝにあげた梵子《チョエツ》のもつとも大きな役目である。もちろん、槌子であるかぎり、なんでもたゝきこみ、たたきわる役目はするわけであるが、石炭わり以外の仕事はいたつて少いのである。

図表1-5　狼をさす短剣

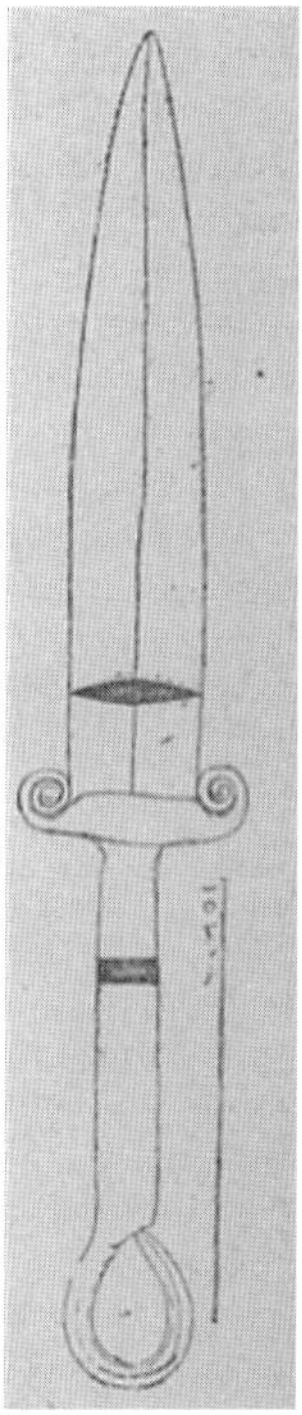

出典：水野　1944

大きな鋳物のから、それは適宜の柄をつけたものであるが、そのかたちが金石併用期の闘斧とまつたくおなじであるからおもしろい。［中略］赤峰紅山後の石金併用期の石槨墓からの例は東亜考古学会

図表1－6　「大槌」の図

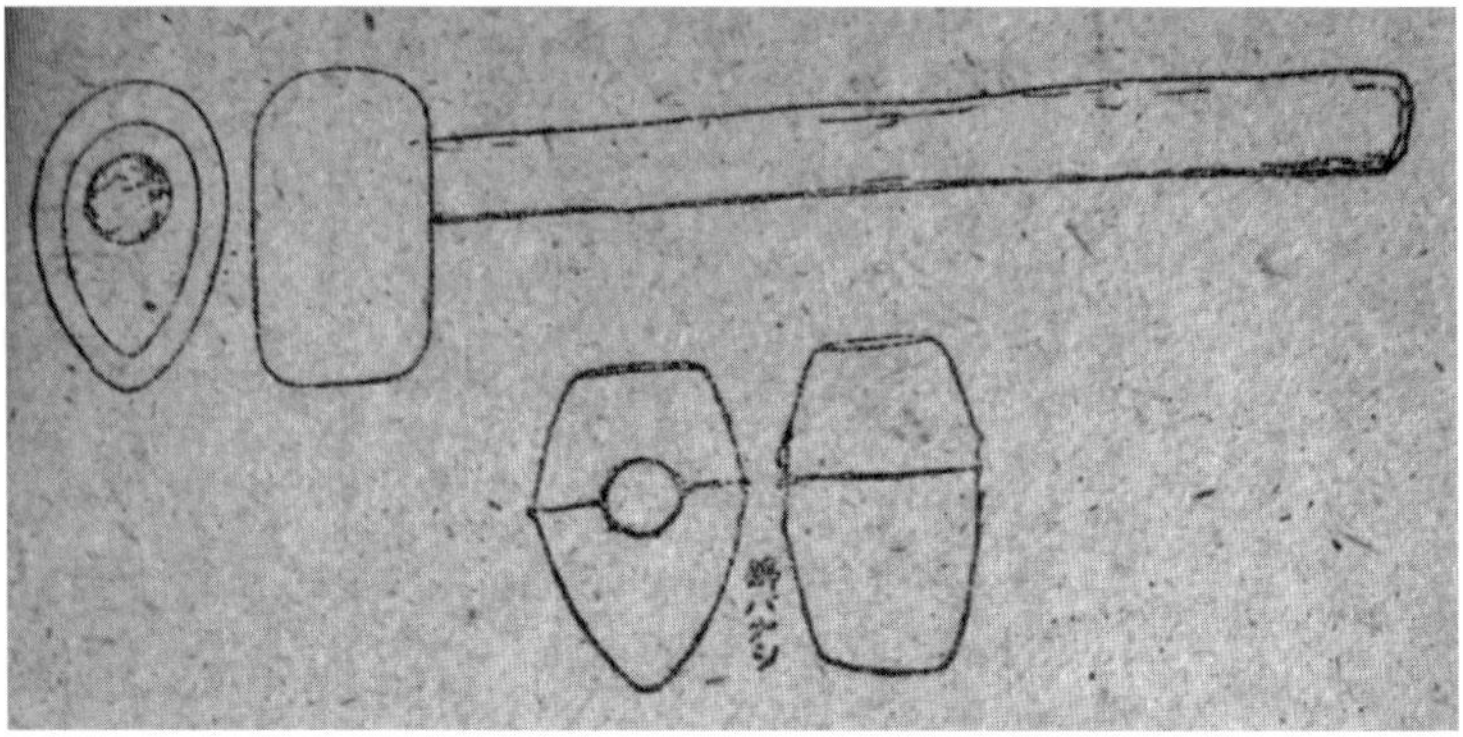

出典：水野　1946

> の『赤峰紅山後』にあり、大同からの例は東大考古学研究室の『考古図編』第五輯図版5にある。ただ問題は現用のものが単なる槌子であるのに、先史時代のものはおそらく闘斧であり、また闘斧からでた権威の象徴でもある点である。［中略］先史時代から現代にいたる連綿たるかたちの上の伝統をみるが、しかも同時に、その用途の上の変遷を見逃すわけにはゆかないのである（水野　一九四六：四六頁）。

雲岡調査の折に見かけたであろう、大同の人々が石炭を割るための「槌子」は、おそらくいたってありふれた民具に過ぎない。それを丁寧にスケッチして控え、東亜考古学会の発掘で得た金石併用期の出土品などと比較し、人類史の流れのなかでフォルムの持続と用途の変化を展望する。人々の生活への細やかなまなざしとスケールの大きい歴史観が同居した考察は、考古学者であり、かつ、民俗学者でもある水野ならではといってよいだろう。

敗戦後、中国大陸への道を断たれた水野は、戦中の調査成果の整理に明け暮れつつ、東亜考古学の次なる一手を模索した。対馬（一九四八年）、壱岐（一九五〇―六一年）といった国境地帯での発掘は、その渇望の現れであり、そしてその情熱は、イラン・アフガニスタン・パキスタン調査（一九五九―一九六七年）の実現まで足かけ一五年を待つこととなる。『学海』四巻四号（一九四七年四月）の編集後記には、そんな水野の当時の心境が綴られている。(9)

このごろ　ワシントンのアッカー・グレンさんから　はがきが　とゞいた。それはほんの　クリスマスと　しんねんのあいさつであつた。しかし、わたくしは　アッカーさんが　とびまはつてゐたそのころのきやうとをおもひだし、また　じへんちゆうに　ひきあげていつた　かれの　すがたを　おもひうかべた。そして　この　すうねんかん　そういふひとたちと　まつたく　ひきはなされてゐた　われわれの　せいくわつを　ものどほく　こゝろに　うかべた。もはや　たいへいやうの　かべは　とりのぞかれた。われわれは　せかいの　くうきを　ぢかに　すふことが　できる。につぽんの　なかだけに　うつせきしてゐた　おもくるしい　くうきが　せかいの　はてはてまで　ひろがつて、かたがかるくなり、あたまが　すがすがするのをおぼえる。

じつとみてゐると、すみのほうにはつてあつた　きつてに FOR THE INCREASE AND DIFFUSION OF KNOWLEDGE AMONG MEN. そして1846. SMITHONIAN INSTITUTION. 1946 とかいてあつた。スミソニアンさうりつ　百ねんのきねんきつて　である。これでは　やはり　せんそうに　まけたともに　ぶんかでも　まけてゐるといふかんをあらたにした。それは　さうりつ　百ねんの　ふるさを　いふのではなく、じんるいの　ちしきのぞうだいとふきゆうの　ための、を、しく　たゝかつてゐる　アメリカの　すがたをみるからである。

## 4　宮本常一——占領期

### 西宮史談会

戦争のすんだころ、私はよく浄土寺馬場町の水野清一氏のお宅にとめてもらった。水野さんは当時東方文化研究所に勤めていた。後の人文科学研究所である。りっぱな学者が雲のごとくいて、われわれのような田舎者をとらえて議論をふっかけて面白がっていたといっては語弊があるが、とに角どんな一知半可な知識でも吸収する活動をつづけていた。そして話がはずむと夜に入り、そのまま水野さんのお宅へ宿を借りることになる。私はそこで京都のすぐれた学者たちを知ることができた。と同時にそのあたりを歩きまわる機会を持った（宮本　一九七五：四一頁）。

民俗学者・宮本常一（一九〇七—八一年）の言葉である。ちょっと意外かもしれないが、「旅する巨人」は京都の水野と親しく交わり、さらには京都の学者との交流を深めていた。[10] それは、単なる個人的な結びつきにとどまらない、関西の知的エコロジーの問題、そして、考古学と民俗学という二つの「新しい歴史学」をめぐる学問状況が作用しているように思われる。二人を結びつけた機縁をたどり直し、二つの学問の位置関係を考えてみよう。

宮本と水野が出会うのは一九四四年、兵庫県西宮市でのこと。ここに至る宮本の来歴を確認しておくと、宮本は水野より二年下の一九〇七年生まれ、一六歳で郷里・周防大島を離れ、大阪へ。いったんは郵便局員となるも師範学校に入り直し、一九二九年より小学校教師となる。この間、民俗学への傾倒を深め、その活躍は全国の民俗学徒にも知れ渡るところとなる。一九三九年、渋沢敬三の誘いにより小学校を辞して東京へ。渋沢の主催するアチック・ミューゼアム（一九四二年、日本常民文化研究所に改称）に入り、以後五年間、国内各地を精力的に調査する。その宮本が戦時色の強まる東京を逃れ、奈良の郡山中学に職を得て大阪に戻ったのが一九四四年、ということになる（宮本　一九九三）。

では、なにゆえ西宮だったかというと、西宮の郷土史家・田岡香逸（一九〇五―九二年）が宮本の帰阪を待ち構えていたからである(11)。田岡は水野と同じ一九〇五年生まれ、神戸一中を卒業後、家業の井戸掘り業のかたわら、地元西宮の考古・民俗について研究を続け、「西宮史談会」を主催、西宮神社宮司・吉井良秀、銘酒白鷹社長・辰馬悦蔵、銘酒白鹿重役・柳生健吉など、学問に明るい郷土の名士たちが集い、田岡邸は一種のサロンとなっていた。その田岡が、未だ面識のない宮本に書簡を送り、宮本の歓迎会を開催、さらには宮本を講師とした民俗学の連続講演会を企画し、宮本を郷土史家のネットワークにつなげていったのだ。その田岡邸の様子を宮本は次のように記している。

田岡さんの家は西宮神社の北側にあった。大きな二階建てで、玄関を入るともうそこに本がぎっしり積んである。どの部屋も書架で、そこにならんだ本のほとんどは考古学関係のものであった。よくあつめたもので、一五〇〇冊はあろうという。考古学関係のコレクションとしてはほかに類例がなかろうとのことで、京都大学の考古学関係の人びとが始終利用しているという。
関西にはこうした民間学者が昔から多かった。商売に従事しながら書物をあつめ書物を講じて子弟を教育する。［中略］財政的余裕のある者が学問に精をだし、日常生活をゆたかにしようとする風習は、関西には早くからみられ、それがひとつの伝統となっていたのであるが、西宮もまたそうした町のひとつで、そこに住む文化人たちは、それぞれ自分の専攻する学問にひとつの見識をもっていた（宮本　二〇一二：三七頁)。

ここで注目すべきが「京都大学の考古学関係の人びと」である。後に辰馬考古資料館を設立することとなる銘酒白鷹社長・辰馬悦蔵は京大史学科の出身であり、この頃考古学研究室の助手を務めた小林行雄は神戸一中卒で田岡の後輩、そして水野も神戸出身であり、京大考古関係者はこの地になにかと縁が深かった。結果、西宮を接点として宮本と水野が出会うこととなる。その様子を宮本は以下のように回想する。

その頃はすっかり田岡さんとも親しくなり、水野、小林さんたちもこの会の日は京都から出てきて、講座のあとはお互いに熱をあげて話しあい、たいていは終電車でひきあげることになった。この一種の放談会は、私にとってどれほど役にたったかわからない。まず考古学についての眼をひらかされた。水野さんは中国山西省の大同石仏の調査に一〇年あまりをかけた人である。私はそうした話を通じてはじめて、中国の文化を書物で読むよりはもっとなまなましい感覚で理解しはじめた。そして、できればこの一行について調査に出かけたいものだと考えるようになった(宮本 二〇一二:三八頁)[12]。

残念なことに、宮本の中国調査への同行が実現することはなかった。西宮での水野の東亜考古学講義を宮本が聞いたのが一九四五年四月一五日(毎日新聞社編 二〇〇五:九六頁)。この年、水野自身も計画していた中国渡航を実現できず、やがて敗戦のため大陸への道を断たれることになるわけだから、宮本が行けなかったのも当然といえば当然である。

だが、彼らの出会いは一つの調査に結実した。西宮の酒蔵調査である。先に挙げた白鷹社長・辰馬悦蔵との出会いを機縁として、宮本は一九四四年秋より酒蔵に訪れる丹波杜氏たちからの聞き取り調査を開始する。

図表1－7　大東亜学術協会刊行雑誌への宮本常一の寄稿一覧

| | | |
|---|---|---|
| 1945年12月 | 「履物に寄せる心」 | 『学海』2巻8号 |
| 1946年2月 | 「履物に寄せる心（下）」 | 『学海』3巻2号 |
| 1946年10月 | 「二人の友」 | 『学海』3巻7号 |
| 1947年11月 | 「山の神楽」 | 『学藝』4巻8号 |
| 1947年12月 | 「太鼓踊」 | 『学藝』4巻9号 |
| 1948年9月 | 「墓石の起源」 | 『学藝』5巻6号 |

図表1－8　大東亜学術協会講演会（1945年）

| | | |
|---|---|---|
| 8月4日 | 宮本常一（日本常民文化研究所員） | 「日本に於ける食事情の変遷」 |
| 8月11日 | 上村六郎（染織文化研究所長） | 「伝統を生かす染色」 |
| 8月18日 | 青木正児（京都帝国大学文学部教授） | 「支那に於ける粉食の歴史」 |
| 10月28日 | 並河功（京都帝国大学農学部教授） | 「東亜園芸瑣談」（於京都帝大高槻農場） |
| 12月10日 | 太田英蔵（川嶋織物研究所員） | 「東亜の織物とその技術」 |

その流れで一九四六年より水野・小林が酒蔵および酒蔵道具の実測調査を実施。それは物質文化のみならず、人々の生活そのものへの関心を忘れることのなかった水野にとって、「大陸」を失ったがゆえに実現された調査ではあったにせよ、至極真っ当な試みであったに違いない。「京都帝国大学文学部」や「東方文化研究所」の用紙に記された調査データは、その後長らく京大考古学研究室に保管され、近年、辰馬考古資料館編・発行『酒庫器物控』（二〇〇五年）として陽の目を見ることとなった。これもまた、失われた民俗学と考古学の記録である。

## 『東亜に於ける衣と食』

宮本と水野の関係は、もう一つ、奇妙な協同を実現させる。それは、大東亜学術協会への宮本の参加である。前節で述べたとおり、大東亜学術協会は、一九四二年夏、学術調査研究による大東亜共栄圏への寄与を目的に設立されたもので、会長・新村出（京大名誉教授）以下、東方文化研究所を中心に京都の人文学者を総動員したような団体だった。その協会の雑誌が戦時出版統制のあおりを受け、『ひのもと』『学藝』『学海』とめまぐるしく改題されたことも先に指摘した通りだが、これらの雑誌に宮本はたびたび寄稿しているのだ。

それればかりではない。一九四五年八月、宮本は大東亜学術協会主催の講座にも登壇、東方文化研究所の講堂――現在の京大人文研・東アジア人文情報学センター講堂――で講演している。それは図表1‐8の一連の講演とともに東方学術協会編『東亜に於ける衣と食』（一九四六年）として刊行されることとなった。

この講座が興味深い――有り体にいって「間が悪い」――のは、八月一五日の敗戦をまたいで実施された点である。「時局のもつとも緊迫し、世情のもつとも梗塞した昨年の夏企画」された公開講座が（東方学術協会編　一九四六：一頁）、敗戦後そのまま継続され、そのまま刊行されたわけだ。大東亜学術協会（戦後、東方学術協会に改称）に関わった京都周辺の人文学者たちの「ブレのなさ」というべきか「時局の読み違い」というべきか。

じっさい、当時が衣食の「非常時」だったことは間違いなく、講演でもその点は言及されているが、主たる内容は各自の研究紹介が中心で、時局への即効性はなく、戦争を鼓舞する文言もほとんど見当たらない。

講座のトップバッターを飾った宮本は、戦災で自宅が焼失し、本やノートも失ったため正確な話はできないとしながらも、アチック・ミューゼアム同人として全国各地をめぐり歩いた五年間の成果をふんだんに活用し、米、雑穀、芋、魚、塩などの生産と消費をめぐる民俗を紹介する。そして、「今日吾々の食事情が逼迫した大きな原因の一つは、米だけが食べ物だと考へたところにある。しかし米のみに依存するのは危険であり、真に食糧問題を解決するものではない」と述べ（東方学術協会編　一九四六：六五―六六頁）、「雑草食」その他の「合理的な耐乏生活を打樹てなければならないと思ひます」と指摘する（東方学術協会編　一九四六：六九頁）。そのほか、米食習慣の新しさや「藁」採取を目的とする稲作の指摘など、その後の宮本の生業・生活論に連なっていく内容となっている。

なお、宮本の日記には、「午后二時、東方文化研究所に行き、食事情の変遷についてはなす。集るもの五

○名あまり、熱心にきいてくれる」と記されている（毎日新聞社編　二〇〇五：一〇一頁）。

## 八学会連合対馬共同調査

さらには、水野の主催する考古学調査への宮本の参加も構想されていた。

敗戦により大陸への道を断たれた日本の考古学者が、戦後、対馬・壱岐をめざし、大陸考古学の次なる展開を模索したことは先に指摘した。一方、宮本のパトロンにしてアチック・ミューゼアムの主催者たる渋沢敬三が、人文社会科学の大同団結を企図して九学会連合（最初は八学会連合）を組織、その「共同調査」の最初のフィールドとして、戦後、軍事拠点がなくなったことから調査が可能となった「対馬」に白羽の矢を立てたことは、これまたよく知られたところだろう（菊地　二〇〇一：坂野　二〇一二）。こうして、水野と宮本は同じフィールドに対峙することとなる。

これに関して興味深い資料が残されている。壱岐の郷土研究で名高い山口麻太郎（一八九一―一九八七年）宛の書簡である(13)。歴史、考古、民俗、言語――壱岐島に関わることなら何でも研究した山口は、東亜考古学会や九学会連合の調査に際して現地エージェントの役割を担わされることとなったが、そのため、水野、宮本も山口の助力を得ることが常だった。現在は長崎歴史文化博物館に所蔵されている山口宛宮本書簡からその一端を垣間見ることができる。一九五一年一月三日の年賀状には次のようにある。

水野清一教授からさそわれて壱岐島考古調査に参加するようにとの事で、手続をとりました。もう尊台が一切をやりつくされて居りますのでどうかと思いましたが、勉強になると思つて、あとへついてゆく事にしました。

宮本は水野の考古調査に参加することを山口に告げている。壱岐で「考古学者・宮本常一」が実現する可能性があったわけだ。実現したなら、どのような展開があったのだろうと想像せずにはいられないが、残念ながらそうは問屋が卸さなかった。同年五月三〇日の封書がその経緯を伝えている。

それから今夏の水野氏の壱岐調査には私は参加しない事になりました。今年は壱岐対馬両方で七〇万円しか出ず、そのうち壱岐は十万円で水野氏も原ノ辻の調査がやっとこさだろうと言つています。その上水野氏も二月以来病気で久しく休んで居り、近頃おきた所で、あまり無理はできないようです。私の方も対馬は私費で行かねばならなくなり、さらに窮屈な調査になるだろうと思つて居ます。

こうして「考古学者・宮本」と水野の共同調査は未遂に終わる。だが、宮本は引き続き考古学への関心を抱き続け、水野の仕事に多大な敬意を払っている。一九五三年一〇月一日付ハガキは、東亜考古学会の最後の報告書、水野清一編著『對馬　玄海における絶島、對馬の考古學的調査』（一九五三）について次のように述べている。

水野氏がいい仕事をせられるのには感じ入ります。大陸できたえた人は内地できたえた人よりちがいますね。「対馬」なんか実にいい本だし、多くの考える問題を与えてくれましたが、「原ノ辻」はそれだけに期待しています。

こうして宮本が考古学から受け止めた知見は、その後の宮本民具学の展開に何らかの刻印を残していると予想される。今はその指摘に止めておこう。

## 5　おわりに――ふたたび「あまり品のいいことではない」「内証話」

一九五九年、京都大学イラン・アフガニスタン・パキスタン学術調査隊が始まると、水野は再び大陸に精力を傾注、一方、宮本は引き続き国内の調査に余念がなく、昭和二〇年代のように二人の協同する機会は多くはなかったと思われる。そしてこの間、戦前にはただ一つ、京都帝大にのみ設置されていた考古学研究室は、全国各大学に設けられるようになり、埋蔵文化財保護の確立とあいまって、考古学界は確固とした制度的基盤を手に入れることとなった。「野の学問」イデオロギーの呪縛からか、アカデミズムでの基盤確立が遅々として進まず現在に至った民俗学とは雲泥の差といってよいだろう。

とはいえ、時計の針を一九三〇―四〇年代まで巻き戻すと、両者の位置付けはそこまで隔たったものではなかった。程度の差はあれ、両者は地方に散在する資料を発見しその知見を共有するため、郷土の研究者たちとの結びつきを必要とした、いわば、ネットワーク型の学問運動だったのだ。

最後に、いま一度、「あまり品のいいことではない」「内輪話」を紹介してこの章を閉じよう（桑原　一九八八：一一頁）。以前に紹介したことだが（菊地　二〇〇九）、昭和二〇年代後半、「研究所のボスの一人」であった桑原武夫は、貝塚茂樹や今西錦司と諮って、京大人文研に民俗学者を採用しようと画策したことがあり、これをどこからか聞きつけた柳田国男が、上洛の際に桑原を訪問、慶応義塾大学に民俗学講座を開設するプランが頓挫した顚末を不満まじりで語り、それとなく注意を与えたことがあったという（桑原　一九八八）。察するに、しっかりした民俗学者を雇ってきっちりした民俗学の講座を作ってほしい、という柳田の激励だったのだろう。幸か不幸か、この案件はどこかの段階で頓挫したようで、民俗学者が人文研所員とな

図表1－9　「第六回日本人類学会・日本民族学協会連合大会」の記念写真

注：1951年10月27日、京大人文研

ることはなかった。

この人事の候補となった「民俗学者」が誰だったのか、具体的な名前は今も分からない。漠然と、柳田が「私は京大へ行って、京大の秀才連中に話ができて、よかったねえ」と語ったという（桑原　一九八八：九―一〇頁）、京大国史学講座での柳田の集中講義（一九三四年、一九三七年）を受講した西田門下の民俗学者かと想定していた。

しかし、水野清一と民俗学の関わりを検討した今となっては、この想定は間違っていたように思う。宮本常一こそ、桑原らが獲得を模索していた「民俗学者」ではなかったのか。この頃、宮本が水野を通じて、桑原、貝塚、今西らと面識をもっていたことは彼の日記から確認できる[14]。

そして、とりわけ気になるのが、一九五一年一〇月二七日、京大人文研で開催された「第六回日本人類学会・日本民族学協会連合大会」の記念写真である。北白川にある人文研本館（現在は東アジア人文情報学研究センター）の中庭で撮影されたこの写真には、左側手前に座る渋沢敬三、柳田国男をはじめ、戦後の人類学・民族学のオールスターといった面々が一堂に会している。いま問題の宮本は柳田の二人後ろにイガグリ頭を見せている。その後に今西錦司。宮本の左には森鹿三。その前に藤枝晃。その前に貝塚茂樹・人文研所長。人文研の主要メンバーに囲まれて宮本が立っているのだ[15]。当時、「日本常民文化研究所研究員」という限りなく無職に近い肩書きしかない宮本にしては、目立ちすぎな立ち位置ではなかろうか。この写真が宮本と京大人文研の「最接近」を物語っているように思われてならない。

もとより、「あまり品のいいことではない」憶測だ。とはいえ、宮本が関西のアカデミズムに加わっていたなら、民俗学と考古学をめぐる距離感や協力関係はもう少し違った形がありえたかもしれない。

考古学と袂を分かった民俗学は、伝承という現象の現在性に関心を集中させることで論証の精緻化をはかってきた。その到達点は評価されなければならない。一方、野放図な原型ないし古代志向と手を切ったことは、結果として「長いタイムスパン」という想像力の喪失にも帰結した。民俗学は、文献史学や考古学の成果に学びつつ、いま一度、「長いタイムスパン」と「伝承のアクチュアリティ」の両立に挑んでもよいように思える。忘れられた「民俗学者・水野清一」は、そんな「新しい歴史学」への可能性を、ささやかに鼓舞しているのかもしれない。

［付記］本章は慶應義塾大学出版会ホームページ連載記事「人文研探険」の第八回「東方部の「折口ファン」たち――あるいは、「新しい歴史学」としての考古学とミンゾク学」（二〇一三）、第一一回「中国大陸と水野清一――「新しい歴史学」としての考古学とミンゾク学2」（二〇一四）、第一二回「宮本常一と水野清一――「新しい歴史学」としての考古学とミンゾク学3」（二〇一四）を加筆修正したものである。編集をご担当いただいた飯田建氏に感謝する。

注

（1）なお、京都大学人文科学研究所東方部は、一九二九年に東方文化学院京都研究所として設立、一九三八年に東方文化研究所に改称、一九四八年に京都大学に統合され、現在に至っている。

（2）水野の経歴に関しては貝塚・日比野編（一九七三）、江上他（二〇〇〇）が基本文献となる。以下の大学を卒業するまでの経緯については森（一九七三）による。

（3）折口、西田の同級には、国文学者・武田祐吉（一八八六—一九五八年）、歴史家・岩橋小弥太（一八八五—一九七八年）などがおり、彼らは図書館で記紀や万葉集を読み漁り、休日には南河内や大和の史跡を訪れていた。作家としての折口の代表作『死者の書』（一九四三年）には、難波から二上山を経て飛鳥へ至る道のりの細やかな描写がみられるが、これは西田にとってはまるで中学時代の「旅の思い出の記録」だという（西田一九五四：八三頁）。

（4）以下、東亜考古学会に関しては坂詰（一九九七）による。

（5）末永雅雄は「水野君はこの研究旅行の副産物として多数の土俗品を採集して帰られ、いま京都帝国大学文学部国史第二標本室で異彩を放つてゐる」と述べている（末永　一九三五：二七六頁）。

（6）『ひのもと』六巻一号（一九四三年）掲載の無記名記事「大東亜学術協会の創立」より（三五頁）。

（7）五巻一一号からスタートしているのは、この時期、出版統制により新雑誌の創刊が許可されず、休刊中の「ひのもと社」から雑誌の権利を譲り受ける形になったためである。

（8）『学藝』を販売した秋田屋がそのまま『自然と文化』も担当している。

（9）かな文字で書かれたこの文章は、漢語の多用や文語文が封建遺制であり近代化・民主化の障害と認識され、当用漢字や現代かなづかいが制定（一九四六年）されていく当時の状況を反映している。

（10）毎日新聞社編『宮本常一　写真・日記集成　別巻』（二〇〇五）所収の日記には水野邸への宿泊が毎年のように記され、水野周辺の東方文化研究所、京都大学の学者との交流が記されている。

（11）以下、宮本（二〇一二）による。

（12）なお、この放談会は小林行雄にとっても印象深かったようで、「宮本さんとは西宮の友人をまじえてよく話し合った。宮本さんの話を聞いていると、いろいろ教えられることが多かった。話の一つ一つが体験の結晶であるうえに場景描写がたくみであった」と述べている（小林　一九八三：八一頁）。

(13)　山口麻太郎については室井康成『柳田国男の民俗学構想』(二〇一〇)に多くを教えられた。
(14)　一九五一年五月二九日には「人文科学研究所にゆく。柴田[実]、長廣[敏雄]、水野[清一]、貝塚[茂樹]、今西[錦司]、天野[元之助]、桑原[武夫]氏ら集る。今西氏はすぐれたる学者。七時まではなし、鳳にかえってねむる」とある(毎日新聞社編　二〇〇五:一九八頁)。
(15)　なお、この写真には水野らしい人物は写っていない。

## 参考文献


池内宏(一九三三)『満鮮史研究(中世第一冊)』岡書院
江上波夫(一九七三)「弔辞」貝塚茂樹・日比野丈夫編『水野清一博士追憶集』「水野清一博士追憶集」刊行会
江上波夫他(二〇〇〇)(初出一九八八)「先学を語る――水野清一博士」東方学会編『東方学回想　Ⅸ　先学を語る(六)』刀水書房
大藤時彦・柳田為正編(一九八一)『柳田国男写真集』岩崎美術社
貝塚茂樹(一九六六)「一期一会」『折口信夫全集月報』七
貝塚茂樹(一九六九)「折口先生の講演」『日本現代文学全集月報』一〇四
貝塚茂樹(一九八二)「貝塚茂樹――東洋史学の開拓者」加藤秀俊・小松左京『学問の世界』講談社現代新書
貝塚茂樹(一九七三)「雲岡石窟刊行の経過など」貝塚茂樹・日比野丈夫編『水野清一博士追憶集』「水野清一博士追憶集」刊行会
貝塚茂樹・日比野丈夫編(一九七三)『水野清一博士追憶集』「水野清一博士追憶集」刊行会
菊地暁(二〇〇一)『柳田国男と民俗学の近代――奥能登のアエノコトの二十世紀』吉川弘文館
菊地暁(二〇〇五)「主な登場人物――京都で柳田国男と民俗学を考えてみる」『柳田国男研究論集』四号
菊地暁(二〇〇七a)「『雲岡石窟』を支えるもの――京都・雲岡・サンフランシスコ」『10+1』四八号
菊地暁(二〇〇七b)「柳田国男の藤枝晃宛ハガキ――『人文研探検』覚書」『漢字と情報』一五号
菊地暁(二〇〇八)「京大国史の「民俗学時代」――西田直二郎、その〈文化史学〉の魅力と無力」丸山宏他編『近代京都研究』思文閣出版
菊地暁(二〇〇九)「敵の敵は味方か?――京大史学科と柳田民俗学」小池淳一編『民俗学的想像力』せりか書

房
京都大学文学部考古学研究室編（一九九四）『小林行雄先生追悼録』
桑原武夫（一九八八）『日本文化の活性化』岩波書店
小林行雄（一九六七）「折口学と私の考古学」『日本文学の歴史　月報』一
小林行雄（一九八三）『考古学一路――小林行雄博士著作目録』平凡社
坂野徹（二〇一二）『フィールドワークの戦後史――宮本常一と九学会連合』吉川弘文館
坂詰秀一（一九九七）『太平洋戦争と考古学』吉川弘文館
末永雅雄（一九三五）「東亜考古学の定礎を祝ふ」『考古学』六巻六号
杉村勇造（一九七三）「東亜考古学会について」貝塚茂樹・日比野丈夫編『水野清一博士追憶集』「水野清一博士追憶集」刊行会
辰馬考古資料館編・発行（二〇〇五）『酒庫器物控』
東方学術協会編（一九四六）『東亜に於ける衣と食』全国書房
礪波護（二〇〇一）「『死者の書』と「身毒丸」と」『京洛の学風』中央公論新社
西田直二郎（一九五四）「釈迢空君を憶ふ」『短歌』創刊号
毎日新聞社編・発行（二〇〇五）『宮本常一　写真・日記集成　別巻』
水野清一（一九二八）「京大民俗談話会より」『民族』三巻五号
水野清一（一九三二）「蒙古遊牧民の生活――シリンゴル蒙古見聞録」『民俗学』四巻三・四号
みづのせいいち（水野清一）（一九四四）「民俗雑陳　二　狼をつく短剣」『学藝』一巻五号
水野清一（一九四六）「民俗雑陳　一一　槌子」『学海』三巻二号
みずのせいいち（水野清一）（一九四七）「編集後記」『学藝』四巻四号
水野清一編著（一九五三）『對馬　玄海における絶島、對馬の考古學的調査』東亜考古学会
水野清一（一九六〇）「考古学と民俗学Ⅰ」『民俗学大系　一　民俗学の成立と展開』平凡社
水野清一（一九六七）「折口先生と民俗学」『折口信夫全集月報』一五
水野清一（一九六八）『中国の仏教美術』平凡社
三宅宗悦（一九二九）「京都民俗談話会」『民俗学』一巻三号

宮本常一（一九七五）『私の日本地図　一四　京都』同友館
宮本常一（一九九三）（初出一九七八）『民俗学の旅』講談社学術文庫
宮本常一（二〇一二）（初出一九六七）「田岡香逸」『宮本常一著作集　五一　私の学んだ人』未来社
室井康成（二〇一〇）『柳田国男の民俗学構想』森話社
森浩一監修（一九七九）『水野清一先生寄贈論文内容目録』同志社大学文学部文化学科考古学研究室
森鹿三（一九六六）「西田先生を通して」『折口信夫全集月報』一三
森鹿三（一九七三）「思い出」貝塚茂樹・日比野丈夫編『水野清一博士追憶集』「水野清一博士追憶集」刊行会
山口輝臣（二〇〇五）「大正時代の『新しい歴史学』——日本文化史という企て、和辻哲郎と竹岡勝也を中心に」『季刊日本思想史』六七号
吉川幸次郎（一九七三）「水野清一君挽詩」貝塚茂樹・日比野丈夫編『水野清一博士追憶集』「水野清一博士追憶集」刊行会

# 第二章　植民地考古学・歴史学・博物館

## ――朝鮮半島と古代史研究

アルノ・ナンタ

少なくとも朝鮮の古蹟調査保存事業こそは、半島に遺した日本人の最も誇るべき記念碑の一であると断言して憚らないのである。（藤田亮策　一九五三：六八頁）

### 1　はじめに

一九世紀後半、朝鮮半島はロシア帝国、大清帝国、日本帝国が争う舞台となったが、一九〇五年のロシアに対する戦勝の結果、朝鮮王朝（一三九二―一九一〇年）は日本の保護国となった（Myers & Peattie 1984; Souyri 2005; Delissen 2008; Delissen & Nanta 2012; ナンタ　二〇一二）。保護国期（一九〇五―一九一〇年）に一九三〇年代まで続く数多くの事業と調査の基盤がつくられ[1]、さらに一九一〇年一〇月に総督府が設置されて以降、事業の規模は一段と拡大していった。

ヨーロッパの帝国主義国家と同様、帝国日本は、一九世紀末以降、新しく獲得した領土[2]を対象に「旧慣制度調査」に取り組むことになった。植民地権力による調査の目的は――必ずしも明記されていたわけではないが――、以下の四つにまとめられるように思われる。(一)新しい行政的・法制度の設置を目的とした行政的な調査。調査にもとづく植民地法体制や土地の略奪はよく知られている。(二)植民地社会を理解し、把握するための基本文献集の作成を目的とした社会学的調査(Noiriel 1996: 164-171)。(三)朝鮮の資料とアーカイブを把握することを目的とした政治的・植民地主義的な調査[3]。これは、最終的には植民地における言説をコントロールするためのものであった。(四)最後に、日本の第一線の研究者によって進められた、文字通りの学術的な調査。

日本人研究者が朝鮮半島で実施した学問研究のなかで、本章で注目するのは考古学である。一九世紀に誕生した近代考古学は、同時期に形成された国民国家におけるナショナル・アイデンティティの創造過程で重要な役割を果たすとともに、世界各地の植民地(特に地中海と東アジアの各植民地)において、征服地域を把握するために不可欠な学問となった。

本章では、二〇世紀前半の植民地朝鮮における考古学研究の展開と植民地博物館の設置および編成の鳥瞰図を描いていく。植民地朝鮮における考古学研究は外国＝日本による支配下で、総督府が設置した研究機関を通じておこなわれ、そこから現地人は排除された。だが、朝鮮は古くから存在する国家であったため、「過去」を把握するという営みは、被征服者のあいだにさまざまな議論を生みだすことにもなった。植民地朝鮮における考古学の歴史を検討することを通じて、本章では、科学とイデオロギーとの関連性(Foucault 1966; Canguilhem 1977; Blanckaert 1999a, 1999b)、さらには学術調査と植民地支配との関連性について考えていく(Anderson 1991: chap.10; Pai 2000; Dulucq 2009; 崔 二〇一二)。

具体的には、第2節でまず植民地期の研究機関が成立する一九一五年以前の考古学的フィールドワークと研究者間のネットワークを概観した上で、第3節では、日韓併合後における学知の制度化に注目する。第4節で、一九一〇年代半ばから三〇年代半ばのあいだにおこなわれた発掘事業と博物館設立のプロセスを描写し、第5節で主に一九二〇年代から三〇年代に集中的に刊行された出版物を検討したい。植民地期における上代史研究を検討することによって、朝鮮における考古学の制度化過程、ネットワークの組織化、学問空間の成立とそこで活動した研究者たちについて理解を深めることが本章の目的となる。

なお、日本の歴史研究において、人文科学と植民地統治の関連性は古くから検討されており[4]、同様に韓国でも[5]、日本植民地期における学知というテーマは重要な位置を占めている[6]。大韓帝国期（一八九七―一九一〇年）の朝鮮人による制度化の試みも重要な研究課題であり、植民地考古学との連続性も検討すべきだが、本章では、植民地期に焦点をあてることにする[7]。

## 2　植民地考古学の系譜――建国神話から最初の現場発掘調査へ

植民地朝鮮における考古学研究の基本的性格を把握するために、最初に一九世紀の日本で朝鮮半島の上代史に対してどのような関心があったか、どの史料が重視されたか、簡単に述べておく。

### 史書や史記から近代考古学へ

一八世紀末、皇族の年代記である古事記と日本書紀に光が当てられ、新たな解釈がおこなわれるようになった。特に本居宣長が古事記を国学の中心に据えることで、この文献は明治維新以降、重視されていく。そして『國史眼』（一八九〇年）[8]が刊行された前後から、西欧諸国と同様、通時的な「国民の歴史」が「国民の叙事詩」として歴史学の新しいパラダイムとなり、古事記と日本書紀の意義が強調されるようになった。日本では、古くから「朝鮮史」は大きな関心を集める領域であったが、こうした状況下、日韓関係史という主題は新たな重要性をもつようになった(9)。

そして、古代史への関心の台頭と、日本という国民国家の形成を背景に、一八八四年、朝鮮半島と満洲地方の境界線附近において「廣開土王陵碑」が発見されたことで、「古代への熱狂」が生み出された（Schmid 2002）。そこに記された碑文は、神功皇后が高句麗王国に対して戦勝をおさめたという日本書紀の記述が「証明された史実」である証拠とみなされたのである。これは、文献学と考古学が重なり合う一九世紀末に広くみられた現象でもある（二一世紀の現在でも、原史時代《プロトヒストリー》研究および上代史研究においてこうした捉え方は健在である(10)）。つまり、古い文献を通じて古代史は「既に知られている」ので、考古学者たちは単に物的証拠によって史実を「確認」するだけだったのである(11)。

ところで、植民地朝鮮で実施された発掘調査は、原史時代から上代史、つまり前漢の楽浪郡および三国時代に偏重していたため、考古学研究と歴史学研究は不可分な関係をもつことになった。いわゆる「大満洲」の南部地方（以後、日本が占領する地域(12)）と朝鮮半島北部に君臨した高句麗王国（前三七―六六八年）、半島東南部に君臨した新羅王国（特にその古都の慶州、六七六年に半島を統一）が重視され（Shin 2014: 22-67）、先史考古学ではなく、広義の古代考古学が主流となった。考古学者たちは、「歴史上の大都市」に主眼を置き、事実を伝えているとされた日中韓の古文書の記述を確証しようと努めたわけである。古文書のうち、朝鮮三国時代の歴史を綴った一二世紀の『三国史記』と一三世紀の『三国遺事』、中国の古典『魏志』がもっとも重視された。

ほかに、前漢時代に設置された大規模な植民都市だった楽浪郡と帯方郡の実態を解明するため、平壌市附近の平安道と黄海道で集中的な発掘調査がおこなわれた(13)（図表2-1）。また、韓国の起源神話である檀君神話は否定され、前漢による朝鮮半島の占領こそが、朝鮮史の真の始まりとなるひとつの「時代」とみなされた。

しかもまた、考古学研究と歴史学研究のなかで、朝鮮と南満洲地方の歴史は結合され、「満鮮文化」圏もしくは「満鮮史」というカテゴリーがつくられた（旗田　一九六九：Tanaka 1993）。こうした捉え方は、日本統治時代のみならず現在も生きながらえており、高句麗を中国の王朝とみなす中華人民共和国と、それを朝鮮民族の歴史とみなす大韓民国の間の論争はいまだ終結をみていない。ただ、ここで注意が必要なのは、「満鮮史」という概念は純粋にイデオロギーではなく、三国時代の複雑さをも表わしているということである。いずれにせよ、かなり後の時代に編纂された文献に依拠しながら、朝鮮半島の北半分と満洲地方にまたがっていた高句麗王国を現在の東アジアに存在する各国民国家のナショナル・ヒストリーの視点から正確に捉えて確定することは、大変困難な課題であるように思われる。

それでは、朝鮮半島で実際にどのような調査研究がおこなわれたのだろうか。次に初期の文献研究とフィールドワークをみてみよう。

図表2-1　朝鮮半島の考古学遺跡

出典：早乙女　2000

## 植民地化以前の文献研究とフィールドワーク

朝鮮半島古代史を対象とした植民地研究は三つの時期に区分することができる。まず一九〇二年から一五年が第一期である。第一期はほぼ統監府時代および寺内正毅総督時代（一九一〇—一九一六年）

に当たり、研究の初期段階である。研究の制度化がおこなわれた一九一五年から二四年が第二期であり、特に歴史学関係の方面で研究業績が大量に発表された一九二五年から最後の考古学発掘調査報告書が出版された一九四〇年にかけてを第三期とみなせる（ただし、この間、考古学関係の出版物は常に刊行され続けた）。

第一期においては、東京帝国大学の人類学・考古学の八木奘三郎（一八六六―一九四二年）、芸術史・建築史の関野貞（一八六七―一九三五年）、考古学・歴史学の今西龍（一八七五―一九三五年、のちに京都帝大・京城帝大教授）、人類学・考古学の鳥居龍蔵（一八七〇―一九五三年）の四人が特に重要な役割を果たした。なお、関野、今西、鳥居の三人は一九一五年以降も植民地朝鮮で研究を続けることになる。

研究機関が創設されるまでのこの一四年間には、原史時代／古代から高麗時代と朝鮮時代までの遺跡や寺院における現場確認がおこなわれ、さらに遺跡の分布図作成を目的とする広範な「一般調査」[14]が進められた。当時の研究者たちは宗主国日本から派遣される形で、大韓帝国の首都である漢城で現場の基礎調査に取り組んだ。

一九一五年以前の考古学・歴史学研究のもう一つの特徴として、植民地朝鮮にいわば「独立研究者」が存在したことが挙げられる。当時人口が増えつつあった植民地社会のなかには朝鮮史に関心をもつ者もおり、こうした在野の研究者は、日本で重視されていた高麗時代（九八二―一三九二年）と朝鮮時代の古文献に注目することになった（高崎　二〇〇二）。例えば小田省吾（一八七一―一九五三年）と鮎貝房之進（一八六四―一九四六年）は、一九〇二年に仁川港に設立された「韓国研究会」[15]を中心に、古文書の蒐集を進めた。彼らは一九〇九年に朝鮮古書刊行会という団体を組織、わずか数年の間に一七世紀から一八世紀にかけての書物の復刻版を数十冊も刊行し、朝鮮半島の三国時代当時の史資料を集めた『三国史記』（一二世紀に編纂）など古文書の活字版も刊行した（Choi 1969）。なお、『三国史記』と一対で用いられる『三国遺事』（一三世紀に編纂）は、一九二〇年代に今西龍の監修で公式学会である朝鮮史学会（後述）によって活字版が出版された。

一九〇〇年から一九一五年の間におこなわれた文献学的な研究においては、高麗・朝鮮両王朝の古典史料を分析し、その復刻版を刊行する、という二つの作業が重視された。ハングルは一九世紀末から広く使用されてきたが[16]、朝鮮半島の古文書の圧倒的大部分は漢文だったので、朝鮮の文献集成に関する分析は、日本の中国史家を中心に非常に短期間におこなわれることになった。一九世紀末日本で、中国と朝鮮を一括りで考察する「東洋史学」というオリエンタリズムに満ちた学問領域が形成された背景には、こうした研究の蓄積があったのである（Tanaka 1993; Nanta 2012）。

それでは、この時期、植民地朝鮮ではどのような調査がおこなわれたのか。ここでは朝鮮古蹟調査委員会の委員となった関野と鳥居について分析を加えよう。

関野貞は植民地統治が始まる以前の一九〇二年から、「古建築物」という用語を用いて[17]、朝鮮の建築的な文化遺産を踏査し始めた。彼の実施した調査がもつ先行性もあり、一九九〇年代以降、日韓両国の歴史学者は鳥居龍蔵や柳宗悦と並んで[18]関野に注目しており、先行研究も多い（東京大学博物館　二〇〇五; 李　二〇〇九）。しかし、関野は当初、フィールド調査で発見した物的資料に依拠して朝鮮上代史を描写するつもりだったが、結局のところ、高麗時代に編纂された古文書にもとづいて、三国時代の都市遺跡を中心に踏査をするにとどまった（西川　一九七〇）。こうして、文献学の「従属学問」となった考古学は、古代都市の遺跡に収斂していく。

関野とは異なり、鳥居龍蔵はもう少し開かれたフィールド調査を実施したと評価されている。鳥居が日本の植民地や占領地で日本軍の積極的な協力を得ていたことは広く知られるが、寺内総督の知人であり、しかも一九一九年の三一運動直後に植民地統治を弁護した鳥居だけが（Nanta 2010）、朝鮮半島全域で遺跡調査を実施することになった。だが、鳥居は朝鮮半島の先史時代の遺跡を主に検討したので、高麗時代の古文献によって進められた原史時代／上代遺跡の研究とは一線を画していた。一九一一年から一九一六年の間に六回も朝鮮半島を訪れた鳥居だったが、彼の進めた朝鮮半島における先史時代に関する考古学研究は、その後、継続されることはなかった。

ここで刊行物を網羅的に紹介することはできないが、一九一六年から出版された発掘調査報告書のほかに、朝鮮半島における研究調査の成果を発表した刊行物が数多く存在する。関野は一九〇四年に東京帝国大学から『韓国建築調査報告』を刊行し（東京帝国大学 一九〇四）、さらに一九一〇年に『朝鮮芸術之研究』を著した（関野 一九一〇）。[19]また、鳥居は、一九一七年、『平安南道黄海道古蹟調査報告書』――平安南道と黄海道は楽浪郡の遺跡で知られている地域――で先史時代遺跡を紹介している（鳥居 一九一七）。

## 3　研究の制度化および植民地の学知

第一次世界大戦期、植民地朝鮮で遂行される研究は一段と規模が増大し、総督府によって研究機関という形で制度化された。総督府庁舎の工事が始まったのも同じ時期の一九一五年である。

### 制度化の動き

朝鮮古代史の熱心な愛好家でもあった寺内総督時代末期の一九一五年から斎藤実（一八五八―一九三六年）の就任期間（一九一九―一九二七年）[20]の一九二四年までを、常設的な研究機関が創設された第二期とみなすことができる。研究機関の創設にともない、「朝鮮」を専門とする公的な研究者も現れたが、この過程で、以前から居留民によって運営されていた私的な組織と朝鮮の古文書などの既存文献が植民地権力機構の中に組み込まれたことが注目に値する。のちに博物館ネットワークが設立される際も、既存の私的組織が公的機構のなかに編入されることになるが、この問題は第4節で検討しよう。

研究活動の制度化はスムーズに進んだが、それは、先にみたように、一九一五年以前に、建築史、文献学、そして考古学の各分野で既に研究が始まっており、さらに例えば一九〇七年に統監府の学務課が、朝鮮王朝のアーカイブである膨大な奎章閣の蔵書を既に管轄下に置いていたからである。学務課は、以下に述べる研究機関を監督していた。[21]

植民地朝鮮における考古学研究の大きな転換期となったのは、一九一五年における朝鮮総督府博物館の創設であった（図表２－２、図表２－３、図表２－４）。例えば、鮎貝は翌年にすぐ博物館のポストに就任した。この博物館は総合博物館ではなく、もっぱら朝鮮の歴史と考古学を専門とする機関であり、同時に発掘調査と修復事業という任務も負っていた。続いて一九一六年、朝鮮古蹟調査委員会（一九三一年に朝鮮古蹟研究会と改組）が創設されるとともに、古蹟及遺物保存規則が公布された（一九三三年に改正）。これは、内地で一九一九年に公布された史蹟名勝天然紀念物保存法より先に公布されており、明治期以降日本で進められた文化財保護制度の歴史のなかで重要な意義をもつ（稲田　一九八六：Demoule & Souyri 2008；稲田　二〇一四）。[22]

さらに、一九二二年に朝鮮史編纂委員会が創設（一九二五年に朝鮮史編修会に改組）、一九二四年には京城帝国大学が開校する（法文学部と医学部は一九二六年に開校）（李　一九八〇：丁　二〇〇二）。[23] 京城帝大では朝鮮半島の領域にとどまらない多様な課題が研究されたが、前述の研究機関につとめる歴史学者や考古学者は京城帝大でも教育研究に携わっており、しかも京城帝大は上代史研究にとって重要不可欠な奎章閣の蔵書を一九三〇年に入手してもいた。

しかもまた、京城帝大の周辺には歴史学や考古学に関係する学会が数多く存在した。特に朝鮮史学会、京城帝大・法文科大学内の青丘学会、文献学者と文献誌家の集まりだった書物同好会が、古蹟調査委員会や朝鮮史編修会、総督府博物館、京城帝大の研究者が加入した学会である。なお、小田省吾が朝鮮史学会会長をつとめたように、これらの学会を実質的に支配していたのは朝鮮総督府の幹部たちであった。

図表２－２　総督府庁舎からみた朝鮮総督府博物館、1930年前後

出典：National Museum of Korea

図表２－３　朝鮮総督府博物館、両大戦間

出典：National Museum of Korea

比較的自律性を持った内地の大学などとは異なり、植民地朝鮮の研究機関やそこに属する研究者は、研究の場が点在していても、全員が密接な人的関係を有しており、しかも、そこでは学問の壁はないに等しかった。

確かに、植民地朝鮮では、その学知のなかに朝鮮に所属をもつ人脈と、京都帝大の人脈(24)が並存したことは注目に値する。だが、結局のところ、植民地の学知は有機的《オーガニック》に機能していたので、我々は、個々の組織に集中するのではなく、むしろ朝鮮に存在した研究機関の相互関係を考慮に入れつつ、各時期にいかなる研究プロジェクトが進められ、いかなる目的を持っていたかという問題に注目しなければならない。

それでは次に、朝鮮にいかなる考古学研究機関が存在し、誰が研究を進めたのか、具体的に検討していこう。

図表2-4　博物館の展示室

出典：National Museum of Korea

## 朝鮮古蹟調査委員会と植民地における発掘調査

朝鮮総督府が宣伝した古蹟調査委員会の「使命」は、次のようなものだった。まず、朝鮮半島の古代史を究明し、出版物および博物館ネットワークを通じて達成された研究成果を公表すること。次に、（総督府が常に強調したことだが）半島の遺跡を保存し修復すること。こうした過程を通じて、朝鮮半島の遺跡は徐々に文化財として捉え直されるようになった。

朝鮮古蹟調査委員会には当時の内地と朝鮮に置かれた機関に所属する著名な研究者が集まった。朝鮮で所属をもつ研究者の相対的人数は、一九二〇年代以降、研究機関が設立されるにつれて増えていった。日本人のほかに、朝鮮人研究者も一割程度を占めており（現在、「協力者」のブラックリストに数えられている）[25]、彼らは朝鮮史編纂作業などにつとめる一方、完全に日本人主導である考古学のフィールド調査には参加を許されなかった。

朝鮮古蹟調査委員会の年度ごとの構成員を詳細に分析する必要があるが、これは先行研究にゆずり、ここでは主な委員の名前を述べるにとどめよう。まず前述の関野貞、今西龍、鳥居龍蔵のほかに、関野とともにフィールド調査を実施した谷井済一がおり、京都帝大考古学研究室の濱田耕作[26]（一八八一―一九三八年）と梅原末治（一八九三―一九八三年）も委員会に加わった。日韓併合直後から朝鮮総督府につとめるようになった小田省吾、東洋考古学の創始者とされる原田淑人（一八八五―一九七四年）、中国朝鮮史学の池内宏（一八七八―一九五二年）も事業に参加した。

さらにここで注目すべきは、歴史学者・考古学者の黒板勝美（一八七四―一九四六年）と藤田亮策（一八九二―一九六〇年）である。まず、黒板勝美をぬきにしては、植民地朝鮮における考古学研究および朝鮮古代史研究は理解できない[27]。日本で古文書の研究と文化財政策に貢献した黒板は、朝鮮総督府の古蹟調査委員会と朝鮮史編修会においても重要な位置を占めており（李　二〇〇四：箱石　二〇〇七）[28]、植民地朝鮮における考古学研究と古代史研究に大きな影響をもたらした。さらに、藤田亮策は一九二二年から一九四一年まで総督府博物館の主任をつとめ[29]、一九三二年から京城帝大朝鮮史講座で講義を担当した[30]。彼は、総督府刊行の出版物のみならず、著作や論文を数多く残している。

ここで、次節で紹介する考古学活動がおこなわれた枠組みや背景について、三つの指摘をしておきたい。

まず、一九一五年に創設された古蹟調査委員会と朝鮮史編纂委員会（編修会）および博物館ネットワークは、日本による支配に大義を与え美化する、植民地の学知を構築する基盤となった。ベネディクト・アンダーソンは、仏領インドシナとイギリス領インド帝国を例に、植民地権力は「現地人」の過去を演出することによって自らの効率性の良さ、そして「無能」な「現地人」に代わって実行した文化財保存政策を強調していたと指摘している（Anderson 1991: chap.10）。植民地朝鮮においても、考古学と歴史学の成果は、その結論と関係なく、植民地社会の過去を対象にした言説を事実上独占することで、朝鮮人に対する一種の「植民地家父長主義」と結びついていたといえるだろう。

次に注目されるのが、一九一〇年代から既に確認された盗掘、そして個人コレクションという問題である。これは植民地主義から直接由来するものではないが、植民地状況によって一層深刻になった問題である[31]。植民地朝鮮では、当該期、日本人考古学者が、日本人居留民による乱掘をめぐって衝突が起こった事件について記録しており、特に慶州における発掘の始まりとなった一九二三年の衝突事件が有名である（朝鮮総督府一九一七―一九四〇（一九二四）: 李　一九七三: 梅原　一九七三）。

なお、欧州の例で指摘されているように、盗掘を問題にする場合には、芸術品の売買市場をも視野に入れる必要がある（Flutsch & Fontennaz 2010）。盗掘人の活動は、日本人（あるいは日本人に販売していた）美術商と骨董品屋の積極的な支援抜きではあり得なかったからである。彼らは、一八八四年の甲申政変の後、釜山港、仁川港、大邱、漢城、開城、平壌の各大都市に公然と店を構えていた。骨董品屋ネットワークの支援を得た盗掘人は、膨大な数の遺跡を破壊し（日本人考古学者による当時の報告書によれば、地域によって、八五パーセントの遺跡が破壊されたという）、研究の進捗も妨害した。例えば、一九一六年から一九二三年にかけて楽浪郡で発掘調査を指導した関野貞は、居留民の個人コレクションを閲覧しないと前漢時代の鏡を充分に検討することは不可能だと述べている。植民地朝鮮考古学の集大成とされている『朝鮮古蹟図譜』（後述）

に掲載された写真にも、乱掘を通じて蒐集された個人コレクションの遺品が含まれている。

最後に、朝鮮半島における考古学・歴史学研究の規模を考えるためには、その予算を詳細に分析する必要があろう。一九一一年から一九四〇年にかけて刊行された朝鮮総督府統計年鑑によれば、古蹟調査委員会と朝鮮史編修会に与えられた予算は、総予算に比べれば非常に僅かな金額でしかなかったようである。例えば一九三六年度の総予算二億円（現在の約七千億円）のうち、前述の朝鮮史編修会は八万円しか占めておらず（Grajdanzev 1944: 217-222）、また、一九一八年から一九三三年の間、考古学発掘調査に与えられた年間予算は当時の三―四万円程度（現在の約四二〇―五六〇万円）だったようである（李 二〇〇九：二〇一―二〇二頁）[32]。ちなみに、京城帝大の一九三〇年代当時の年間予算はおよそ二百万円程度だった。

総督府は確かに「朝鮮の文化遺産保存」につとめたが、これは同時に、日本による支配を正当化するためのレトリックでもあった。文化遺産の保護は、日本による朝鮮統治と同様、終わりのない事業であった。なぜなら、帝国日本の施政が「成功」し、朝鮮総督府がいずれ朝鮮半島から去って帰ることはあり得なかったからである[33]。

## 4　企画発掘調査から地方博物館へ

### 考古学発掘調査の企画

一九一六年以降、朝鮮史上の各時代（各王国）を調査対象とする五ヵ年計画が次々と立てられ、発掘調査が実施されていった。日本人研究者が編年作業を進めた朝鮮史の時代区分は時代ごとに一つの覇権的国家を追うものだったので、「時代」と「地域」は重複する概念だった。植民地朝鮮で実施された発掘調査は大抵、計画調査だったが、都市拡大事業や建設事業にともなう、現在でいう緊急発掘もおこなわれた。その成果は

図表２－５　梅原末治と小泉顕夫の指導の下、慶州・飾履塚で実施された発掘調査、1924年

出典：National Museum of Korea

一九一七年から一九四〇年にかけて（発掘調査は一九一六年度から三八年度）、一六冊の報告書として発表され、他に一地域もしくは一遺跡で実施された特別発掘調査を扱う七冊の特別調査報告書も刊行された。

一九一六年に始まる最初の五ヵ年計画によって、「漢四郡」の一つである楽浪郡を中心とした調査がおこなわれた。「漢四郡」とは前漢時代に満洲地方と朝鮮半島の北半分に設置された中華帝国の根拠地を指す。特に楽浪郡が集中的に調査され、「半島史」の幕開けをもたらした地域としてもっとも重要視された。楽浪郡では三回にわたって調査が実施されたが、これを指導したのは、関野貞（一九一〇年代から二〇年代）と藤田亮策（一九三〇年代）であった。

慶州地域も数回にわたって発掘調査されたが、ある土木工事の際、偶然発見された城址や塼《せん》室をもつ墳丘墓（最初は半島北部にしか存在しないと考えられていた）[34]は、一九二一年と二四年に京都帝大の濱田耕作と梅原末治、小泉顕夫（一

図表2-6　梅原末治と小泉顕夫の指導の下、慶州・金鈴塚で実施された発掘調査、1924年

出典：National Museum of Korea

八九七―一九九三年）によって調査され（図表2-5、図表2-6）、それに引き続いて、一九三一年に有光教一（一九〇七―二〇一一年）、一九三二年に榧本亀次郎（一九〇一―一九七〇年）、一九三四年に斎藤忠（一九〇八―二〇一三年）らが調査を実施した。当時学生だった有光や斎藤が参加していることから、朝鮮古蹟研究会が若手研究者を育成する任務も担っていたことが分かる。有光は一九四一年から四五年の間、博物館主任をつとめた[35]。慶州ではさらに藤田が一九三六年、三七年、三八年に詳細にわたる調査を他の研究者とともに指導した。

## 歴史・考古学博物館

初期の発掘調査計画の頃から、現場で発見される遺物は、そのために設立された博物館で保管されることになっていた。

朝鮮総督府博物館が一九一五年に設立されたのは、そもそも鳥居龍蔵らによって発見された遺物を保管するためでもあった[36]。中央博物館であっただけに、総督府博物館は、展示を催すだけでなく、「同時に古蹟の発掘調査・保存修理・登録指定・埋蔵物の処理等の事務をも取扱」う「古文化財の中軸機関[37]」（藤田　一九五

三：七五頁）と位置づけられていた。

こうした総督府博物館の性格は、予算の詳細をみれば把握できる。博物館の平均年間予算は一九二〇年代から三〇年代に、三—五万円程度（現在の約一億—一・八億円）だったが、この金額は当時としても低かったと藤田は嘆いている（藤田　一九五一：二六〇頁）。この金額には、博物館につとめる館員八〇人（そのうち学芸員は五六人）の年俸と、日本による「登録指定」の集大成とされた『朝鮮古蹟図譜』（一九一六—三六年）の出版費用も含まれていたから、巨額ではなかったのかもしれない。例えば、楽浪郡と慶州の発掘調査のピークとなった一九二一—二三年度に、博物館の年間予算は三三三〇〇円から三五七八四円であり、理論上はその半分が遺品・遺物の購入と保存または館内設備の設置に割当てられることになっていた。だが、実は展示品の大部分は発掘調査と寄贈に頼るしかなく、博物館は遺物購入のために年間五千円しか支出せず、事実上、古蹟調査委員会の調査結果に依存していた[38]。

要するに、他の研究機関より先に設置され、朝鮮半島における発掘調査の中心的な機関のはずだった朝鮮総督府博物館は、予算や人事の制限上、自力では発掘調査をおこなう能力もなく、朝鮮総督府のヒエラルキーにおいて同等の位置にあるはずの古蹟調査委員会に縛られていた。

総督府博物館は京城・景福宮《キョンボックン》の境内に建てられていたが、一九〇八年に設立された大韓帝国期の「帝室博物館」——これは西欧、米国、日本各国において一九世紀から相次いで設立された美術館と同種の施設だった——を継承する施設でもあった[39]。その後、総督府博物館の増改築や新築の提案（一九三五年）はいくつか存在したが、どれも実現しなかった。一階・二階あわせて六室の展示室を擁し、五〇個ほどの陳列ケースで楽浪郡や三国時代から朝鮮時代まで編年的に遺物を紹介していた。一九一五年から蒐集が開始されたこのコレクションの収蔵品数は、一九二一年に八四〇〇点、三〇年に一二三二九点、三八年に一四一五七点にのぼった（李　二〇〇九：三二一—三五一頁）。藤田亮策は次のように述べている。

特に陳列品の大部分が、樂浪の漆器・銅器・玉器・新羅の金冠・宝飾以下悉く科学的の発掘調査によつて得たものであつて、年代の標準となるものを眼目としたのである。（藤田　一九五一：二五九頁）

総督府博物館とともに、地方には、高句麗の古都であり楽浪郡に近い平壌に（居留民によって作られた）平壌府立保勝会陳列館の後継として平壌府立博物館が設置され、また同様に、高麗の古都である開城に開城保勝会を継ぐ形で開城府立博物館が設置された。

百済の最後の首都の近くにある扶余、そして新羅の古都である慶州には朝鮮総督府博物館の分館が創設された。ほかにも、上記の五つの施設を中心にした博物館ネットワークの末端として釜山、大邱、公州、羅南など発掘・発見と無縁だった都市に「陳列館」が設置された。これらの施設は、各コレクションを管理・運営するだけでなく、地域レベルで遺址を「保存・修復」する任務も負っており、近隣地域の遺跡群が展示品と一体のものと考えられていた。

これと平行して、一九一六年以前から前述の「保存会」という名のもと、居留民らは許可なく発掘を進め、入手法を問わず地元で遺物を展示していた。慶州の例が示すように、この遺物は、やがて公的博物館に組み込まれていく(40)。一九二六年に設立された朝鮮総督府博物館慶州分館は、朝鮮半島の東南部における博物館装置の「大黒柱」であり、梅原末治が一九二一年、二四年に金冠塚という墳丘墓で発見した金製の王冠をはじめ、集中的に発掘された新羅王国遺跡のなかで発見された遺品と遺物を所蔵する施設だった。これが現在の国立慶州博物館の始祖であり(41)、慶州の例から、植民地期における地方施設の複雑な変遷史を捉えることができる。現在使用されていないが、一九二六年に「伝統的」と形容された初期の建物は、実は元大韓帝国期の官庁であり、一九一三年に慶州遺蹟保存会が占拠して一九二六年に総督府が確保したものだった。

博物館に展示された遺物は、京城と地方の各館の間で移動展示されたが、楽浪郡の遺物をはじめとして、貴重品はすでに個人蒐集家によって所有されていたので、公式展示だけで古代の遺物を把握することは不可能だった。

一九三一年、朝鮮半島における古蹟発掘調査の任務は、朝鮮古蹟調査委員会から新しく設置された朝鮮古蹟研究会へと移された。この決定は総督府の予算が削減されたことが原因と思われる。他に、総督府の学術政策における変更があったという指摘もある（李　二〇〇九：二〇八―二〇九頁）。一九三一年以降おこなわれた考古学発掘調査に使われた予算の出所は定かではない。朝鮮古蹟研究会を設置した黒板勝美は、民間企業を頼りもしたが、発掘調査に対して（自らが所属する）東京帝大の果たす役割が増えたので、一九三一年以降の発掘調査は依然として官主導であった。

## 5　書き直された過去――一九二〇年代―三〇年代

上述した博物館ネットワークとそこでの展示が、植民地考古学の一番目立つ活用法であった。だが、研究の成果はむしろ出版物という形で公表された。主な出版物は、古蹟調査委員会と朝鮮史編修会による公的刊行物、委員会と編修会の外部あるいは内地日本で出版された論文と著作、そして日本人研究者と平行して独立運動に参加した朝鮮人が著した刊行物の三種類である。

### 総督府による出版物

総督府が刊行した出版物には幾つかのシリーズがあり、主なものとして古蹟調査委員会による発掘調査報告書のほかに、朝鮮総督府博物館と個人蒐集家の所蔵品を紹介した『朝鮮古蹟図譜』、朝鮮史編修会の集大成である『朝鮮史』を挙げることができる。

『朝鮮古蹟図譜』は、一九一五年から三五年にかけて、日本語および一部英語の解説が付けられ、大量の写真を掲載する豪華な著作として刊行された。だが、この著作は歴史学的な視点を提起せず、一種の文化財目録としての美術史にとどまった。こうした出版物によって、朝鮮総督府のプレゼンスが正当化されたが、しかし同時に、朝鮮人にとって誇るべき過去があったと強調する効果もあった[42]。この著作は植民地期の考古学研究の大著としてしばしば紹介される。だが、出版当時、具体的な発掘調査はほとんどおこなわれていなかった。

最初の発掘調査五ヵ年企画が完了したのは一九二〇年であるが、『朝鮮古蹟図譜』全一五巻のうち、楽浪郡および三国時代を扱う第一巻から第五巻は一九一五年から一七年にかけて出版された[43]。この大著の公刊年をみる限り、朝鮮半島の考古学的・建築物的文化財の紹介と、発掘調査事業との間に関連が薄いことがわかる。なお、著作の構成からは、朝鮮半島の上代史、建築史、美術史に対する強い関心、そして植民地化以前にすでに完成していた一方的な朝鮮史編年が使用されていることがうかがわれる。

『朝鮮古蹟図譜』は、パリのギメ美術館をはじめとする西洋と内地の多くの美術館や研究機関に送られ、当時朝鮮史を扱う研究にとって不可欠な文献となった。逆に植民地朝鮮では閲覧できなかったと藤田亮策が嘆いた（西川 一九七〇：一一二頁）ことが、この著作が日本による統治を宣伝するための出版物だった事情を示している。一九六一年になっても『朝鮮古蹟図譜』はフランスの著名な百科全書『プレイアデス』の『美術史講座』第二巻（「非キリスト文明の世界」）（Buhot 1961）に、エカルトが一九二九年に著した『朝鮮美術史』（Eckardt 1929）と並ぶ基本文献とされていた。しかも、この『美術史講座』の「朝鮮」の章も、エカルト著『朝鮮美術史』も、朝鮮史に関する用語はことごとく日本語の音読みで表記されており、当時日本の文献抜きで朝鮮美術史および上代史について執筆できなかったことがわかる[44]。

だが一方、研究の成果が年々蓄積されるにつれ、報告書そのものが特定のテーマに関する総合的な著作になっていった。例えば、関野・谷井監修で一九二九年から三〇年にかけて出版された特別調査報告書は、一九一五年以降、高句麗王国を対象に実施された全ての調査の成果をまとめた著作になっている。

一九二二年に設置された朝鮮史編纂委員会は、一九二五年に朝鮮史編修会に改組されたのち、史資料を中央＝京城に集約させたが、これは朝鮮半島の「正史」を執筆することを主要目的としていた。朝鮮史編修会の議事録をみると、その中心人物が黒板勝美だったことがわかる。

また、歴史編纂事業は二つのシリーズの刊行につながった。一九二四年に前述の朝鮮史学会によって『朝鮮史講座』（全三巻）が出版され[45]、次に一九三二年から一九三八年の間、全三五巻、全二万四千頁からなる『朝鮮史』が刊行された[46]。『朝鮮史』の半分は上代史つまり三国時代を対象にしていた。そのうち、統一新羅時代こそが古代朝鮮の繁栄期とされ、これは一一世紀から長らく続く「停滞」の時代と対比されることになった。

## 帝国大学および総督府の文書課

古代朝鮮半島史を対象とした考古学研究と上代史研究に参加した研究者は、植民地朝鮮と内地日本との間を移動することも多く、上記の著作のほかに、朝鮮でも内地でも数多くの論文や研究書が出版された。しかも古蹟調査委員会と編修会に属する研究者には京城帝大所属の者が少なくなく、彼らは大学を通じても交流していた。したがって、古蹟調査委員会、編修会そして総督府博物館による上記の学術研究[47]だけでなく、京城帝大や総督府の研究、さらには内地の帝大と出版社が刊行した学術誌や著作なども検討する必要がある。

前述のように、植民地朝鮮でおこなわれた考古学研究は主に原史時代と上代史を対象としており、植民地歴史学は上代史および広義の美術史を重視していたので、黒板勝美と藤田亮策の例が示すように、二つの学問の間に壁はなかった。本章で少しだけ示唆したが、上代史を扱う考古学者と歴史学者が使用した古文献は、それ以前に言語学者と文献学者らによって解明され、彼らの貢献も大きかった[48]。

さらに、植民地朝鮮における学知のもう一つの側面として、統監府時代の一九〇六年から[49]公文書と古文書を蒐集して整理し、総督府のために「文献誌」、文献目録、資料体系を作成するという事業もあった。古代史の領域では、京城帝国大学で朝鮮史講座の一つを担当した末松保和（一九〇四―一九九二年[50]）が進めた幅広い研究は一九四五年以降も続けられたが、そこには、三国時代や「任那」への高い関心とそれ以降の時代に対する関心の相対的低さが確認できる。そのほかに、文書課調査係主任をつとめた櫻井義之（一九〇四―一九八九年[51]）は、一九四一年、明治期日本で出版された朝鮮研究に関する詳細な文献目録を編纂している（櫻井　一九四一）。前節で紹介した、古蹟調査委員会と編修会による研究成果とは異なり、末松と櫻井による研究と文献目録は現在でも有用な成果であるように思われる。

最後に、当然ではあるが、内地日本で刊行された出版物で朝鮮研究が扱われることも多かった。例えば、『考古学雑誌』は一九一〇年代から三〇年代にかけて植民地朝鮮でおこなわれたフィールド調査をしばしば紹介しており、朝鮮総督府による研究成果が公表されるまで、関野貞は一九一〇年代に何回も『考古学雑誌』に論文を掲載し、濱田耕作が一九二四年に「朝鮮の古墳」という総合論文を公表したのも『考古学雑誌』においてであった（濱田　一九二四）。早期から日鮮同祖論に同調した京都学派[52]の研究者が数多く朝鮮研究に参加し、京都帝大内で出版された刊行物も数多かった（吉井　二〇一三）。

## 朝鮮人研究者と民族史観

前述したように、朝鮮人研究者は日本人主導の考古学発掘調査への参加を許されていなかったが、ここで注目すべきは、彼らのなかには、朝鮮と中国の古文献に拠りながら楽浪郡と三国時代について執筆した人物もいたということである。

　上代史を扱った朝鮮人のひとりに、崔南善《チェナムソン》（一八九〇―一九五七年）がいる。一九一九年の三一運動の際、独立運動に参加したのち、一九二〇年代の末に結局、植民地権力に協力することになった崔南善は、前漢による楽浪郡などという外国による圧力より古い、古代朝鮮文化圏を確定しようと努めた。彼の考える古代朝鮮文化圏は、東アジアの半分をカバーするものであり、彼はこれを朝鮮文明が輝いた「不咸《プルハム》文化圏」と呼んだ。これは、人類文明の起源となる伝説上の檀君が作り上げたものであり、そこでは単一の民族が独自な文化を展開したとされた。先にみたとおり、日本人研究者は、建国神話としての檀君神話を否定していたが、彼は逆に檀君の存在を強調したのである。

　もちろん、一九二〇年代を通じて、独立への希望を棄てた朝鮮文化ナショナリズムを支持した総督府の「文化政治」という背景があってこそ、こうした主張を崔が唱えることができたことは確かである。崔南善は一九二七年に日本語で、親日プロパガンダの雑誌である『朝鮮及朝鮮民族』誌に「不咸文化論」という総論を掲載し（崔南善　一九二七）、翌年には朝鮮史編修会に入会することになった。

　さらにまた、韓国の民族史観の創始者とされている申采浩《シンチェホ》（一八八〇―一九三六年）（Schmid 2002）は、日韓併合後、亡命し、一九一〇年代に満洲地方で高句麗王国の遺跡を調査した。一九三一年刊行の『朝鮮上古《チョソンサンゴ》史《サ》』において、彼は外国による圧力として捉えられた楽浪郡が朝鮮半島内に位置していたことを否定した。[53] 申采浩によれば、楽浪郡はおそらく遼東半島にあったという。独立運動に参加していた彼は、台湾に渡ろうとして逮捕され、一九三六年に獄中で死亡した。解放後、一九六〇年代になると、彼の「楽浪郡在遼東説」は北朝鮮で復活したが、日本による発掘調査を活用している大韓民国では否定された。

　崔南善と申采浩は二人とも、国民主権が喪失された当時の文脈において、上代史を「再朝鮮化《リコリアナイズ》」しようと試みた。そのためには、伝説上の檀君が存在したこと、そして、できるだけ前漢など外国による支配以前の太古の昔から単一の朝鮮民族が存在したことを主張するほかはなかった。

植民地権力による前述の研究は、当時の朝鮮人（さらに解放後の韓国人）による歴史記述に対して大きな影響を及ぼしたが、博物館および古蹟調査委員会がおこなった古蹟調査を経ても、日本人の研究者が有した「半島史観」はあまり変わらなかった。したがって、調査へ参加できず必然的に文献に頼った朝鮮人による歴史記述は、文献学偏重の総督府による研究と基本的に同質だったといえる。日本人研究者は、発掘調査の成果によりながら上代史を解明したと断言したが、しかし実は事前に完成した朝鮮史観に収まるように物的資料を「解釈」していたのだった。

このように、日本人の研究者であっても朝鮮人の学者であっても、過去を書き直す過程には、日本による当時の朝鮮統治という政治状況が影響を及ぼしていた。日本の植民地時代には、朝鮮半島の歴史上に相次いだ各国家・各時代を超えながらそれらを融合し、朝鮮半島における連綿と続く「朝鮮史」が創造されたが、「一国民の歴史」として過去が捉えなおされたこと、それ自体に植民地統治の影響が看取できるのである。

ちなみに、崔南善と申采浩による研究は、一九四五年以降の民族史観の原型でもあり、崔南善は親日派だったとして問題にされたとはいえ、彼と申采浩が提供した朝鮮史観は一九五〇年代以降、大きな流れを生み出した。すなわち、大韓民国のアカデミズムは一九五〇年代から、日本統治時代の成果を活かしながら上代史にさかのぼって連綿と続く「大韓民族」の歴史を見出し、同じ民族史観を共有する北朝鮮のアカデミズムは一九六〇年代から楽浪遺跡群が平壌付近に存在することを否定し再び楽浪在遼東説を唱えていくのである（Schmid 2002; ナンタ　二〇一六）。

## 6　結び

本章でみたように、朝鮮半島の社会と過去を理解するために、朝鮮では一九〇五年から体系的な調査が数多く実施された。二〇世紀初頭に日本人の研究者がおこなったフィールド調査の延長線上で、一九一六年から植民地考古学が制度化されたが、こうした考古学者の研究は、もっぱら北部の楽浪郡と朝鮮の三国時代を対象とするものだった。制度および研究機関からみれば、一九三八年まで実施された上代史研究には、いくつかの段階があり、そこには京城と京都学派という二つのネットワークが関係した。欧州でも日本でも原史／古代考古学がいまだに文献学、つまり古い史書や史記に偏重していた当時にあって、朝鮮半島における発掘調査事業は、前漢時代と高句麗王国の遺跡、さらには新羅王国の首都・慶州を対象に、「既に知られた」知識を、物的資料によって単に確認することになった。

植民地状況下でおこなわれたこうした事業は、成果を生み出せなかった大韓帝国期の試みに続いて、朝鮮半島の過去を捉えようとしたわけだが、そのなかにあって、上代遺跡および文化財「保護」という御旗は、植民地統治を正当化するためのスローガンだった(54)。こうした文化財保護政策について、本章では少ししか触れられなかったが、植民地時代の一番大きな遺産なのかもしれない。だが同時に、一九一六年に朝鮮総督府が発布した規則は、明治期以降、内地日本で発展した流れを汲むものでもあり（Marquet 1999; 稲田　二〇一四：四四―五二頁）、植民地主義を代表する政策ではなかったといえるかもしれない。

学問として考古学の系譜は古くまで遡ることができる。だが、一九世紀の国民国家の形成に大きく貢献した、非常に近代的な学問でもある。植民地状況においても考古学の影響は非常に大きく、「国民の歴史」として把握し直された「過去」を中心に、一九四五年の解放以降、ナショナル・アイデンティティも大きく変化した。

こうしたなかで、植民地期の歴史・考古学研究の成果は、一九四五年以降、植民地支配を正当化し、朝鮮史を「歪曲」した言説として、大韓民国と日本の歴史学者によって批判されてきた（金　一九八九：趙　二〇〇二；朴　二〇〇四；李　二〇〇九）。特に注目すべきは、「楽浪時代」が存在したと主張することによって朝鮮半島史が開闢より近隣外国に対して他律的であるという烙印を押された、という韓国の歴史学者による批判である。つまり、朝鮮という存在自体が、前漢による半島支配によってはじめて歴史に登場した、という捉え方が批判されたのである。植民地期における朝鮮史研究は、朝鮮半島の上代史に集中したあまり、統一新羅王国が滅亡した以降の王朝がことごとく、「停滞した」と、当時見なされた[55]。その果てに、朝鮮半島は、いわば日本に支配されることによって近代史に入ったかのような論理が働くことにもなった。

ただし、こういった主張は日本の植民地における学知に独特なものではなく、他の学問あるいは東アジア・東南アジアなど他の地域の例が示すように、近代植民地全般に共通する言説のように思われる[56]。すなわち、本章で確認した植民地朝鮮における古代史研究にみられる朝鮮史観は、植民地支配下のアフリカで強調された、植民地社会全般がもつとされた「構造的な非歴史性」（Dulucq & Zytnicki 2003: 121）という発想と類似している。しかも、解放後の大韓民国と北朝鮮のアカデミズムでは、日本統治時代の「遺産」に対する見解には大きな違いがあるとはいえ、他国の旧植民地と同様、古代史を非常に重視するという共通性をもっている。このように、植民地朝鮮で展開された発掘事業と古代史研究を、他国の植民地でおこなわれた考古学・歴史学事業と比較することで、帝国の時代における植民地主義と学知の相互関係や特徴、さらにポストコロニアル時代の特徴もより明白に理解できるように思われる。

注

（1）植民地朝鮮における政策の歴史は通常、朝鮮総督府の設置の時点から語られることが多いが（朝鮮総督府　一九四〇）、保護国期にその基礎がつくられていたことを見逃してはならない。

（2）周知の通り、一九世紀末から第一次世界大戦の間に日本は植民地帝国をほぼ完成した。そのなかには、幕府時代の領土もあり（当時まだ「外地」扱いされていた北海道、沖縄、南樺太）、近年獲得された領土もあった（台湾、遼東半島、朝鮮、ミクロネシア）。日本は同時に一九〇五年以降、南満洲地方でも支配を広げていった。

（3）本章では、フランスの歴史学者マルク・フェロの定義にしたがって、植民地統治 colonisation は実際の統治（支配）、植民地主義 colonialisme はそれにまつわる正当化論などの言説を指す用語という意味で用いる（Ferro 2005；Hémery 2006）。

（4）朝鮮史研究会（一九五九年設立）を基盤にして、一九六〇年代以降、旗田巍は一九四五年以前の植民地主義の言説の系譜に関して先駆的な研究を発表している（Nanta 2012：99-101）。

（5）例えば（李　一九八〇；金　一九八九；趙　一九九〇；Pai 2000；早乙女　二〇〇一；丁　二〇〇二；趙　二〇〇二；坂野　二〇〇五；Nanta 2007 & 2012；李　二〇〇九；崔　二〇一二；大出　二〇一二；Pai 2013：114-141）などがある。筆者も、フランスの考古学専門誌に植民地朝鮮考古学について既に論文を発表している（Nanta 2011）。

（6）なお、フランスでは植民地帝国時代の歴史学・考古学事業は非常に大規模なものだった。そのため、一九七〇年代以来、歴史学者が研究を進めてきたが（de Gantès 2003；Dulucq 2009：5-28）、二〇〇〇年代以降さらに研究の量が増えている（Sibeud 2002；Dulucq & Zytnicki 2003；3lais 2007；Dulucq 2009；Sibeud et al. 2013）。植民地考古学に関しては（Singaravélou 2000；Oulebsir 2002）、極東学院については（藤原貞朗　二〇〇八；Hémery & Brocheux 2009；Fujihara 2015）を参照。

（7）本章でみるように、植民地朝鮮における学知は多種多様な研究組織で進められたが、フランス植民地帝国の場合も同様である（Dulucq & Zytnicki 2003）。なお、本章の議論は（Bourdieu 1984；Noiriel 1996；Dulucq 2009）の分析に多くを負っている。

（8）『國史眼』は歴史学者の重野安繹（一八二七―一九一〇年）、久米邦武（一八三九―一九三一年）、星野恒（一八三九―一九一七年）による著作で、時代や政権を超えておそらく初めて通時的で連続した「日本史」を考察した歴史研究書であろう。だが、これは、天皇を中心にした記述であり、必ずしも「国民史」型の著作だとはいいがたい。

（9）朝鮮王朝を中心に国際的緊張が高まった一八八〇年代から九〇年代にかけて、古代への情熱が出現し、日本という国家を表象する人物として神功皇后が強調されたというのは、おそらく偶然ではない。

（10）文献資料の存在しない地域・時代の歴史は、同時代、他国において編纂された文献（例えば邪馬台国を紹介した魏志倭人伝）あるいは相当後になって編纂された文献によってのみ知ることができる。こうした時代を原史時代と呼び、弥生時代が日本国の始まりだと語られるように、それはしばしば「一国史」の起源として捉えられることになる（Leroi-Gourhan 1997：905）。

（11）『イリアス』を手に、一八七三年に都市国家トロイの遺跡を発見したシュリーマン（一八二二—一八九〇年）はこうした「文献学的考古学」の代表的な一例である。最近でもソルボンヌ大学のグランダッツィは、発掘調査の結果、パラティーノの丘の近くに溝が発見されたことから、古代史書に登場するローマの神聖な境界線である「ポメリウム」（古代ローマにおいては、この境界線の内部がローマの本体とされた）でないかと想像している（Grandazzi 1991）。

（12）「大満洲」とは、一九〇五年から一九三一年の間に日本が徐々に支配を進めていった南部と、一八五八年の璦琿条約によってロシアが獲得した北部の両方を含む地理的概念である。

（13）植民地時代に、遺跡の所在地を表記するためには、朝鮮時代の行政区分の道名、もしくは総督府による行政区分の道名が使用された。平安道と黄海道は総督府によって二つに分けられたが、この行政区分は一九四八年以降北朝鮮によって更に変更された。なお、大韓民国の考古学は現在、遺跡が所属する時代の行政区分を使用している（例えば、統一新羅なら、統一新羅時代の地域名を使用）。

（14）一九一〇年八月二二日に、首都漢城の名称が公式に京城に変更された。

（15）一八七六年の日朝修好条規により、朝鮮王国は開国し、日本人を含む外国居留民が仁川、釜山、元山の各港に暮らすようになった。韓国研究会の起源は日清戦争まで遡るらしいが、一九四二年の論文で同研究会について書いた櫻井義之によると、その正確な系譜は不明のようである。

（16）韓《ハン》グルの使用は、一八九〇年代半ばから独立新聞を中心とする独立協会によって推進されたが、大韓民国では一九七〇年代まで必ずしも重要視されなかった。

（17）本章では、便宜上、「文化財」という単語を使用しているが、関野の論文では、用語が統一されておらず、「朝鮮文化」に言及するなかで「遺物」、「史跡」、「建築的遺物」といった多様な言葉が使われている。藤田亮策は後期の論文で「文化財」に言及してはいるが、彼の場合も、論文によって用語が安定していない。

（18）柳宗悦はフランスでもよく知られており、例えば日本研究誌 Cipango でも特集号が組まれている（Butel

& Marquet 2009)。柳は、朝鮮総督府の建設計画で取り壊し予定だった景福宮の光化門を保護したことでも知られる。

(19)　これらの書名が、数年間で「韓国」という国家名から、地理的な意味で使用された「朝鮮」（半島）へと変わっていったことに注目すべきだろう。

(20)　斎藤実は一九二九年から一九三一年の間に再度、朝鮮総督に就任し、一九三二年から三四年の間に首相もつとめ、三六年に暗殺された。ここで興味深いのは、こうした斎藤の経歴が、同時代の仏領インドシナ総督ポール・デゥメール（一八五七—一九三二年）とよく似ていることである。

(21)　奎章閣の別館である、江華島の外奎章閣が一八六六年にフランスの派遣部隊によって略奪された結果、フランスと大韓民国の間で長きにわたる外交上の対立が生じることになった。二〇〇七年から二〇一〇年にかけて、この対立が再燃したとき、国立図書館館長のラスィーヌとフランス全国公的コレクション学芸員協会は、略奪によって得られた蔵書の「合法性」を主張した。しかし、当時の仏大統領だったサルコジは大韓民国の主張を受け入れた。例えばLe Monde 二〇一〇年一一月二五日刊。

(22)　総督府博物館と古蹟調査委員会は、担当する任務が重なっていたこともあり、両者の関係を明らかにすることは必ずしも簡単ではない。

(23)　日本では一九四五年以前の「旧七帝大」という呼称が存在するが、周知のとおり、京城帝大と台北帝大を入れて九つの帝国大学が存在した。

(24)　京都帝大の人脈は、数々の植民地の研究機関や東アジア規模の研究機関を利用して植民地朝鮮、当時の中華民国、満洲国でも活動した。朝鮮半島における考古学研究に関わる組織として、朝鮮古蹟調査委員会のほかに、東方考古学会（一九二六年設立）と、濱田耕作と原田淑人が中心となる東亜考古学会（一九二七年設立）が存在した。

(25)　特に、近年韓国で出版された親日人名辞典が、こうした「リスト」を明らかにしている（民族問題研究所二〇〇九）。

(26)　京都帝大考古学講座を一九一六年から担当していた濱田耕作は、日本美術史、考古学史上の著名な研究者であり、一九三七年に京都帝大の総長になった。

(27)　黒板は一九〇一年から東京帝大の史料編纂所につとめ、一九〇五年に歴史学博士になるとともに史料編纂官に就任した。一九一九年に同大学教授となった。
(28) 朝鮮史編纂委員会には中国史家の内藤湖南（一八六六―一九三四年）という著名な研究者もいた。
(29) 朝鮮総督府博物館には館長がおらず、学務課所属の主任が監督していた（大出　二〇一二）。
(30) 藤田は一九二六年から京城帝大で助教授をつとめていた。京城帝大の法文科大学（学部）には朝鮮史の講座が二つあり、初期の担当は小田省吾と今西龍、後任が藤田と末松保和であった。
(31) 植民地朝鮮のほかに、仏領インドシナ、特にカンボジアのアンコール遺跡の例がよく知られている（藤原二〇〇八：Fujihara 2015）。
(32) 考古学発掘調査に与えられた正確な金額は内地の帝国大学からの「補助金」や総督府博物館の予算によって賄われていたため、確定しがたい。
(33) 植民地権力は一九一九年の三一運動以降、朝鮮文化を振興するようになった。ただしこれは以前の施政への反省からというよりは、韓国ナショナリズムを、植民地権力を支持する「漸進的進歩派」と植民地権力と交渉しない「独立武闘派」の二つのグループに分裂させるためだったと考えるべきだろう。
(34) 幅広く朝鮮半島の遺跡を訪問した鳥居だったが、そもそも朝鮮半島北部の調査に集中していた関野は、一九一〇年代中頃には、楽浪郡と高句麗の遺址と判断した塼《せん》室（煉瓦で作られた墓室）をもつ墳丘墓が北部にしか存在しないと結論づけていた。だが、関野―鳥居論争の末、関野は自らの見解を修正した。（鄭　二〇〇六）。
(35) 京都帝大考古学教室を卒業した有光教一は、一九五七年、梅原末治に次いで三代目の責任者となる。
(36) 一九一五年に開かれた始政五年記念朝鮮物産共進会をきっかけに、その後、博物館となる建物が建立された（荒井　二〇一二：五八―六三頁）。
(37) 寺院、塔、城壁、碑、墳丘墓など、あらゆる種類の遺蹟が対象となった。
(38) ただし、この金額を正確に捉えるには、朝鮮半島での生活費や人件費が内地に比べて低かったことを念頭に置く必要がある。
(39) 昌慶宮の境内にあったこの美術館のコレクションは、一九三八年に徳寿宮の境内に新設された李王家美術館（二〇一五年現在も存在）に移された。
(40) 藤田亮策が朝鮮総督府博物館の所蔵品はすべて公的な発掘によって獲得されたことをわざわざ強調しているのは、偶然ではないだろう。この断言を裏付ける資料はなく、慶州など地方に集まったコレクションの「合法化過程」は問題含みだといえる。
(41) 梅原末治からみれば、慶州博物館は一九二三年に創設されたが、博物館当局は二〇一五年現在、一九二六年を起点としている。
(42) シュミットは、この著作について、日露戦争前後、東京帝室博物館で広開土王陵碑の拓本を「発見」した韓国人が「韓国の」古代史に対して情熱を覚えたことを紹介している（Schmid 2002)。日本による統治の一環として日本人研究者が検討した朝鮮古代史は——ある意味で矛盾ではあるが——、現地の人々を鼓舞することもあったのである。
(43) 第六—九巻（一九一八—二九年出版）は高麗王国を扱っており、第一〇—一五巻（一九三〇—三五年出版）は朝鮮時代を扱っている。
(44) エカルトの『朝鮮美術史』は、朝鮮美術史を対象とした著作がほぼ皆無に近かった当時の西欧のアカデミズムにおいて珍しい著作ではあった。なお、エカルトも『朝鮮古蹟図譜』に頼っていた。
(45) 洪熹（一八八四—一九三五年）と李能和（一八六九—一九四三年）が朝鮮史講座に参加し、前者は美術史、後者は仏教史について執筆した。この二つの章は振仮名つき朝鮮語で書かれている。
(46) 一九一〇年以前より、朝鮮史は日本の歴史学界で既に重要な課題であったが、田保橋潔（一八九七—一九四五年）などによって一九三〇年代に公表された出版物は、近代史もしくは日本統治期までを扱っており、喜田貞吉など二〇世紀初頭の論者と異なって、植民地支配を直接に正当化しなくなった（Nanta 2012：87-89)。
(47) 総督府博物館は、所蔵品を紹介する『博物館陳列品図鑑』（全一七冊）を刊行した。紀要の『総督府博物館報』（全五巻）もあり、朝鮮総督府博物館および慶州・扶余の分館を紹介する『博物館案内』も存在した。
(48) 今西龍の没後の一九三七年に刊行された、檀君を中心にした韓国／朝鮮の建国神話を解体した論文によって、楽浪郡など前漢による朝鮮半島支配以前の「朝鮮」が存在したという考え方は完全に掘り崩された。今西による原史時代研究は、人類学と文献学の手法を用いることで、それまでおこなわれた考古学調査の結論をさらに強化したといえる（Pai 2000)。
(49) 一九〇六年から開始した旧慣制度調査の主要目的の一つは、朝鮮王朝のアーカイブを手に入れることにあった。
(50) 一九二七年に東京帝大国史学科を卒業した後、末松は朝鮮史編修会に入会した。朝鮮半島古代史を専攻としていた彼は、一九二七年に京城帝大助教授、一九三七年から四五年の間同大学教授をつとめた。

(51) 櫻井義之は一九二八年から京城帝大につとめており、一九四五年以降は東京大学付属図書館の館長をつとめた。彼の膨大な蔵書は現在、東京経済大学に所蔵されている。

(52) 濱田は、一九二四年のこの論文や東京人類学会編『日本民族』(一九三五)中の論文でも、朝鮮の物質文化の中に「日本的」なものをみいだし、朝鮮海峡の両岸にある墳丘墓を同類の「古墳」であると主張した。また、梅原末治は、日本考古学が進歩する上で植民地考古学が大きな役割を果たしたと強調し、古墳の一部が一八七〇年代中葉から「天皇陵」として指定されていくなか、その発掘調査を禁じる法体制を批判しながら、日本で発掘調査できなかったものは朝鮮で発掘調査されたとも説明している(梅原末治　一九三五:Nanta 2007:小熊　一九九八)。

(53) 歴史学者の李基白と李基東は楽浪郡に関する日韓二カ国の様々な仮説を概説している(李基白・李基東　一九八二:六六―六八頁)。

(54) 今なお未解決である文化財返還問題には、考古学的遺物も関係している(大韓民国文化財管理局　一九八六:荒井　二〇一二)。

(55) このほかに、申采浩はほぼ同じ意味で、「事大主義」(大国に事《つか》える)というネガティブな単語を、「主体《チュチェ》」と対照的に使用した。後者は北朝鮮だけでなく、一九五〇年代から六〇年代の日本でも人気を博した(小熊　二〇〇二:Nanta 2012:99)。

(56) 例えば、考古学ではなく民族学がアフリカおよびマグレブ地域で同様の主張をおこなっており(Sibeud 2002:205-214;Rivet 2002:57-65)、より広くいえばアフリカを対象とした植民地史学も同様である(Dulucq & Zytnicki 2003:Dulucq 2009)。こうしたことを確認することで、仏領インドシナと植民地朝鮮でおこなわれた植民地考古学を比較することが可能になると思われる。一方、北アフリカで進められた考古学研究は、原住民ではなくローマおよびカルタゴの遺跡を対象にしていたので――換言すれば、被植民地化された民族とは異なる民族を研究対象にする考古学だったので――、違うカテゴリーの植民地考古学として捉えるべきである。したがって、考古学だけでなく、より広く植民地主義と関わった言説を検討すべきだと思われる。

## 参考文献

### 日本語文献


荒井信一（二〇一二）『コロニアリズムと文化財――近代日本と朝鮮から考える』岩波書店
稲田孝司（一九八六）「遺跡の保護」『日本の考古学』岩波書店、第七巻：七一―一三二頁
稲田孝司（二〇一四）『日本とフランスの遺跡保護　考古学と法・行政・市民運動』岩波書店
梅原末治（一九三五）「上代古墳の研究に就て」東京人類学会（編）『日本民族』岩波書店：四一七―四四〇頁
大出尚子（二〇一二）「日本の旧植民地における歴史・考古学系博物館の持つ政治性」『東洋文化研究』一四号：一―二八頁
小熊英二（一九九八）『〈日本人〉の境界』新曜社
小熊英二（二〇〇二）『「民主」と「愛国」』新曜社
『考古学ジャーナル』（二〇一〇）「朝鮮考古学史」特集号、二号
高崎宗司（二〇〇二）『植民地朝鮮の日本人』岩波書店
朝鮮総督府（編）（一九一七～一九四〇）『古蹟調査報告』、『古蹟特別調査報告』一九一六年度～一九三八年度、二三冊、京城
朝鮮総督府（編）（一九四〇）『施政三十年史』京城
鄭仁盛（二〇〇六）「関野貞による楽浪遺跡の調査・研究」『コロニアリズムと「朝鮮文化」』早稲田大学朝鮮文化研究所（編）報告書：九―一八頁
東京大学総合研究博物館（編）（二〇〇五）『関野貞アジア調査』東京大学出版会
東京帝国大学工科大学（編）（一九〇四）『韓国建築調査報告』
鳥居龍蔵（一九一七）「平安南道黄海道古蹟調査報告書」『大正五年度古蹟調査報告』京城、朝鮮総督府、七六七―八五九頁
崔南善（一九二七）「不咸文化論」『朝鮮及朝鮮民族』一号：一―五八頁
早乙女雅博（二〇〇〇）『朝鮮半島の考古学』同成社

早乙女雅博（二〇〇一）「新羅の考古学調査一〇〇年の研究」『朝鮮史研究会論文集』三九号：五三―一〇六頁
坂野徹（二〇〇五）『帝国日本と人類学者』勁草書房
櫻井義之（一九四一）『明治年間朝鮮研究文献誌』京城、書物同好会
関野貞（一九一〇）『朝鮮芸術之研究』京城、度支部建築所
ナンタ アルノ（二〇一二）「植民地主義の歴史と〈記憶〉闘争」『環』四九号：二四六―二六九頁
ナンタ アルノ（二〇一六）「独立後の大韓民国・朝鮮民主主義人民共和国におけるポストコロニアル史学の問題（一九五〇年代～一九六〇年代）」北山研二編『文化表象のグローカル研究』成城大学グローカル研究センター
西川宏（一九七〇）「日本帝国主義下における朝鮮考古学の形成」『朝鮮史研究会論文集』七号：九四―一一六頁
旗田巍（一九六九）「日本における朝鮮研究の伝統」『日本人の朝鮮観』勁草書房：二二六―二四八頁
箱石大（二〇〇七）「近代日本史料学と朝鮮総督府の朝鮮史編纂事業」佐藤信・他編『前近代日本列島と朝鮮半島』山川出版社：二四一―二六三頁
濱田耕作（一九二四）「朝鮮の古墳」『考古学雑誌』三〇二号：一一―一八頁
藤田亮策（一九四八）『朝鮮考古学研究』高桐書院
藤田亮策（一九五一）「朝鮮 古文化の保存」『朝鮮学報』一号：二四五―二六二頁
藤田亮策（一九五三）「朝鮮古蹟調査」藤田亮策（編）『朝鮮学論考』（一九六三）所収、藤田先生記念事業会：六七―八八頁
藤原貞朗（二〇〇八）『オリエンタリストの憂鬱――植民地主義時代のフランス東洋学者とアンコール遺跡の考古学』めこん
李成市（二〇〇四）「コロニアリズムと近代歴史学 植民地統治下の朝鮮史編修と古蹟調査を中心に」寺内威太郎・他編『植民地と歴史学』刀水書房：七一―一〇三頁
吉井秀夫（二〇一三）「朝鮮古蹟調査事業と「日本」考古学」『考古学研究』二三九号：一七―二七頁

**韓国語文献**

金性玟（一九八九）「朝鮮史編修會의 組織과 運用」『韓國民族運動史研究』三号：一二一―一六四頁

文化財管理局（編）（一九八六）『海外所在韓國文化財目録』ソウル、文化財管理局
民族問題研究所・親日人名辞典編纂委員会（編）（二〇〇九）『親日人名辞典』全三巻、ソウル、民族問題研究所
朴杰純（二〇〇四）『植民地時期의 歴史學과 歴史認識』ソウル、景仁文化社
李亀烈（一九七三）『韓國文化財秘話』ソウル、韓國美術出版社
李基白・李基東（一九八二）『韓國史講座』第一巻『古代篇』ソウル、一潮閣
李順子（二〇〇九）『日帝強占期古蹟調査事業　研究』ソウル、景仁文化社
李忠雨（一九八〇）『京城帝國大學』ソウル、多落院圖書出版
丁仙伊（二〇〇二）『京城帝國大學　研究』ソウル、文音社圖書出版
趙東杰（一九九〇）「植民史學의 成立過程과 近代史叙述」『歴史教育論集』十三—十四号：七四九—八〇七頁
趙東杰（二〇〇二）『現代韓國史學史』ソウル、나남出版
崔錫榮（二〇一二）『日帝의 朝鮮研究와 植民地的知識生産』ソウル、民俗院

## フランス語文献

Blais Hélène（2007）«Les enquêtes des cartographes en Algérie, ou les ambiguïtés de l'usage des savoirs vernaculaires en situation coloniale», *RHMC*, 54(4): 70–85
Blanckaert Claude（1999a）«La demande d'histoire. Du détour au parcours», in C. Blanckaert ed., *L'histoire des sciences de l'homme. Trajectoire, enjeux et questions vives*, Paris, L'Harmattan: 9–20
Blanckaert Claude（1999b）«L'histoire générale des sciences de l'homme. Principes et périodisation», in C. Blanckaert ed., *L'histoire des sciences de l'homme. Trajectoire, enjeux et questions vives*, Paris, L'Harmattan: 23–60
Bourdieu Pierre（1984）*Homo Academicus*, Paris, Éditions de Minuit
Buhot Jean（1961）«L'art de la Corée», in Pierre Devambez ed., *Histoire de l'art 1. Le Monde non-chrétien*, Paris, Gallimard: 1442–58
Butel Jean-Michel & Marquet Christophe ed.（2009）*Cipango*, 16: *L'invention des «arts populaires». Yanagi Sōetsu et le Mingei*

Canguilhem George (1977) *Idéologie et rationalité dans l'histoire des sciences de la vie*, Paris, Vrin

Delissen Alain (2008) «La Corée, perle de l'empire», *L'Histoire*, 333: 70–73

Delissen Alain & Nanta Arnaud (2012) «Sociétés et possessions coloniales japonaises», in D. Barjot & J. Frémeaux ed., *Les sociétés coloniales à l'âge des empires*, Paris, Armand Colin: 173–182

Demoule Jean-Paul & Souyri Pierre François ed. (2008) *Archéologie et patrimoine au Japon*, Paris, MSH

Dulucq Sophie & Zytnicki Colette (2003) «Une histoire en marge. L'histoire coloniale en France (années 1880 – années 1930)», *Genèses*, 51: 114–127

Dulucq Sophie (2009) *Écrire l'histoire de l'Afrique à l'époque coloniale*, Paris, Karthala

Ferro Marc ed. (2005 (2003)) *Le Livre noir du colonialisme*, Paris, Hachette

Flutsch Laurent & Fontannaz Didier (2010) *Le pillage du patrimoine archéologique. Des razzias coloniales au marché de l'art, un désastre culturel*, Paris, Favre

Foucault Michel (1966) *Les mots et les choses*, Paris, Gallimard

Fujihara, Sadao (2015) «Les échanges entre le Japon et l'Indochine française durant la seconde guerre mondiale : aux origines de la collection d'art khmer du musée national de Tokyo», *Ebisu*, 52: 155–174

Gantès Gilles de (2003) «De l'histoire coloniale à l'étude des aires culturelles: la disparition d'une spécialité du champ universitaire français», *Outre-mers*, 90 (338–339) : 7–20

Grandazzi Alexandre (1991) *Les origines de Rome*, Paris, Belles Lettres

Hémery Daniel (2006) «Enjeux actuels et temps coloniaux », *Cahiers d'histoire*, 99: 113–147

Leroi-Gourhan André ed. (1997 (1988)) *Dictionnaire de la préhistoire*, Paris, PUF

Marquet Christophe (1999) «Conscience patrimoniale et écriture de l'histoire de l'art national», in J.-J. Tschudin & C. Hamon ed., *La nation en marche*, Arles, Philippe Picquier: 143–162

Nanta Arnaud (2007) «Savoirs et colonies: l'archéologie et l'anthropologie japonaises en Corée», in J.-J. Tschudin & C. Hamon ed., *La société japonaise devant la montée du militarisme*, Arles, Philippe Picquier: 21–31

Nanta Arnaud (2010) «Torii Ryūzō: discours et terrains d'un anthropologue et archéologue japonais du début du xxe siècle», *Bulletins et Mémoires de la Société d'Anthropologie de Paris*, 22: 24-37

Nanta Arnaud (2011) «L'archéologie coloniale en Corée japonaise: institutions, terrains et enjeux, 1905-1937», *Les nouvelles de l'archéologie*, 126: 33-37

Nespoulous Laurent (2003) «Des empereurs et des tombes», *Ebisu*, 30: 87-122

Noiriel Gérard (1996) *Sur la «crise» de l'histoire*, Paris, Belin.

Oulebsir Nabila (2002) *Les usages du patrimoine. Monuments, musées et politique coloniale en Algérie 1830-1930*, Paris, MSH.

Rivet Daniel (2002) *Le Maghreb à l'épreuve de la colonisation*, Paris, Hachette

Sibeud Emmanuelle (2002) *Une science impériale pour l'Afrique ? La construction des savoirs africanistes en France. 1870-1930*, Paris, EHESS

Sibeud Emmanuelle, Fredj Claire & Blais Hélène (2013) «Sociétés coloniales. Enquêtes et expertises», *Monde(s)*, 4: 7-22

Singaravélou Pierre (2000) *L'École française d'Extrême-Orient ou l'institution des marges (1898-1956)*, Paris, L'Harmattan

Souyri Pierre-François (2005) (2003) «La colonisation japonaise», in M. Ferro ed., *Le livre noir du colonialisme*, Paris, Hachette: 543-574

**英語文献**

Anderson Benedict (1991) *Imagined Communities* (rev. ed.), London, Verso

Choi Kyongrak (1969) "Compilation and Publication of Korean Historical Materials under Japanese Rule (1910-1945)", *The Developing Economies*, 7(3): 380-391

Eckardt Andreas (1929) *A History of Korean Art / Geschichte der Koreanischen Kunst*, Goldstone, Hiersemann

Grajdanzev Andrew (1944) *Modern Korea*, New York, Institute of Pacific Relations

Hémery Daniel & Brocheux Pierre (2009) *Indochina, an Ambiguous Colonization, 1858-1954* (eng. rev. ed.), Berkeley, university of California Press

Myers Ramon H. & Peattie Mark R. ed. (1984) *The Japanese Colonial Empire, 1894–1945*, Princeton, Princeton university Press

Nanta Arnaud (2012) «The Japanese Colonial Historiography in Korea (1905–1945)», in R. Caroli & P. F. Souyri ed., *History at Stake in East Asia*, Venezia, Libreria Editrice Cafoscarina : 83–105

Pai Hyung Il (2000) *Constructing "Korean" Origins*, Harvard, Harvard university Press & Hallym

Pai Hyung Il (2013) *Heritage Management in Korea and Japan: The Politics of Antiquity and Identity*, Washington, university of Washington Press

Schmid Andre (2002) *Korea Between Empires 1895–1919*, New York, Columbia Univ. Press

Shin Michael ed. (2014) *Korean History in Maps: From Prehistory to the Twenty-First Century*, Cambridge, Cambridge university Press

Tanaka Stefan (1993) *Japan's Orient*, Berkeley, California university Press

# 第三章　フィールドワークと実験室科学の接合
## ——京城における薬理学研究

愼　蒼健

### 1　はじめに

一九二六年、帝国日本の植民地であった朝鮮に帝国大学が設立された。京城医学専門学校教授として京城帝国大学医学部の設立に深く関与し、後に医学部教授を兼任した佐藤剛蔵によれば、京城帝大医学部の特色は微生物学と薬物学に各々第二講座を設けたことにあるという（佐藤　一九五二：一七〇頁）。とくに後者の薬物学第二講座の設置目的は、「生薬殊ニ漢薬ノ薬理学的研究ノ特殊使命ノ為」とされた。[1] 薬物学第二講座は「京城帝大看板講座」として一九三一年に薬理学第二講座となり、[2] 杉原徳行の指導下で一貫して漢薬研究を行った。[3] さらに、戦時総動員体制下の一九三九年には、薬理学第二講座における研究の強化拡大という目的で、京城帝大附属生薬研究所が設置され、この研究所は日本の敗戦まで拡大の一途をたどった。[4] 京城帝大における漢薬研究は、植民地朝鮮において制度的に最も支援された医学研究であったといえる（図表3－1）。

図表3－1　京城帝国大学医学部（現ソウル大学校医科大学）

出典：著者撮影

　しかし、このような漢薬研究がなぜ一九二〇年代中葉に成立しえたのだろうか。これまでの研究によれば、朝鮮総督府は一九一〇年代には漢薬を単なる草根木皮として非難していたが、一九二〇年代後半から漢薬は非常に価値のある資源として認識されるようになり、戦争体制下においてより一層その傾向が顕著になったと考えられてきた。とくに京城帝国大学医学部の漢薬研究は、一九二〇年代後半の政策転換を象徴するエピソードの一つとして記述されている（申　二〇〇三）。しかし、このような歴史解釈は、植民地期朝鮮の漢医薬史を総督府の医薬政策史的な側面からのみ捉えており、漢薬に対する研究史という視点が欠如している。すなわち、一九一〇年代から開始される朝鮮での漢薬調査のフィールドワークと、帝国日本「内地」と満洲での漢薬実験研究が忘却され、一九二六年の植民地朝鮮で薬理学成立が可能となった知的・歴史的条件が十分に明らかにされていないと思われるのである。

　そこで、本章では帝国日本の植民地であった朝鮮で成立した薬理学研究の学術的特質を「フィールドワークと実験室科学の接合」と捉え、その植民地的性格を検討していく。具体的な課題と構成は以下のとおりである。第一に、朝鮮ではどのようなセクターで、いかなる漢薬への関心からフィールドワークを実施したのか。主として農商工部殖産局山林課、警務総監部、中央試験所を取り上げ、各セクターによる薬用植物調査研究の特徴を浮き彫りする（第2節—第4節）。第二に、視点を一九一〇年代から二〇年代の帝国日本全体に広げ、人参を含めた漢薬研究の展開を科学的側面（成分分析、化学構造分析、薬理作用）と文化政策的側面から明らかにする（第5節）。そして最後に、京城帝大医学部薬理学第二講座におけるフィールドワークと実験室科学の接合が、朝鮮における複数のセクターでの、相互に連関していく朝鮮産漢薬研究の展開と、満洲を含めた帝国日本全体での漢薬研究の展開という歴史的・知的条件の下で成立したことを明らかにする（第6節）。

## 2　農商工部の薬用植物フィールドワーク

### 薬用植物調査の開始

一九一〇年代、総督府は医生規則を制定し、朝鮮の特殊性を考慮した過渡的な措置として、伝統的な漢医たちを医師より格下げした「医生」に閉じ込めた。しかし、総督府は漢薬に対しては並々ならぬ関心を示し、漢医学と完全に切り離しつつ、主として農商工部殖産局山林課が中心となり調査を開始することになった(5)。

管見の限り、朝鮮総督府による漢薬に関する調査報告書の嚆矢は一九一二年である。報告書の冒頭には、「朝鮮ノ林野副産物ニ関シテハ従来統計的調査ヲ為セシコトナカリシカ今回各道ノ報告ヲ総合シテ」と書かれており、これが最初の統計調査であることが示唆されている。報告書では、「林野ノ副産物」として燃料、食料、薬料、工芸材料、飼料、獣皮、土石の七種が記述され、「薬料」は三〇種類に分けられて公表された（朝鮮総督府　一九一二：五六—五八頁）。この中で、「薬料ハ山参、桔梗ノ外三十種ニ上リ其ノ種類皆草根、樹皮ニ過キスト雖進歩セル医術ナキ内陸地方ニテハ今猶之ヲ以テ唯一ノ医薬トナスモノ」と記されている。

しかし、これら薬料は個別の形態や効能といった情報が表記されず、総体としての年生産量と価格が記されているだけである。日本の農商務省は一九〇五年に当時の韓国で森林調査を行っているが、この調査では林産物として薬料を取り上げていない（農商務省山林局　一九〇五）。また、併合後の一九一三年に作成された報告書では、朝鮮山地に木材以外の林産物として薬草が採取されている事実が報告されているだけである（農商務省山林局　一九一三）。したがって、おそらく一九一二年の報告書が、植民地期朝鮮において薬用植物を取り上げた最初であろう。

朝鮮で最初に薬用植物に限定した調査報告を発表した研究者は、植木秀幹である[6]。植木は一九一三年に朝鮮総督府農林学校教諭の立場から、『大日本山林会報』にて朝鮮産薬用植物四〇種を報告している。しかし、朝鮮総督府殖産局山林課が組織的かつ全国的に野生植物の調査に着手し始めたのは、一九一四年である（朝鮮総督府殖産局山林課　一九二三：八九―九〇頁）。併合直後の森林、林野調査は植民地統治に必要な基礎調査であり、国有森林の区分、森林の所有権利の確定を目的としていたが、一九一四年には有用植物の調査も開始される。朝鮮総督府が主導する調査は済州島、莞島、智異山、金剛山など朝鮮各地で行われたが、その報告書はいずれも朝鮮総督府野生植物調査嘱託・東京帝国大学理科大学助手の中井猛之進によって作成された[7]。彼は『済州島植物調査書』（一九一四年）において薬用植物一五種、『智異山植物調査書』（一九一五年）では五種を記述している。いずれも、「有用植物」もしくは「利用方面」という視点から、「薬用植物」が記述されているが、基本的には植物名が紹介されている程度である[8]。

ところで、このような植民地統治の初期に行われた植物調査は、何の問題もなく、平穏に実行されたのであろうか。中井が作成した調査書には、憲兵警察がたびたび登場する。義州では、「同地の憲兵隊は特に余等に便宜を與へられ、今回の探嶮上少なからざる便を得たる」と記され[9]、現地駐在の憲兵隊員の一人が探検ルートに関して注意事項を述べている（中井　一九一七：三頁）。別の報告書には、植物探査に憲兵が同行していたという記述もある。一九一四年の白頭山植物調査は、三〇名規模の調査隊で実行され、人夫はみな朝鮮人であった。同行した具体名としては、「營林廠ノ梅本技手、惠山鎭小學校ノ黒木校長、寶泰洞駐在ノ高蟲憲兵上等兵、帝大小石川植物園松崎直枝」が挙げられ（中井　一九一八a：四一頁）、一行の記念撮影写真には、他に「遠山甲山小学校長」、「毛内少佐」、「光井少尉」という名前が登場している。朝鮮の治安が全く安定しない一九一〇年代から一九二〇年代前半にかけて、総督府による植物調査活動が危険を伴う行為であったことは間違いない。例えば、『白頭山植物調査書』では、抗日ゲリラの襲撃が次のように通報されている。「余等ノ過ギシ後数日ニシテ土地調査局員ノ奇禍ニ罹リシアリ。又帰京後密偵ノ報告ニ依リテ間島在住ノ排日鮮人ノ一隊ガ余等ノ至レルヲ聞キ、道ニ要シテ狙撃セントセシモ、道ヲ異ニセシ為メ其目的ヲ果サザリシコトヲ知レリトノ通報アリタリ」（中井　一九一八a：四五―四六頁）。中井の報告書には現地駐在の憲兵が調査地の情報提供者として記録されているが、このような抗日ゲリラの襲撃までもが記述されているとすれば、憲兵警察は文字通り兵士として同伴していたのであり、植物学者による植物調査は憲兵警察という暴力装置なしには実行できなかったと考えるのが妥当であろう。

一九一〇年代前半の薬用植物調査は農商工部山林課が中心となり、中井猛之進が憲兵警察という暴力装置を伴ってフィールドワークを行っている。しかし、総督府にとって、中井たちに委託した植物調査の目的は「学術竝産業上有益ナル参考資料」であり、森林、植物分布調査が主題であった。薬料は主たる研究対象ではなく、利用価値のある副産物、野生植物として取り上げられたにすぎない。

## 『朝鮮漢方薬料植物調査書』の成立

しかし、薬料（薬用）植物に調査の主眼を置き、これを積極的に医学、薬学に利用することを目的にした報告書が、一九一〇年代後半になると登場してくる。その嚆矢は、後に京城帝大医学部薬理学第二講座の講師となる石戸谷勉が一九一六年に山林課の技手として発表した、「朝鮮の山野より生産する薬料植物」である（石戸谷　一九一六：七五―一四八頁）。この論文は、それ以前に発表された薬用植物のデータを網羅しただけでなく、石戸谷自身が平安南道で調査した薬用植物二九種を加えて作成された[10]。また、朝鮮総督府植物標本室の標本と大田、大邱の薬令市及び京城の薬舗で得た材料も加え、全部で一六九種を網羅した。

彼は林学・植物学を専門としていたため、薬料の効用に関しては文献に頼るほかなかった。そこで注目すべきは、李時珍の『本草綱目』はもちろんこと、『東醫寶鑑』、『山林経済』、『方薬合編』、『醫方新鑑』など、朝鮮の漢医学書、本草学書を参考文献としていることである。石戸谷は合計一六九種類に及ぶ薬料植物を、その漢字名に対して「内地」、「朝鮮」、「支那」を分けて併記し、（一）原植物名、（二）薬料の形態、（三）分布及産地、（四）効用を明記した。効用に関しては、『東醫寶鑑』、『方薬合編』、『醫方新鑑』といった朝鮮の伝統医書だけでなく、『日本薬草採集栽培及利用法』も参照された（沖田　一九一五）。この論文の歴史的意義は、薬料植物に対して、従来の植木、中井たちに欠如していた「効用」という薬学的視点を導入しただけでなく、そこに朝鮮の伝統的知識の蓄積を接続させた点にある。石戸谷の言葉を借りるならば、「化学の進歩に伴ひ之等漢薬中より新薬検索の端緒を與ふる機會」（石戸谷　一九一六：七五頁）が生じてきたのであり、一九一〇年代後半になり朝鮮の伝統的本草学・医学書は、新薬製造の手がかりを与えるという意味で近代的価値を持ち始めたのである。

この論文は一九一七年に改訂され、朝鮮総督府から『朝鮮漢方薬料植物調査書』として発表された。薬料植物の配列は当時の日本で普及していた植物分類法に基づくが[11]、朝鮮本草学書からも植物名が引用され、薬料も一九六種類に増えた。しかし、この『調査書』には一九一六年論文と異なる点がいくつか存在する。一つは薬料の分類法である。一九一六年論文では、本草学的観点からの植物分類が付録として掲載されていたが、『調査書』では削除されている。第二に、一九一六年論文には掲載されていなかった各薬料の価格が、

『調査書』には細かく掲載されている。第三に、『調査書』では薬料の取引経路が綿密に調査され、農民または採薬業者の手にあるうちには薬料であるが、市場にて仲買人の鑑定を経て初めて漢薬となって取引が行われる様子が描かれている。朝鮮総督府発行の最初の薬料植物調査書では、一九一六年の石戸谷論文に比べて本草学的視点が後退し、きわめて実利的な、経済的・産業的観点が優先されたといえる。

しかし、この『調査書』の特徴として、筆者が強調したいことは別にある。一九一六年論文は、効用に関する記述が文献学的な調査にのみ基づいていたが、『調査書』に「圖書ニ依ラズ専ラ諸方ノ漢方醫ニ就キ調査セリ」とあるように、現地漢医からのヒアリングを通じて、新たな効用の発見調査をしているのである（石戸谷　一九一七：四頁）。例えば、一九一六年論文には掲載されていない植物の一つに、十字科に分類された「ヤマエンゴサク」がある。その解説には、付記として次のような情報が付加されていた。「京畿道光陵ニ於テハ本種ハ山地樹木下ニ生シ、エンゴサク（Corydalis ternate Nakai.）ハ水田中ニ多シ、而シテ同地ノ漢方醫ノ説ニ依レハ漢薬ニ用フルハ後者ナルモ採薬業者ハ彼我ノ區別ナク採取シ之ヲ市場ニ送ルヲ常トストスト云フ」（石戸谷　一九一七：三〇頁）。このようにして、朝鮮伝統の漢医学と本草学は、近代医学・薬学、産業的観点から日本植民地権力による調査対象となり、「彼等ノ使用スル薬料及處方ノ研究調査ハ盖シ醫學、薬學及産業上重要ノ事項タルベシ」という認識によって（石戸谷　一九一七：二頁）、朝鮮人漢医は漢薬の効用を探索する日本人研究者にとって、重要なインフォーマントとみなされるようになったのである(12)。

## 3　憲兵警察の薬草調査フィールドワーク

一方、一九一〇年代後半から憲兵警察制度の下で警務部も薬草調査研究を行い、警務総監部を通じて一九一八年からその成果を発表していく。咸鏡南道の薬草調査では、西湖津警察官駐在所、新浦憲兵分遣所、北青憲兵分隊など、管内の憲兵隊駐在所ごとに薬草調査の報告が行われ、六七種の薬草を名称、基本、形態、応用に分けて説明している（朝鮮総督府警務総監部　一九一八：六五―八二頁）。また、咸鏡北道の調査では、産地が細かく記述され、たとえば「大黄」に関しては、茂山郡三長面、延上面、西下面、慶源郡有徳面など、面単位で記されている（朝鮮総督府警務総監部　一九一九：一一一―一一八頁）。[13] このような産地情報の詳細さは農商工部の報告書には見当たらず、警察報告書の際立った特徴だといえる。農商工部の調査員とは異なり、憲兵警察が朝鮮の地域社会にいかに深く進入していたかを示している。もう一つの特徴は、一九一六年の石戸谷論文と同様に、一九一〇年代前半の山林課中心の調査に比べて、薬草の効用に重点が置かれている点にある。

衛生行政を担当する警務総監部は、朝鮮の伝統医療を蔑視し、漢医を「医生」制度に閉じ込めながら、どうして薬草に関する調査報告を行ったのだろうか。われわれはここで、伝統医療の蔑視と漢薬の否定を混同するべきではない。大韓帝国時代の顧問警察の歴史を描いた『顧問警察小誌』には、警察の漢薬に対する態度が次のように示されている。「醫師ハ醫學トシテ専修シタル者ナク多少漢學ノ力アル者ハ支那古代ノ醫書ヲ繙キテ自ラ醫師ト稱ス又藥商ハ藥學ノ一斑ヲモ窺ハスシテ濫ニ草根木皮ヲ調劑シ病者ニ與フ故ニ其危險寧ロ劇藥ニ過クルモノアリ」（岩井　一九一〇（初版）、一九九五：一二二頁）。この言葉は、薬学の知識がないままに草根木皮を調剤することを問題視しているのであり、漢薬の一部である草根木皮自体を否定する見解ではない。

そもそも一九一〇年代警務総監部衛生課保健係の業務には、薬種商と薬品の取り締りがあった。[14] 朝鮮では警察が認めるとおり、医師不足が深刻であることはもちろん、僻地では医生も不足しており、総督府は農村部で朝鮮人薬種商が漢薬を処方するのを黙認していた。一九一三年には「薬品及薬品営業取締令」を発令し、薬剤師、薬種商、製薬者、売薬業者の業務範囲を限定したものの、警務総監部に勤めていた白石保成によれば、「従来朝鮮人薬品業者ハ単ニ薬品ノ販売ヲ以テ事トセス患者ノ容態ヲ聴取シテ薬剤ヲ調合シ之ヲ交付スル等多クハ医師ニ等シキ業態ヲ為シ」という「混合業態」の慣習を簡単には変えられなかったという（白石一九一八：一〇一―一〇六頁）。ただし、薬種商が扱う漢薬のうち、いわゆる毒薬・劇薬に関しては一九一六年三月に「漢薬取締ニ関スル件」を出し、毒薬五種、劇薬五種、劇性薬品四三種を指定し、取り締りを求めている。(15)

朝鮮総督府警務総監部は劇薬と毒薬の取り締まりだけでなく、さらに朝鮮内での阿片製造と罌粟《けし》の密栽培の取り締まりという関心から、(16)漢薬調査を必要としていたと考えられる。一九一六年の通牒には、「漢薬ノ性状ニ付テハ調査ノ一段落ヲ待チ」という言葉があり、漢薬調査の存在が示唆されている。(17)取り締まりには劇薬・毒薬を含めた漢薬の知識が必要であり、その知識を獲得するためには綿密な薬草調査が先行しなければいけない。

一九二〇年代に朝鮮に渡り、警務局衛生課に勤務し、一九三〇年代薬草奨励運動の原案を企画、さらに朝鮮漢薬局方の制定に参画した川口利一は、赴任当時を振り返り、「医薬品は取締第一主義で助長行政や保健指導等は時期尚早として顧みもせられなかった」（川口　一九六一：四四二頁）と述べている。筆者は、川口が指摘する警察の取締主義こそが、警察権力を薬草、漢薬調査研究へと向かわせた原因だと考えている。

## 4　総督府中央試験所におけるフィールドワークと有効成分研究

朝鮮では当初、飲食物、飲食物用器具、薬品などで化学試験を必要とするものは、各道から警務総監部衛生課に送っていたが、非常に不便であるという理由から、一九一三年度から慶尚北道、全羅南道、平安南道、咸鏡南道の警務部に衛生試験室を設置、(18)さらに一九一四年度からは慶尚南道、咸鏡北道、江原道、黄海道の警務部にも設置された。平安北道は新義州海港検疫所内に衛生試験設備が整えられたという（白石　一九一八：一三二頁）。

一九一五年、朝鮮総督府中央試験所は官制第一条中の「工業」を「工業及衛生」に改正し、衛生に関する試験機関として再出発することになった。組織内部には新たに衛生試験部が設置され、その目的は「朝鮮ノ山野沼澤ニ生スル薬草ヲ採集シ其成分含量、効用等ヲ調査研究シテ大方ノ参考ニ資スル」とされた（吉木　一九一七：一五八頁）。その言葉通り、一九一六年には金剛山の野生薬草採集を実施し、その成分と効用を調査、一九一七年に報告書を提出している。この報告書は金剛山に限定しているとはいえ、農商工部山林課の報告と異なり、九六種類の薬用植物に対して、その成分が明記されている。和漢薬の成分分析が「内地」で進んでいたことが追い風になっているのか、民間薬として使用されている薬草にも、有効成分が不明であるが、効力のあるものが多数あるとの積極的な認識が示されている（吉木　一九一七：一五七―一五八頁）。この報告書を作成したのは、衛生試験部新設と有効成分の分析において指導的立場にあったとされる、朝鮮総督府医院薬剤官・中央試験所技師の吉木彌三である（在鮮日本人薬業回顧史編纂会　一九六一：二九四頁）[19]。一九二〇年に作成された「中央試験所官制中改正説明書」によれば、朝鮮産薬用植物のうち、とくに有効成分研究を行っていたのは、「ニホヒネズコ」、五味子、狼毒、甘草であると報告されている[20]。

中央試験所が農商工部や警務総監部と異なるのは、野生の薬草調査蒐集だけでなく、その成分分析研究に乗り出し、さらには栽培試験を行い、繁殖方法を攻究、製薬原料に資することが目指された点にある。既に日本「内地」では、一八八七年に衛生試験所官制が公布され、従来の衛生局試験所の名称を変更し、東京、大阪、横浜に衛生試験所が置かれていた。とくに東京衛生試験所では一八八七年一一月に薬草栽培に関する注意を官報に記載している。そこでは、薬草の中でも、罌粟、ヂギタリス、ヒヨス、ベラドンナ、チムス、ラヘンドル、茴香《ういきょう》、コロシント、纈草《けっそう》、アルテアの一〇種が和名、ラテン名、薬草に供する部分、栽培、収穫法など、きわめて丁寧に記載された（内務省衛生試験所　一九三七：八四―八五頁）。本格的な薬草栽培研究とはいえないが、少なくとも二〇世紀に入る前に、「内地」衛生試験所において、薬草栽培が行われていたという事実は、植民地期朝鮮における薬草栽培試験を論じる際に確認しておくべきであろう。

朝鮮総督府中央試験所では、一九一八年になると、薬用植物調査の技手一名と栽培薬用植物の成分研究のために技手一名を増員している。薬草栽培については、陸軍衛生材料廠や北里研究所から種子を取り寄せ[21]、中央試験所構内、水原勧業模範場、大邱種苗園に分配し栽培を行っている[22]。一九二〇年の報告によれば、一九一七年以降、薬用植物約五〇種類を栽培し、良好に繁殖したものが二七種、その中でも、甘草、「ヤマジソ」、「ハツカ」などが最も良好であった[23]。

一九一九年には慶尚北道、一九二〇年には済州島の薬用植物が調査され、技手の古海正福によって報告書が作成されている。この二つの報告書には、薬用植物に「栽培に係ワルモノ」、「日本薬局法蒐集ノモノ」が明記された。慶尚北道薬用植物一七八種のうち、日本薬局方に蒐集されていると記された植物は、五種類しかない（朝鮮総督府中央試験所　一九二一）。この時点で朝鮮漢薬局方の制定に向けた具体的な動きはないが、少なくとも日本薬局方には載っていない漢薬が意図的に明示されたことは従来の報告書とは異なっており、既に植民地科学者の一部に朝鮮漢薬が「内地」の薬局方では対処できない存在だと認識されていたことは注目に値する。

また一方で、済州島報告書には、従来の研究データとの連続性が述べられている。「中井理学博士済州島植物調査報告書ヲ参照セルコト多シ」（朝鮮総督府中央試験所　一九二一：一六頁）とある通り、過去の農商工部の調査研究データが確実に継承され、網羅された薬用植物数は圧倒的に増加している。このように、調査主体は農商工部殖産局山林課、警務総監部、中央試験所と異なっていようと、フィールドワークのデータそれ自体は調査主体の目的を離れて、別のセクターでも利用されていくのである。

中央試験所の薬用植物研究の背景には、「欧州戦乱ノ結果薬品ノ輸入途絶シ朝野愕然トシテ医薬ノ独立国産奨励ノ声盛トナリ」（吉木　一九一七：一五七頁）という記述がある通り、第一次世界大戦による医薬品不足への危機感と、漢薬への関心があった。実は警務総監部も、第一次世界大戦の影響から薬価が高騰し医療機関に影響が出たものの、医生は草根木皮に頼るために戦乱の影響を受けないという見解も示している。朝鮮に限定した薬品移輸入調査表でも、内地からの移入額は一九一二年度が六三四〇六四円、一九一三年度が六四一〇四四円であるのに対して、一九一四年度は六一〇八〇〇円に減少した。外国からの輸入額は一九一二年度が四六六一九一円、一九一三年度が五九八六七四円と増えたが、一九一四年度は四六〇三五二円に減少した。この減少理由はドイツからの医薬品輸入の減少に求められ、医薬の国産ナショナリズムが訴えられるのである（朝鮮総督府　一九一七b：一四一―一四四頁）。「内地」においても、内務省が一九一七年に臨時薬業調査会の決議に基づき、新年度の事業として薬用植物試験所の設置を決定するが、その理由は第一次世界大戦の勃発であると説明している[24]。総督府中央試験所は医薬品不足に対応した代用医薬品の模索という観点から、朝鮮の伝統医学と民衆医療で用いられていた漢薬に注目し始め、薬用植物のフィールド調査、さらに成分分析と栽培試験を行ったと考えられる。

## 5　帝国日本における漢薬研究の進展

### 成分分析、化学構造解明、本草学的考察

日本の近代薬学は長井長義によって開拓されたといわれる。彼はドイツに留学し、近代有機化学の創始者の一人であるリービッヒの高弟ホフマンの下で有機化学を学び、日本に帰国後、漢薬の化学成分を検索することから研究を開始した。実際、生薬の麻黄の成分研究に着手し、一八八五年にエフェドリンを単離、その

化学構造を決定している。長井自身が示した、「漢薬、生薬から有効成分を取り出し、化学構造を決定する」という手法はその後の世代にも確実に受け継がれた。大正期に入り、東大医学部薬学科の二代目教授となった朝比奈泰彦や近藤平三郎はこの長井路線の正統な後継者として、天然物有機化学の分野で大きな業績を残している（辰野　二〇〇一：八八―一一五頁）。一九世紀末に誕生した日本近代薬学は、その最初から漢薬の成分分析と化学構造分析を主たる研究手法として採用していたのである。

朝鮮人参についても、東大はいち早く成分分析と化学構造分析の研究を進めていた。一八九三年、帝国大学医科大学薬学科に初めて制定された三講座のうち[25]、薬学第一講座は生薬学として教授下山順一郎によって開講される。後に帝国大学は東京帝国大学となり、薬学第一講座の担当となる朝比奈泰彦は、下山のもとで一九〇六年に「人参成分の研究」を発表し（朝比奈　一九〇六：五四九頁）、一九一〇年代からは和漢薬成分の化学的研究を開始している。一方、薬学第二講座は長井長義によって開講され、薬化学教室と呼ばれるが、第二代教授となる近藤平三郎は、朝鮮人参の成分研究に関する論文を継続的に発表し、人参サポニンの化学構造の解明に多くの有力な情報を提供した（川島　一九九三：三一三頁）。

このような東大医学部薬学科を歴史的起点とする研究伝統は、帝国日本の「内地」を超え、中尾万三を中心に満鉄中央試験所で行われた漢薬研究にも受け継がれた[26]。中尾は東大医学部薬学科を卒業し、関東都督府中央試験所初代所長を務めた慶松勝左衛門に推薦され、以後は一九二六年まで満鉄中央試験所に勤めた（中野　一九九九：一六―一七頁）。一九一二年のドイツ留学後、研究方針を一変して漢薬の成分研究に没頭する。彼が中央試験所で扱った漢薬とは、天仙子《てんせんし》、木鼈子《もくべつし》、石花《せっか》、蛇床子《じゃしょうし》、山奈《さんな》などであった[27]。とくに中尾の研究で有名なのは、彼が東大で一九二〇年に薬学博士を取得した「石花の成分とその化学構造に関する研究」である（中野　一九九九：四六頁）。石花は中国東北地方に産する地衣類に属し、民間では歯痛、頭痛、骨折などの炎症に対する消炎治療に用いられていた漢薬である。これは東大薬学科の伝統的研究手法を満洲の漢薬で試みた研究といえるが、彼が書く論文には漢薬の来歴が中国本草学の文献的考証によって示されている。[28]ここには、一つの論文に、漢薬に対する本格的な本草学的考察と成分分析、化学構造解明が同居するという、一九二〇年代後半における京城帝大の杉原・石戸谷の共著論文に通じるスタイルを見出すことができる。

## 薬物学的アプローチ

東大薬学科の漢薬研究が薬学からのアプローチであるがゆえに、人参や漢薬の成分研究と化学構造研究に限定されている一方、京城帝大漢薬研究の特徴は、漢薬の薬理作用に関する研究であった。杉原徳行は京城帝大設立後の一九二九年の段階で、漢方医学それ自体を部分的に高く評価し、次のように述べている。「人参の薬理として漢方医家が補と述べたといふことは私はじつに当を得たものではないかと思ひます」(杉原一九二九：三五頁)。朝鮮人参に限定した論考であるものの、彼は近代科学の目線から伝統医学が人参を「補」薬と考えていることを評価していた。

ここに人参は或は麻痺作用あり、興奮作用あり、この両方があったときこれを病人に與へたならば麻痺的に勝った病人は興奮的な作用を現はし、興奮的な状態が勝った病人に對しては麻痺的な作用が現はれるのではないか、さういふ風にして総てのものを補ふという作用をするのではないかと思ってをります。(杉原 一九二九：三六頁)

この杉原が述べる朝鮮人参の「麻痺作用」、「興奮作用」説には、東大薬学科型アプローチとは異なる薬物学研究の伝統があった。その嚆矢は一九〇五年に京都医科大学の藤谷功彦が発表した「漢薬人参ノ化学的及ビ薬物学的研究」である。従来の人参研究が成分の化学的研究であったのに対し、藤谷は薬物学的研究への転換を図り、人参成分バナキロンの作用を研究したのである（川島　一九九三：三一一―三一六頁）。杉原はこの研究を人参の「麻痺作用」に関するものと分類し、サポニンにも似た作用があると述べている（杉原　一九二九：三三一頁）。

さらに一九二〇年代に入ると、慶應義塾大学医学部薬理学教室の阿部勝馬率いるグループが、朝鮮人参の有効成分と薬理作用に関する研究を『慶應醫學』誌上に次々と発表し、これにより杉原は人参「補」薬への期待を高めることになった。慶應大学グループの米川稔は、朝鮮人参の糖原質に属する成分を抽出しジンセニンと命名し、それを白鼠に注射して挙尾反応を呈することを実験的に明らかにしているが、杉原はこの実験が人参の「興奮作用」に関するものであると分類している（杉原　一九二九：三三三頁）。

杉原の出身大学である京都帝国大学では、一九〇〇年に薬物学講座が開講し、森島庫太が教授として着任した[29]。森島庫太は薬理作用として強心作用、血圧降下作用、冠血管拡張作用、胃液分泌抑制作用、局所麻痺作用、抗炎症作用等があるとされる、蟾酥《せんそ》の研究を行っていた[30]。さらに森島門下では、一九一〇年代からエフェドリンの気管支平滑筋や循環器系に及ぼす影響について研究が行われている。杉原は一九二〇年に京大を卒業して森島門下に入るが、そこでは既に漢薬、生薬の薬理学研究が行われており、彼はそこで十分なトレーニングを受けたと考えられる。もう一つの植民地大学である台北帝国大学医学部薬物学講座の教授には、森島門下の杜聡明が、満洲医科大学の薬物学講座には久保田晴光が就任し、京都学派は京城帝大、台北帝大、満州医大で薬物学講座の教授ポストを確保したのである[31]。

京城帝大医学部が設立された一九二六年、第七回日本医学会で初めて薬物学単独の分科会が開催された。そこで、日本薬理学会の設立が決定され、翌年には東京帝国大学薬物学第二講座教授の林春雄が会長となり、日本薬理学会が開催された[32]。また、一九二五年には『日本薬物学雑誌（Folia japonica pharmacologica）』が、京都帝国大学医学部薬物学教室の森島庫太の教授在職二五周年を記念して、その門下生らによって創刊された。一方、一九二九年には慶應義塾大学医学部薬理学教室の阿部勝馬の教授在職一〇周年を記念して刊行されていた『実験薬物学雑誌』が『日本薬物学雑誌』に統合された。

京城帝大医学部に漢薬講座が置かれる頃には、「内地」と満州では既に、人参と漢薬に対する薬学と薬理学のアプローチが制度化され、学会を含めた広範な研究ネットワークが成立していたのである。

### 文化政策としての漢薬研究

以上、一九二〇年代半ばまでの帝国日本内部での漢薬研究ネットワークの形成についてみてきたが、そこで行われた一連の研究は漢薬の科学的価値を発見しようとする試みであった。一方、一九二〇年以降、漢薬研究を「対支文化事業」として推進しようという動きが生まれてくる。その中心にいたのは、東京帝国大学医学部薬品製造学講座教授の慶松勝左衛門である。慶松は東大薬学科において家業にゆかりの薬用植物研究を行い、卒業後は下山順一郎の下で助手、内務省東京衛生試験所技師、調査部長を歴任した。その後、満洲に渡り、関東都督府中央試験所、満鉄中央試験所の所長を経て、一九二二年に東京帝国大学医学部薬学科薬品製造学講座の教授となった（図表3-2）。

「対支文化事業」とは、一九二三年三月に制定公布された「対支文化事業特別会計法」[33]に基づき、義和団事件賠償金などを資金として、中国関係の教育文化事業を展開しようとするものである。この事業は日本外務省文化事業部によって管轄されたが、その本質を「文化侵略」とする批判が中国側から出てきたのは当然であった。

こうした批判もあり、やがて対支文化事業は日本単独事業から、名目上は日中共同事業の「東方文化事業」として発足することになった。慶松は一九二五年に上海自然科学研究所の運営にあたるべき上海委員会の日本側委員九名のうちの一人に選ばれている[34]。上海自然科学研究所に関しては、研究所の建築竣工までかなりの時間を要するため、その準備的研究が企画され、その一つに中国全土における漢薬の収集が選定された。上海委員会には東大医学部から内科学名誉教授の入澤達吉と薬物学教授の林春雄が選ばれており、一九二五年八月段階で、入澤達吉と外務省の岡部文化事業部長が往復文書の中で、自然科学方面の準備研究として慶松の「漢薬採取」を取り上げている[35]。そして、一九二七年には慶松の「支那ニ於ケル漢薬研究」をこの予備的調査研究の一つとして、日本側単独事業のまま助成している。この研究の主任に選ばれたのは、満鉄中央試験所で漢薬研究をしていた中尾万三であった[36]。阿部洋によれば、「日本側には、自らが計画している日本人研究員を主体とする予備的調査研究を、研究所の成立前から発足させ、これに中国人研究者の協力を求めるという形で、将来の研究所運営の方向づけを行おうとする意図があった」という（阿部　二〇〇四：五一五—五一六頁）。中国側と日本側には、上海自然科学研究所の運営をめぐる根深い対立があり、その対立が解消されないまま、日本側の一方的な東方文化事業として「漢薬研究」は慶松によって企画され、中尾によって実行されたのである。

　ここで確認したいのは、漢薬研究が東方文化事業であるという、日本側の一方的な論理が一九二五年の時点で既に成立していたという事実であり、この論理は杉原教室が研究資金を獲得する際にも用いられる。つまり、漢薬研究が東方文化事業の推進という政治的理由によって正当化されていく論理構成が、ここに誕生したのである。

図表3-2　慶松勝左衛門

出典：根本　1974

## 6　京城帝大医学部薬理学第二講座の研究体制

### 京城帝国大学医学部薬物学第二講座の誕生

京城帝大医学部薬物学第二講座の設置と人事に関しては、慶松勝左衛門が大きく関わっていたようである。杉原徳行の戦後の証言によれば、慶松から直接聞いた話として、京城帝大初代総長に内定した服部教授に、慶松が漢薬講座を設けるよう進言したという。また、講座の助教授人事も、慶松と杉原が相談の上、決めたことであるという（京城帝国大学　一九七四：二一二頁）。この真偽を確かめる直接の証拠はないが、助教授となる加来天民は一九二一年まで慶松が所長を務めた満鉄中央試験所に勤務し、所長直属の助手であった（加来　一九六一：六〇一頁）。慶松が東大教授として京城帝大医学部の講座編成に提案が可能な立場にいたこと、さらに加来天民との間で既に上司と部下の関係があったことを考慮すれば、慶松が講座設置と人事に関して関与していた可能性は高い。

こうして薬物学第二講座は、教授に杉原徳行（図表3－3）、助教授に加来天民が就任した[37]。さらに、総督府農商工部殖産局山林課時代に朝鮮の薬用植物調査をリードした石戸谷勉が講師として着任する。この三人は、杉原が医学・薬物学、加来が薬学、石戸谷が林学の出身であり[38]、医学部の人事としては異例であった。杉原によれば、「大学の看板講座は特徴がなくてはならぬ。そこで私は教室員として医科の人のみならず、薬科及び農科又は理科の人を以てするがよいと思った」（京城帝国大学　一九七四：二一二頁）。つまり、一九二六年に誕生した杉原教室は、三つの知的伝統の結節点であった。杉原が帝国日本の漢薬研究における医学・薬物学的伝統を、加来が薬学・化学的伝統を[39]、そして石戸谷が朝鮮における漢薬研究の本草学的・植物学的伝統を身につけ、研究を推進したのである。

## 杉原教室の研究体制と成果

このような杉原教室の研究体制は、初期の研究において、次のような成果を生んでいる。

講師に就任した林学者・植物学者の石戸谷勉は、一九一〇年代から蓄積されてきた朝鮮各地での「薬料植物」調査研究のデータを基盤にして、一九二六年に「朝鮮産漢方薬ノ原植物ニ関スル研究」（『朝鮮薬学会報』第五年（三））を、また一九二六年から一九二八年にかけて杉原と石戸谷の連名で「朝鮮の漢薬」（『満鮮之醫界』第六八号―第八九号）を一六回に分けて発表している。とくに後者は、朝鮮の代表的漢薬三一種類を取り上げ、「一．名称及び種類考（後に原植物考へ変更）」、「二．薬性考」、「三．成分」、「四．漢方上の処方」に分けて詳細に解説している。中国、朝鮮、日本の本草書を比較検討しながら植物名の考察を行い、朝鮮での分布状況を詳細に記述している。また、薬性に関しても本草書から引用しているが、たとえば「黄耆《おうぎ》」の場合には、本品の薬性とは別に、「根ノ薬効」と「茎葉ノ薬効」も記すほどであった（杉原・石戸谷　一九二六：三八頁）。

図表3－3　杉原徳行

出典：岐阜大学医学部　1977

また、石戸谷は山林課技師時代から朝鮮人の鄭石鉉とフィールドワークを行い、一九二三年には鄭石鉉と共著で林業試験場から『朝鮮森林樹木鑑要』を発表していたが、一九三二年には都逢渉とともに、京城付近の植物フィールドワークをまとめ、「京城附近植物小誌」を発表している（石戸谷・都　一九三二：一―四八頁）。とくに後者は、『京城帝國大學醫學部杉原藥理學教室研究報告昭和七年度』に収録されており、あくまでも杉原教室の業績として評価されている。というのも、京城の植物調査は単なる植物調査ではなく、朝鮮の民衆に普及している薬草の調査でもあったからである[40]。

実際、石戸谷勉のフィールドワークは、助教授加来天民と石戸谷勉の初期共同研究として「京城ウスバ細辛《さいしん》」や「朝鮮産黄柏《おうばく》」の成分分析に結実している。[41] この「京城ウスバ細辛」や「朝鮮産黄柏」は、石戸谷勉によって紹介され、加来が成分を研究している。まさに、植物学者と化学・薬学者の共同作業だといえる。さらに、加来は「京城ウスバ細辛」から抽出した揮発油から「ヴェラトルム」酸を製出し、その薬理作用については教室員の李天鐘が担当して、マウスや、ウサギ、蛙を使った動物実験を行っている（李 一九三二：五一一―五三七頁）。あるいは、杉原教室では糖尿病に用いる漢薬の効果について実験研究を繰り返し、地黄（Rehmannia lutea）と黄蘗（Phellodendron amurense Rupr.）が最も優れた効果があると報告するが、加来はこの黄蘗から「ラクトン」と「アルカロイド」を抽出し、朝鮮人の研究員たちがその薬理作用を研究するため動物実験を担当している。[42] このように、杉原教室は朝鮮の伝統的な本草学、医学の世界から効力があると考えられる漢薬を探索し、これを成分分析し、その成分を抽出した後で薬理学的作用を確かめるという一連の作業を共同で実行するシステムを形成していった。

この研究体制が最も力を注いだ対象は朝鮮人参である。この朝鮮人参の薬理作用に関する初期の研究を担ったのは、朝鮮人の閔丙祺《みんびょんぎ》と金夏植《きむはしく》であった。[43] 両者に共通していたのは、いわゆる漢方医学者が評価する人参の薬効を蔑視せず、むしろその効果を西洋医学の立場から検証しようとする態度である。例えば、閔丙祺は朝鮮人参と米国産人参との比較研究において、次のように述べている。

> 吾人擧尾反應、又ハ痙攣發作ノ如キ興奮症状ト見做サルルベキモノハ、朝鮮人蔘試驗ニ於テハ、米國人蔘試驗ニ比シテ著シク強烈ナルヲ知ル。漢方醫家ガ朝鮮人蔘ノ藥性ハ「温」、米國人蔘ノ藥性ハ「冷」と稱スルハ、或ハ之ノ間ノ消息ヲ物語ルモノナランカト思惟セラル。（閔 一九三二b：二六〇頁）

彼らは、朝鮮人参の場合も他の漢薬と同様、朝鮮の伝統医学者をインフォーマントとして認めている。しかし、朝鮮人参が他の漢薬と異なるのは、特に紅参が総督府専売局の管轄下に置かれ、厳しく統制されたことである。そのため、杉原教室の人参研究に必要な実験材料は朝鮮総督府専売局開城出張所から、研究費は紅参の委託販売契約を結んだ三井物産から提供されていた（金　一九三一a：一七二頁）。一方、杉原は紅参製造の際に放出する蒸気から揮発油を得る方法を考案し、専売局開城出張所ではこの方法で揮発油を確保していた（金　一九三一b：六四七—六四八頁）。朝鮮人参研究においては、総督府権力と帝国大学、そして企業という三位一体の研究体制が整備されていたのである。

## 広域化する京城帝大薬理学研究

杉原教室の研究は京城帝大医学部にとどまらず、他の高等教育機関とも繋がり、共同研究の範囲を広域化していった。たとえば、京城歯科医学専門学校での歯痛研究は、杉原を指導教授としており、鎮痛効果のある薬物の研究などを行っている(44)。京城医学専門学校外科教室の麻酔研究でも(45)、京城医学専門学校講師であり、京畿道警察部衛生課京城麻薬類中毒者治療所の所長を務めていた周防正季のモルヒネ中毒者・ヘロイン中毒者に対する人体実験研究でも、杉原が指導教授となっている(46)。こうして杉原は朝鮮における薬物学・薬理学研究の頂点に君臨していくのであった。

また、杉原教室の研究は朝鮮総督府の政策展開においても活用されていく。一九三〇年代に入り、総督府は疲弊した農村を立て直すため農村振興策を打ち出すが、その政策の一つが薬草栽培奨励運動であった。この運動を立案した総督府警務局衛生課技師の川口利一によれば、疲弊した農村を立て直すには、その前提として民衆の健康が必要とされる。しかし、朝鮮の農村には医師、薬剤師はもちろん、産婆や薬種商すらいない状態であり、農村の衛生問題を解決する「一つの鍵」は、効能が明確な漢薬の普及だと考えられた（川口一九三四：一一七頁）。講師の石戸谷勉は、長年のフィールドワーク経験を生かした『薬草栽培法講話』（一九

図表3-4　石戸谷勉『薬草栽培法講話』表紙

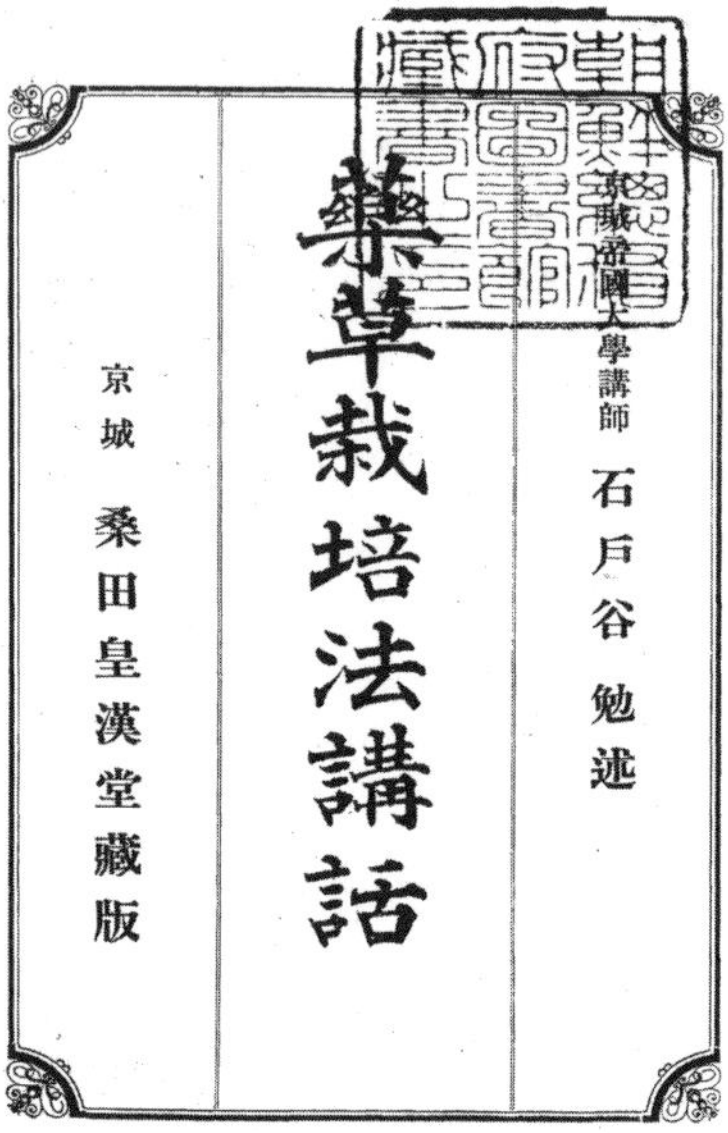


出典：石戸谷　1933

三三年）を（図表3-4）、全国的な官製運動の基本テキストとして提供し、朝鮮警察協会が編集した『薬草の栞』（一九三三年）でも執筆に協力した。京城帝大薬理学研究を基盤にした薬草栽培奨励運動は、一九三四年に始まる朝鮮人主体の漢医学復興運動と激しい接近戦を展開するが、漢医学の学理を決して認めないという点で、朝鮮人主体の運動と大きな違いを見せている（愼　一九九九）。

一九三〇年以降、帝国日本の中国進出と歩調を合わせ、杉原教室は漢方薬物のフィールドワークを中国に広げていく。石戸谷勉によれば、「私は昭和五年の夏、外務省対支文化事業部より京城帝国大学医学部の杉原薬理学教室に満蒙の漢薬研究費として給与されたる補助金を受け、南北満洲及河北に於ける主要都市の学校、官衙及薬舗に所蔵する漢薬乾材を観るの機会を得ました」（石戸谷　一九三一：一頁）。この研究資金こそ、既述の通り、慶松勝左衛門たちによって作り出された東方文化事業から支給されたものであった[47]。

さらに一九三〇年代末の戦時動員体制に入ると、杉原教室は積極的に軍の要請に応え、中国侵略に必要となる医薬品の研究と製造にコミットする[48]。杉原が所長を務める京城帝大附属生薬研究所は一九四三年に拡充され、済州島試験場が設置されるが、そこでは主に駆虫薬パンシーの製造、日本での栽培が禁じられた強心薬ジギタリスの栽培を手がけた。駆虫薬パンシーの販売は、朝鮮軍の選定した製薬会社が担当している。

京城帝大薬理学講座の三名は、満洲国と国立北京大学医学院に分散し、薬理学研究を展開していった。一九三九年（民国二八年）には、加来天民が北京大学医学院の薬理学副教授となり、翌年には教授に昇任、四二年には中医研究所主任となる。石戸谷勉も一九四二年（民国三一年）に北京大学医学院の副教授兼中医研究所副研究員となっている。杉原は一九四〇年に満洲国漢方医研究委員に就任し、それ以降も、満洲国で漢方医の存続に尽力し、一九三七年に設立された新京医科大学では臨時講師として漢方医学講座を担当することになる(49)。

このように植民地薬理学の一大拠点であった杉原教室の研究史は、政治に翻弄された受動態の歴史ではなく、主体的に政治に関与することで研究を推進・拡大していった歴史なのである。

## 7　おわりに

本章は、一九二〇年代半ばに京城帝国大学において漢薬研究が制度化された歴史的・知的条件を、主として漢薬研究史という文脈から、大きく二つに分けて検討した。一つは、一九一〇年代初頭から既に総督府権力によって主導された朝鮮半島の薬用植物に対するフィールド調査と文献学研究であった。農商工部殖産局山林課、警務総監部、中央試験所はそれぞれ異なる関心の下、薬用植物のフィールドワーク研究へ向かった。これらの研究蓄積は、後に京城帝大医学部薬物学第二講座の講師となる石戸谷勉によってまとめられ、杉原教室の研究材料となっていく。もう一つは、一九一〇年代から二〇年代にかけて帝国日本の「内地」と満洲で進展した、人参を含めた漢薬に対する実験的研究であった。具体的には東京帝大医学部薬学科に起源を持つ漢薬の成分分析と化学構造分析の研究、さらには京大と慶応大を中心とする漢薬の薬理作用研究が蓄積されていた。前者の薬学・化学の研究手法と蓄積は杉原教室の助教授である加来天民が、後者の医学・薬理学に関しては教授の杉原徳行自身が継承した。このように、京城帝大における漢薬研究は、杉原、加来、石戸谷の研究バックグランドが一つに合流することで成立した「フィールドワークと実験室科学の接合」であり、帝国日本唯一の総合薬物学研究だったのである。

そして、このような総合的な研究体制を構想したのが慶松勝左衛門であった。彼は満鉄中央試験所の所長から東京帝大教授となり、京都帝国大学医学部薬学科の創設にも尽力したことで知られる。彼は東大薬学科の生薬学教室出身でありながら、新しい薬品製造学分野を開拓する一方で、東方文化事業として中国での漢薬収集研究にも乗り出している。つまり、慶松は一九二〇年代には既に「外地」での漢薬収集から新しい薬品製造へというプロジェクトを企図していたのであり、一九二六年に設立された京城帝国大学の医学部薬物学第二講座は、それが実現された一つの姿であった。

そもそも慶松は後藤新平に見込まれて、関東都督府中央試験所（後の満鉄中央試験所）の創設準備にかかわり、創設時にはその初代所長となっている（中野・鈴木 一九九九：一六—一七頁）。ここに後藤新平—慶松勝左衛門—杉原徳行の人事面での繋がりを確認できるとともに、東方文化事業を貫く東西文化融合論の系譜を発見することができる[50]。したがって、杉原は一九三九年以降、「知の精神的兵站基地としての朝鮮」という立場から「東西両医学を融合せしめた新東洋医学を建設せねばならぬ」と主張し始めるが、それを戦時体制下の発言としてのみ考えてはいけない（杉原 一九三九：三〇頁）。本章では京城帝大漢薬研究を一九二〇年代後半の政策転換として捉えていた先行研究を批判し、一九一〇年代以降の漢薬研究史を検討したが、その根底には歴史の深層にある連続的側面を見据えた上で、表層の非連続性や転換を捉えるべきであるという筆者の問題意識がある。一九三〇年代末以降の杉原の言説については詳細に検討できなかったが、京城帝大における漢薬を利用した薬理学研究の成立と新東洋医学建設論へ至る展開史の底流には、東の文化を西の文化的観点から排除／包摂する「東西文化融合論」という医学的・政治的言説が存在していたのである。その意味で、京城に誕生し拡大していった薬理学研究には、思想的にも制度的にも強く植民地的性格が刻印されているのである。

［付記］なお、本章は、拙稿（韓国語）「京城帝国大学における漢薬研究の成立」（『社会と歴史』韓国社会史学会、七六巻、二〇〇七年一二月、一〇五―一三九頁）の一部を削除・修正し、加筆したものである。

## 注

（1）JACAR（アジア歴史資料センター）Ref.A03021804500、大正一五年勅令第四七号（京城帝国大学各学部ニ於ケル講座ノ種類及其ノ数ニ関スル件）中改正／御署名原本・一九三一年・勅令第六六号（国立公文書館）。以下、歴史的な用法として薬物学を用いることがあるが、それ以外には一般的に薬理学という言葉を用いることにする。

（2）JACAR（アジア歴史資料センター）Ref.A02030107800（第九画像目から）、京城帝国大学官制中ヲ改正ス・（附属生薬研究所設置）／公文類聚・第六三編・一九三九年・第四〇巻・官職三七・官制三七（朝鮮総督府九）（国立公文書館）。

（3）京城帝大の特色が薬物学方面の研究にあることは、当時の京城帝大学務課長の西澤新蔵も語っている（西澤 一九二六：五六―六一頁）。

（4）一九四三年には生薬研究所の拡充として済州島試験場が設置された。JACAR（アジア歴史資料センター）Ref.A03010081300、京城帝国大学官制中ヲ改正ス／公文類聚・第六七編・一九四三年・第三二巻・官職二六・官制二六（朝鮮総督府一）（国立公文書館）。

（5）ここで、江戸期に徳川幕府が朝鮮の薬材に関心を示し、朝鮮人参の国産化構想を秘めながら薬材調査をしていた事実を忘れてはいけない。つまり、朝鮮薬草への関心は歴史の底流で一貫して流れ続けていたのである。江戸期の調査に関しては、田代（一九九九）を参照すること。

（6）植木は一九〇四年に東京帝国大学林学実科を卒業後、宮城県立農学校の教諭となり、大韓帝国末期の一九〇七年に農林学校教授兼林業技師として赴任した。彼は後に、水原農林専門学校教授となっている。

（7）中井は当時、東京帝国大学理科大学助手という身分であった。彼は一九〇四年山口高等学校を卒業後、東京帝国大学理科大学に入学した。松村任三に師事し、一九〇八年に理科大学助手（植物園勤務）となり、朝鮮での植物調査研究に従事する。一九二七年に教授となり、早田文蔵とともに分類学を担当した。一九三〇年一〇月から退職するまで附属植物園の園長を兼任した。このあたりの事情は、次の文献に詳しい。大場（二〇〇六：二四九―二五三頁）。ただし、中井の朝鮮での活動に関しては、全くふれられていないのが残念である。

（8）例えば、智異山では「はくせん」、「しろばなしゃくなげ」、「めはじき」、「きはだ」、「くらら」の五種が紹介されている（『智異山植物調査書』：九二頁）。後になるが、一九一八年の金剛山では薬用植物六〇種が植物名のみ紹介されている（『金剛山植物調査書』：一九七―一九九頁）。

（9）地理に詳しい現地朝鮮人が人夫として雇われ、険しい山道の道案内役を務め、通訳、写真師も同行していた。

（10）この調査には朝鮮人の鄭石鉉も同行しており、調査地での写真撮影を行い、記事の内容についても彼が深く関与している（朝鮮総督府林業試験場　一九三六：一二頁）。鄭石鉉は石戸谷勉と共著で一九二三年には林業試験場から『朝鮮森林樹木鑑要』、一九三六年には『朝鮮産野生薬用植物』を発表している。解放後は成均館大学校の生命科学科教授となり、植物系統分類学教室を創設した。

（11）エングラー体系と呼ばれている。

（12）その後も、「朝鮮林野主要副産物」（『朝鮮彙報』一九一七年四月、一〇四―一一〇頁）では、医生が使用する薬料中、野生の草根木皮を原料とするものが一五〇種であると報じられており、継続して朝鮮人漢医たちは調査されていく。

（13）「面」は朝鮮における行政単位の一つである。

（14）朝鮮総督府警務総監部事務分掌規程、一九一〇年一〇月、総督府訓令第四号。

（15）「漢薬取締ニ関スル件」、一九一六年三月四日、衛収第一一五九六号。警察はとくに劇薬・毒薬の調剤、販売の取り締りに苦心していたが、結局は一九一六年七月六日、一九一六年七月の通牒で、漢薬の毒薬と劇薬に関しても黙認する（「朝鮮人薬種商調剤ニ関スル件」、一九一六年七月六日、衛収第四一三八号）。「従来ノ慣例ニ依リ鮮人薬種商ニシテ医生ノ処方箋ニ依リ漢薬ノ調合スル場合ハ当分ノ間之ヲ咎メサル方針ヲ以テセリ故ニ漢薬ノミノ調合ニ付テハ例へ其ノ中ニ毒劇薬ノ配剤アルモノアルモ鮮人薬種商ニ於テ行ヒ差支ナキモノトセリ」（白石、一〇六頁）。

（16）例えば、「阿片煙ニ関スル件」一九一六年九月一八日、衛収五九五四号。

(17)「漢薬取締ニ関スル件」一九一六年三月四日、衛収第一一五九六号。
(18)『毎日申報』一九一三年九月二七日号。
(19) この当時、吉木は総督府医院薬剤課長であり、現役の軍人であった。また、一九一七年からは京城医学専門学校の教授も務めている。
(20) JACAR（アジア歴史資料センター）Ref.A01200177400、朝鮮総督府中央試験所官制中ヲ改正ス／公文類聚・第四四編・一九二〇年・第九巻・官職八・官制八（朝鮮総督府）（国立公文書館）。
(21) ちなみに、陸軍衛生材料廠試験科では、後に東大医学部薬学科薬化学教室の第二代教授となる近藤平三郎が一九一五年に「朝鮮人参の成分研究（第一回）」（『藥學雑誌』四〇一）を発表しており、人参・漢薬研究を進めていた。
(22) JACAR（アジア歴史資料センター）Ref.A01200140600、朝鮮総督府中央試験所官制中ヲ改正ス／公文類聚・第四二編・一九一八年・第七巻・官職六・官制六（逓信省・朝鮮総督府）（国立公文書館）。
(23) JACAR（アジア歴史資料センター）Ref.A01200177400、朝鮮総督府中央試験所官制中ヲ改正ス／公文類聚・第四四編・一九二〇年・第九巻・官職八・官制八（朝鮮総督府）（国立公文書館）。
(24)「薬草の試植研究——内務省が新しい試み、大戦で薬品杜絶が動機になる」『樺太日日新聞』一九一八年一月二〇日
(25) 一八九三年の講座制定により、薬学科は生薬学（下山順一郎）、衛生裁判化学（丹波敬三）、薬化学（長井長義）の三講座担任が発令された。
(26) 満鉄中央試験所は一九〇七年一〇月に関東都督府令第五五号に基づき設立された。
(27) 例えば、中尾万三・渋江忠三（一九二三、一九二四a、一九二四b）。
(28) 例えば、次の論文を参照せよ。中尾万三（一九二三）。
(29) 一八九九年、京都帝国大学医科大学設置。一九〇三年、京都帝国大学医科大学は、京都医科大学と福岡医科大学に分割。一九一一年に福岡医科大学が九州帝国大学医科大学へ。よって、京都医科大学も京都帝大医科大学へ。森島庫太（一八六八—一九四三年）は東大薬物学教室で高橋順太郎（教授）の助手となり、留学後の一九〇〇年に京都帝大教授。のち医学部長。多数の生薬の有効成分を発見すると同時に、その薬理をあきらかにした。一方、東京帝大の薬物学（後の薬理学）講座では林春雄（一八七四—一九五二年）が一九〇〇年に東

京帝国大学医科大学助教授、一九〇二年から一九〇五年まで留学、その後は福岡医科大学へ。一九〇八年に東京帝大医科大学薬物学第二講座の教授になる。国立公衆衛生院初代院長、日本薬理学会初代会長などを歴任。

(30) 森島との関係を含め、杉原の略歴と研究業績は、次の文献を参照せよ。渡辺晴香・金善珉・丁宗鉄（二〇〇二）。

(31) 京城帝大医学部薬物学第一講座は、大澤勝（東京帝大出身）が教授に就任している。

(32) 第二回は京大の森島庫太が会長を務めた。

(33) このあたりの事情は、次の文献を参照せよ。阿部洋（二〇〇四）。

(34) 日本側委員は次の通りである。大河内正敏、山崎直方、岸上鎌吉、新城新蔵、入澤達吉、林春雄、慶松勝左衛門、矢田達太郎、瀬川浅之進。

(35) JACAR（アジア歴史資料センター）Ref.B05015042500、慶松博士申出ノ漢薬研究ニ関スル件・一九二五年八月／東方文化事業調査会関係雑件第一巻（外務省外交史料館）。

(36) JACAR（アジア歴史資料センター）Ref.B05015180700、支那ニ於ケル漢薬研究（慶松勝左衛門博士）・一九二七年一〇月／上海委員会関係雑件／日本側委員単独研究関係第一巻（外務省外交史料館）。やがて、中尾は上海自然科学研究所の生薬学科を実質的に率いるリーダーとなる。

(37) 加来天民は一九一七年に九州薬学専門学校（後の官立熊本薬学専門学校）を卒業、一九二一年には満鉄中央試験所で慶松所長直属の助手をしている。一九二一年に京城医学専門学校助教授、教授となり、京城帝大医学部薬物学第二講座の助教授に就任した。

(38) 石戸谷勉は札幌農学校林学科を卒業後、北海道庁技手を経て、朝鮮総督府農商工部殖産局山林課の技手、技師を歴任、一九二三年には林業試験場技師となっている。

(39) 加来は京城医学専門学校時代、助教授として医化学教室に所属し、一九二一年から二六年まで志賀潔の研究パートナーとして、癩患者の化学療法研究に従事し、大楓子脂肪酸エチルエステルの製造を行っていた（加来　一九六一：六〇四―六〇五頁）。

(40) 緒言には、「植物ノ漢名ハ現今朝鮮ニ薬草名トシテ民間ニ普ク行ハレアルモノノミヲ掲ゲ」と書かれている（石戸谷・都　一九三二：一頁）。

(41) 例えば、加来・張・折田（一九三一）や来・張・折田（一九三二）。

(42) 玉（一九三二：二八四―三〇七頁）や張（一九三二：四六一―四七九頁）。地黄については、金（一九三二：一三一―一四一頁）を参照。

(43) 杉原自身が、「余の教室に於て、閔及び金両氏の詳細なる人参の薬理的作用を検した結果は、要するに人参は一種の興奮剤である」と述べている（杉原　一九三二：三八―四八頁）。彼らの論文には次のようなものがある。閔（一九三一ａ：二三八―二五五頁）、金（一九三一ａ：一四八―一七二頁）。

(44) 例えば、矢尾太郎（一九三二）。この論文にとどまらず、杉原は歯科医学の分野でも指導教授として君臨した。

(45) 例えば、灰田茂生（一九三四）で、杉原は医専外科学教室の教授白麟済とともに指導教官となっている。

(46) 例えば、周防正季（一九三二）。周防は後に、小鹿島更生園長となる。なお、周防の行った薬物中毒者に対する人体実験に対しては、別稿で議論する予定である。

(47) JACAR（アジア歴史資料センター）Ref.B05015872400、支那漢薬研究事業助成・杉原徳行・一九二九年五月／研究助成関係雑件第一巻（外務省外交史料館）。

(48) 朝鮮軍の梶塚軍医部長が杉原を訪ね、研究援助を申し入れている（京城帝国大学　一九七四：六〇―六一頁）。

(49) JACAR（アジア歴史資料センター）Ref.A04018569800、京城帝国大学教授杉原徳行満州国政府ノ委嘱ニ応シ且旅費並報酬ヲ受クルノ件・一九四〇年・第五七巻（国立公文書館）。JACAR（アジア歴史資料センター）Ref.B04012777500、各国ニ於ケル医学及医術関係雑件／満州国ノ部一〇・満州国新京医科大学臨時講師招聘関係・一九四〇年（外務省外交史料館）。

(50) 外務省東方文化事業と上海自然科学研究所にみられる「東西文化融合」論については、次の文献を参照せよ。加藤茂生（二〇〇三：九五―一〇三頁）。

参考文献

## 日本語文献

朝比奈泰彦・田口文太（一九〇六）「人参成分の研究」『藥學雜誌』二九二号：五四九頁
阿部洋（二〇〇四）『「対支文化事業」の研究――戦前期日中教育文化交流の展開と挫折』汲古叢書五一、汲古書院
石戸谷勉（一九二二）「朝鮮に於ける柳屬及上天柳屬の分布（中）」『朝鮮』第七八号、一九二一年八月：六七―七四頁
石戸谷勉（一九一九）「平安北道義州金剛山の森林植物」『朝鮮彙報』一九一九年一〇月：一四八―一五八頁
石戸谷勉（一九一八）「洗浦高原の植物」『朝鮮彙報』一九一八年三月：三九―五〇頁
石戸谷勉（一九一七）『朝鮮漢方藥料植物調査書』朝鮮総督府
石戸谷勉（一九一六）「朝鮮の山野より生産する薬料植物」『朝鮮彙報』一九一六年六月号：七五―一四八頁
石戸谷勉（一九三二）『北支那の薬草』同仁会
石戸谷勉（一九三三）『薬草栽培法講話』京城・桑田皇漢堂
石戸谷勉・都逢渉（一九三二）「京城附近植物小誌」『朝鮮博物學會雜誌』一四号：一―四八頁
岩井敬太郎編（一九一〇初版、一九九五）『顧問警察小誌』復刻版韓国併合史研究資料④、龍渓書舎：一三二頁
沖田秀秋（一九一五）『日本薬草採集栽培及利用法』大倉書店
大場秀章（二〇〇六）『大場秀章著作選Ⅰ――植物学史・植物文化史』八坂書房
加来天民（一九六一）「朝鮮薬学会の回顧」『在鮮日本人薬業回顧史』：六〇一頁
加来天民・張智世・折田武雄（一九三一）「京城ウスバ細辛の揮發油成分に就て（第二報）」『藥學雜誌』五一巻：八六二―八六五頁
加来天民・張智世・折田武雄（一九三二）「朝鮮産黄柏の樹皮成分について（第一報）」『藥學雜誌』五二巻：五九三―六〇二頁
加藤茂生（二〇〇三）「上海自然科学研究所における研究と科学者の行動規範」『歴史学研究』歴史学研究会、七八一巻：九五―一〇三頁

川口利一（一九三四）「薬草の栽培と利用に就いて」『京城商工会議所経済月報』京城経済会議所、一九三四年七月：二七頁
川口利一（一九六一）「朝鮮の医薬政策」『在鮮日本人薬業回顧史』在鮮日本人薬業回顧史編纂会：四四二頁
川島祐次（一九九三）『朝鮮人参秘史』八坂書房：三一三頁
岐阜大学医学部編（一九七七）『岐阜大学医学部三十年史附属病院百年史』
玉豊彬（一九三二）「黄蘗（Phellodendron amurense Rupr.）ヨリ抽出セル「ラクトン」ノ薬理學的作用ニ就テ」『朝鮮醫學會雑誌』二二巻：二八四―三〇七頁
金夏植（一九三一 a）「朝鮮人参ノ各種成分ノ薬理学的作用ニ就テ――第一報告「パナックス」酸ノ薬理学的作用ニ就テ」『朝鮮醫學會雑誌』第二一巻、第二号：一四八―一七二頁
金夏植（一九三一 b）「朝鮮人参ノ各種成分ノ薬理学的作用ニ就テ――第二報告「パナックス」酸ノ薬理学的作用ニ就テ」『朝鮮醫學會雑誌』第二一巻、第五号：六四七―六四八頁
金夏植（一九三二）「地黄ノ制糖作用ニ就テ」『朝鮮醫學會雑誌』二二巻：一三二一―一四一頁
京城帝国大学創立五十周年記念誌編集委員会編（一九七四）『紺碧遥かに――京城帝国大学創立五十周年記念誌』京城帝国大学同窓会
在鮮日本人薬業回顧史編纂会編（一九六一）『在鮮日本人薬業回顧史』
佐藤剛蔵（一九五二）「朝鮮医育史（後編）」『朝鮮学報』第三輯：一七〇頁
愼蒼健（一九九九）「覇道に抗する王道としての医学――一九三〇年代朝鮮における東西医学論争から」『思想』岩波書店、九〇五号：六五―九二頁
白石保成（一九一八）『朝鮮衛生要義』
周防正季（一九三二）「慢性「モルフイン」中毒並ニ慢性「ヘロイン」中毒ニ就テ（第二報告）慢性「モルフイン」中毒者ノ漸減療法ヲ行フニ當リ「モルフイン」又ハ「ヘロイン」ヲ注射セル場合ノ禁断症状発現ノ時間的及ビ量的比較」『京城醫學専門學校紀要』二巻：二四五―二五五頁
杉原徳行（一九二九）「朝鮮人参に就て（一）」『文教の朝鮮』一〇：三五頁
杉原徳行（一九三二）「朝鮮人参」『治療及處方』：三八―四八頁
杉原徳行（一九三九）「朝鮮に於る漢方医学と傷寒論」『朝鮮』二九二：三〇頁

杉原徳行・石戸谷勉（一九二六）「朝鮮ノ漢藥（二）」『満鮮之醫界』七〇、満鮮之醫界社：三八頁
高橋喜七郎（一九二三）「朝鮮林野の副物産一斑」『朝鮮』第一〇〇号、一九二三年七月号：一七五—二〇九頁
田代和生（一九九九）『江戸時代朝鮮薬材調査の研究』慶應義塾大学出版会
辰野高司（二〇〇一）『日本の薬学』薬事日報新書13、薬事日報社：八八—一一五頁
張禮世（一九三二）「黄蘗總「アルカロイド」ノ薬理學的作用ニ就テ」『朝鮮醫學會雑誌』二二巻：四六一—四七九頁
朝鮮警察協会編（一九三三）『薬草栽培の栞』京城
朝鮮総督府（一九一二）「朝鮮ニ於ケル林野ノ副産物」『朝鮮総督府月報』第二巻第一〇号：五六—五八頁
朝鮮総督府（一九一七a）「朝鮮林野主要副産物」『朝鮮彙報』一九一七年四月号：一〇四—一一〇頁
朝鮮総督府（一九一七b）「衛生及警察：戰亂の醫薬品に及ぼしたる影響」『朝鮮彙報』一九一七年四月号：一四一—一四四頁
朝鮮総督府警務総監部（一九一八）「薬草の調査」『朝鮮彙報』一九一八年一一月号：六五—八二頁
朝鮮総督府警務総監部（一九一九）「咸北地方に於ける薬草の調査」『朝鮮彙報』一九一九年五月号：一一一—一二八頁
朝鮮総督府殖産局編（一九二三）『朝鮮の林業』：八九—九〇頁
朝鮮総督府中央試験所編（一九二二）『慶尚北道ニ於ケル薬用植物——済州島ニ於ケル薬用植物附其ノ他ノ有用植物』朝鮮総督府中央試験所報告、第四回第四號
朝鮮総督府林業試験場（一九二三）『朝鮮森林樹木鑑要』
朝鮮総督府林業試験場（一九三六）『朝鮮産野生薬用植物』
内務省衛生試験所（一九三七）『衛生試験所沿革史』：八四—八五頁
中井猛之進（一九一四）『済州島植物調査書』朝鮮総督府
中井猛之進（一九一五）『智異山植物調査書』朝鮮総督府
中井猛之進（一九一七）『朝鮮鷺峯植物調査書』朝鮮総督府
中井猛之進（一九一八a）『白頭山植物調査書』朝鮮総督府
中井猛之進（一九一八b）『金剛山植物調査書』朝鮮総督府

中尾万三（一九二三）「石花の成分と夫等の構造に就て」『藥學雜誌』第四九六号：四二三―四三二頁
中尾万三・渋江忠三（一九二三）「満州産薄荷油に就て」『藥學雜誌』第四九九号：七二五―七三八頁
中尾万三・渋江忠三（一九二四ａ）「艾蒿の成分に就て」『藥學雜誌』第五一〇号：六三六―六四三頁
中尾万三・渋江忠三（一九二四ｂ）「山奈の成分に就て」『藥學雜誌』第五一三号：九一三―九三四頁
中野卓・鈴木郁生（一九九九）『中尾万三伝――中国古陶磁と本草学の先駆者』刀水書房：一六―一七頁
西澤新蔵（一九二六）「京城帝國大學の沿革及現況」『文教の朝鮮』六：五六―六一頁
根本曽代子（一九七四）『慶松勝左衛門傳』廣川書店
農商務省山林局（一九〇五）『韓国森林調査書概要』
農商務省山林局（一九一三）『朝鮮森林視察復命書』
灰田茂生（一九三四）「腰髄麻酔ガ腸管並ニ子宮運動ニ及ボス影響」（『京城醫學専門學校紀要』四巻：一二二三―一三一頁
閔丙祺（一九三一ａ）「朝鮮人参ノ実験的研究　其四　朝鮮人参ヲ以テ飼育セル「ラッテ」ニ於ケル二、三神経毒ノ中毒現象及ビ致死量ニ就テ」『日本藥物學雜誌』第一一巻第三号：二三八―二五五頁
閔丙祺（一九三一ｂ）「朝鮮人参ノ実験的研究　其五　朝鮮人参ト米國人参トノ比較研究」『日本藥物學雜誌』第一一巻第三号：二六〇頁
矢尾太郎（一九三二）「實驗的齒痛ニ對スル「コカイン」、「ノボカイン」及ビ「トロバコカイン」ノ鎮痛効力比較並ニ此等藥物ト「アドレナリン」トノ相乘作用ニ就テ」『京城齒科醫學會雜誌』一巻：一―一七頁
渡辺晴香・金善珉・丁宗鉄（二〇〇二）「日韓生薬交流史――杉原徳行の業績と評価」『日本医史学雑誌』第四八巻第二号：二一九―二二五頁
李天鐘（一九三二）「細辛ノ一成分「ウェラトルム」酸ノ藥理學的作用ニ就テ」『朝鮮醫學會雜誌』二二巻：五一一―五三七頁

## **韓国語文献**

朴潤栽（二〇〇八）「日帝の漢医学政策と朝鮮支配」『醫史學』大韓醫史學會、第一七巻第一号：七五―八六頁
申東源（二〇〇二）「一九一〇年代日帝の保健医療政策――漢医学政策を中心として」『韓国文化』三〇：三三三―

三六五頁
申東源（二〇〇三）「朝鮮総督府の漢医学政策――一九三〇年代以降の変化を中心として」『醫史學』大韓醫史學會、第一二巻第二号：一一〇―一二八頁

# 第四章　珊瑚礁・旅・島民

## ――パラオ熱帯生物研究所研究員の「南洋」経験

坂野　徹

あゝもうこれで帰れる。翌朝早く出帆する予定の横浜丸に前日夕方乗りこんで、緑に覆われたオロブシャカルの岩山を眺めた時、しみじみと解放感を味わった。二年間のパラオの生活にはいろいろなことがあった。来る日も来る日も太陽が照りつけ、けだるく軽い頭痛のする倦きあきする毎日、言いようのない物足りない心を抱いてさまよった夜の街、ただ一人になりたくて小舟を漕ぎ出し、岩山の影の緑をうつす礁湖で過ごした夕、徒に日がすぎて仕事が思うように進まない焦りに苛立つ日々、食欲がなく、微熱と咳が続いて一ヶ月たっても治らず、不安にさいなまれた暗い月日、すべては終って今私は島を去ろうとしている。楽しく懐かしく想い出されることも沢山あった。そのときは格別に言う程もない小さな普通のことでも、妙に頭の中にやきついていることもある。陽の落ちる前、暑さが去って礁原上に潮の満ちる頃、山川君と海に入って泳いだり潜ったりした何とも言えない爽やかな気分、竹舟を借りに来た島民の娘たちと一所に出かけ、マングローブの間の泥水の中で、彼女たちが水に入って足指で泥の中の貝を探しながら唄う歌を、竹舟の上で夢うつつに聞きながら過ごした午後の一時、あるときは広大な西礁湖を吹き渡る強風の中を、友人たちと小さなボートで帆走し、風にあおられて転顚し、運よく近くの島の島民が舟を出して救助してくれたこともあった。私を友達としていつも暖く迎えてくれたガツメルのチャモロ族の娘や男の子たち、月の明るい岩山の砂浜で一緒にバナナやマンゴー、パイナップル、椰子の汁をのみながら、おそくまで歌っていたコロールの島民たち、役所や会社の知人の数々の友情と親切、こういう憶い出だけでも私の南洋生活はすばらしかった。それでも尚、今こうしてパラオを去って内地に向う船の上の私は解放の喜びに充され、三〇才になった私のこれからの人生に期待を寄せている（元田　一九八五：五五―五六頁）。

## 1　はじめに

冒頭に掲げた一節は、戦後、北海道大学などで教授をつとめ、日本におけるプランクトン学の草分けとも呼ばれる元田茂によるものである。元田は、一九三七年、パラオ熱帯生物研究所での二年間の研究期間を終え、パラオを去るときの心境を先のように語ったのであった。

パラオ熱帯生物研究所（以下、適宜「パラオ研」と略称）は、日本学術振興会（一九三二年創設）によって一九三四年、戦前、南洋群島と呼ばれたミクロネシアのパラオ・コロール島に設立された小さな研究所である。常時、数名の若手研究員が交替で滞在するだけ、しかも一九四三年の閉鎖までその活動期間は十年にも満たない。だが、パラオ研は日本における共同利用研究所のはしり（廣重　一九七三）ともいわれ、珊瑚礁を中心とする熱帯生物に関する研究で世界トップクラスの水準を誇った。

元田の回想はパラオ研での生活の一端を物語っているが、それでは「南洋」に渡った若き研究者たちは現地でどのような研究生活を送ったのだろうか。本章では、日本の植民地統治下にあったミクロネシアに派遣され、調査研究に携わった若者たちの歴史的経験を描き出していく[1]。

パラオ研研究員の「南洋」での経験について考えるにあたって、本章で導入するのは、彼らの活動総体をフィールドワークと捉える視点である。フィールドワークという語が意味するものは学問分野によって異なり、そもそも正確な定義など不可能だという見方もできる。だが、生物学を含む自然科学の場合、一般に「実験室」で行われる研究と対比される「野外」での調査研究を指すと考えられるだろう（佐藤郁也　二〇〇六）。しかし、実際には「野外」と「実験室」の区分はそれほど明確なものではない。とりわけ本章で扱うような臨海実験所の場合、「実験室」で使用する研究材料を「野外」で集めるにとどまらず、「野外」での観察それ自体もまた重要な研究課題となる。

しかも、パラオ研のように植民地にある研究機関の場合、研究所への派遣・滞在自体が一種の異文化体験であった。元田の回想からもうかがえるように、研究員たちは現地の人々とさまざまな交流をもったし、個々の研究実践は、彼らの日常生活の中に深く埋め込まれており、研究とそれ以外の日常生活といった具合に明確に区分することはできない[2]。

こうした事情に鑑み、本章では、研究員のある意味で卑近な日常生活をも含めたパラオにおける生活総体を一種のフィールドワークと捉え、検討していく。換言すれば、本章が目指すのは、人生の一時期、南洋群島というフィールドに生きた研究者たちの生活史あるいは精神史を描き出そうとする試みにほかならない。

ここで本章の構成を述べておく。まず第2節で、研究所誕生にいたる背景と研究内容などについて検討した上で、第3節において、研究員のパラオでの研究生活を詳細に描き出す。さらに、第4節では、一九三〇年代末以降、「南進論」を背景にパラオ研への期待が高まる一方、太平洋戦争開戦によって研究所が閉鎖され、研究員が戦時体制へと巻き込まれていく状況について論じる。そして、続く第5節では、パラオ研の意外な遺産として、アメリカとの関係について検討を加えてみたい[3]。

なお、パラオ研は欧文誌と和文誌を刊行していたが、それ以外に研究所関係者の同窓会誌である『岩山会会報』計一七冊（一九三九―一九八七年＋附録一九八九年）という資料が存在する。(4) 身内の気楽さもあり、この『岩山会会報』には、研究員のパラオでの日常生活や人間関係、心情などを直截に語る言葉があふれている。そこで、本章では、この資料にも依拠しながら、研究員の「南洋」経験を再構成することに主眼を置く。

## 2 パラオ熱帯生物研究所の誕生

### 太平洋学術会議と珊瑚礁研究

パラオ熱帯生物研究所の誕生とその背景について考えるとき、まず注目しなければならないのが、（汎）太平洋学術会議という国際組織の存在である。第一次世界大戦への反省にもとづき、一九二〇年、国家間紛争を平和的に解決し、将来の戦争を防ぐことをうたって国際連盟が結成されるが、こうした国際協調への機運は科学界においてもみられた。

そうした第一次大戦後における科学の「国際主義」の機運のなかで、一九二〇年、ハワイ（ホノルル）で汎太平洋学術会議（Pan-Pacific Science Conference）という科学者の国際会議が開催された。もともと、この会議は継続的なものとして始められたものではなかったが、次回のオーストラリアでの開催が決議され、以降、太平洋地域を代表する国際会議として順調な発展を遂げていく。さらに、日本（東京）で開かれた第三回会議で太平洋学術協会（Pacific Science Association）という恒常的組織が設けられるとともに、第四回以降の大会は、太平洋学術会議（Pacific Science Congress）と呼ばれるようになった（以下、混乱を避けるため、全て太平洋学術会議で統一する）。

そして、この第三回太平洋学術会議が、パラオ熱帯生物研究所誕生の間接的きっかけとなった。一九二六年、東京で開催された大会には当時の日本を代表する科学者が千名以上参加し、日本の科学界全体を巻き込む一大事業となったが、最終日の総会で「珊瑚礁の研究」についての国際協力の必要性が論じられ、当会議内に「太平洋並びに印度洋における珊瑚礁の包括的研究に対する」委員会の設置が提案された。結局、この提案は次の大会で継続審議されることになったが、この大会には、後のパラオ研所長・畑井新喜司（東北帝大教授）や、研究所を管轄する学振小委員会の委員長をつとめることになる柴田桂太（東京帝大教授）をはじめとする日本の代表的な生物学者が参加していた。後述するように、畑井は、会議終了後の一九二八年から三一年にかけて、彼がつとめる東北帝大などから若手研究者計六名を南洋群島に派遣し、熱帯生物の研究を開始するが、そこにも当会議の影響をみてとることができる。

続く第四回太平洋学術会議は一九二九年五月ジャワ（オランダ領東インド）で開催され、畑井は団長として四二名の科学者を連れて会議に参加したが、これこそがパラオ研誕生の大きな契機となった大会である。この会議では、第三回大会での提案を受けて「太平洋の珊瑚礁に関する国際委員会」（International Committee on Coral Reefs of the Pacific）が開かれ[5]、コペンハーゲン大学（デンマーク）の動物学者モルテンセン（Mortensen, T.）が熱帯地域に国際生物学研究所建設の提案を行い、各国代表の同意を得た。

さらに一九三三年の第五回会議（バンクーバー（カナダ））で、当時、ニューギニア島西部を植民地（オランダ領ニューギニア）としていたオランダの代表が、アラフラ湾北部[6]への国際生物研究所の設置を約束する。だが、世界恐慌とその後の国際情勢により計画は頓挫し、結局この計画は実現されないまま終わった（坂野一九九五：大森　二〇〇二）。

## 畑井新喜司とパラオ熱帯生物研究所の誕生

前述したように、畑井新喜司は、太平洋学術会議における議論と併行して、南洋群島での調査を開始する。[7]

一九二八年、南洋庁から動物調査を委嘱された畑井は、東北帝大の助手、学生の二名を連れてパラオ諸島とヤップ島で計四ヶ月にわたる調査旅行を実施した。そのひとりは、畑井がパラオの豊かな動物相を前にして「こんな所に、研究所があったらいいネー」と漏らしたのを記憶していると述べている（佐藤隼夫 一九三八：三五頁）。

その後、畑井は、東北帝大から三名の助手をヤップ島に派遣し、彼らは、一九二九年九月から三〇年五月まで仮実験室で研究に従事した。その後、さらに同年九月から翌年二月まで三名がパラオで研究を実施し、畑井自身も三〇年から三一年にかけて、パラオを訪れ、現地調査を行っている。こうした一連の調査研究のなかで、南洋群島における熱帯生物研究所設立の構想が彼の頭のなかで醸成されていったことは確かだと思われる。

残念ながら、日本国内で具体的にどのような議論の末、パラオ熱帯生物研究所の設置が決定されたのか、その詳細は分からない。だが、おそらくはオランダによる国際生物研究所計画の挫折を前提に、畑井と弟子たちによる現地での研究成果にもとづいて、一九三二年、新たに創設された日本学術振興会（学振）内部で熱帯生物研究所の設置案が急浮上していったというのが大雑把な経緯であろう。

ともあれ、一九三三年一〇月二四日、学振の第七常置委員会で「熱帯生物に係る小委員会設置」が決議され、一二月から改めて畑井は助手とともに南洋群島をまわり、最終的に研究所建設地としてパラオ・コロール島を選定。さらに、翌年一月二三日の第一一小委員会の第一回会議において、柴田桂太を委員長に「珊瑚礁に関する生物学的総合研究」を実施することが決定する。かくして「パラオ諸島コロール島アラバケツに研究所建設を決定、名称をパラオ熱帯生物研究所（Palao Tropical Biological Station）と定め、畑井委員を所長に任命」することが正式に決まったのであった(8)。

## 研究員と研究所

では改めて、パラオ研では具体的にどのような研究が行われたのだろうか。

学振の小委員会が掲げた研究綱目には、「(一)基礎調査（岩山湾の地形図作成に必要なる調査、珊瑚の種類に関する調査）(二)珊瑚虫の生態に関する研究 (三)珊瑚虫の代謝機能に関する研究 (四)珊瑚虫の生殖及発育に関する研究 (五)珊瑚虫の骨格形成に関する研究 (六)造礁作用と外囲条件との関係」が掲げられており、当初は珊瑚礁・珊瑚虫に関する総合研究が目指されていたことが分かる。

研究員については、官私を問わず、広く各大学から志望者を公募し、学振小委員会の選考を経て研究員に選ばれた者は四ヶ月以上、研究所に滞在せねばならず、旅費（一等船賃）と滞在費（月額四五円）が支給された（「パラオ熱帯生物研究所」一九三八：九頁；元田　一九八九：三〇頁）。ともあれ、ここで派遣研究員の氏名と出張期間、研究題目などを表として掲げておく（図表4－1）。

この図表4－1からも分かるとおり、実際の研究期間は通常、半年または一年、なかには数年にわたって滞在する者もあり、二回以上渡航した研究員も複数存在する。また、当初は各大学の若手研究者が中心だったが、四〇年代に入ると、現地嘱託として二名が研究員に選ばれ、既に著名な動物学者（大島正満）が研究員として短期間滞在することもあった。

研究対象となる動物は、当初の珊瑚礁・珊瑚虫から、熱帯に生息する動物全般へと次第に広がっていった。また、動物の分類・記載にとどまらず、生理・発生などに関する実験生物学的研究が多くみられることが注目される。既にこの頃には日本を含めた世界の生物学の主流は博物学的段階から抜け出し、実験生物学へと移行していたが、ここには、アメリカで教育を受けた生理学者である畑井の意向が反映しているとも考えられる。

実際、パラオ研における研究は、当時の最先端のものとして海外の研究者からも高い評価を受けていた。

| 氏名 | 所属 | 出張期間（「内地」発より「内地」着） | 研究題目 | 戦後の主な所属、特記事項など |
|---|---|---|---|---|
| 川上泉 | 京大 | 37年7月－38年1月 | 珊瑚虫の無性生殖について | 九大理学部生物学教室、鹿児島大理学部生物学教室 |
| 島津久健 | 東北大 | 37年5月－38年4月 | 珊瑚虫の生殖及び発育 | 群馬県で小中学生向け英語教室主宰 |
| 村上子郎 | 九大 | 37年12月－38年6月 | 珊瑚礁に棲息する蛇尾類の分類並びに生態学的研究 | 西海区水産研究所 |
| 阿刀田研二 | 東北大 | 38年3月－42年1月 | 珊瑚の刺激と再生に関する研究 | 東北大教養部生物学教室、宮城学院大 |
| 和田清治 | 東大 | 38年4月－39年3月、39年12月－40年7月 | 水産上重要なる貝類の研究 | 鹿児島大水産学部 |
| 神田千代一 | 北大 | 38年10月－39年3月 | 熱帯産海藻の発生学的研究 | 函館水産専門学校 |
| 三宅貞祥 | 九大 | 39年3月－8月 | 珊瑚礁に棲息する甲殻類十脚類の生態及び分布 | 九大農学部動物学教室、九産大 |
| 加藤源治 | 東北大 | 39年4月－7月、39年7月－42年5月、42年9月－11月、42年12月－43年1月、43年5月－6月 | 温帯産淡水魚類の熱帯移植及びその生態上の影響 | 日本海区水産研究所、淡水養殖株式会社（専務取締役） |
| 時岡隆 | 京大 | 40年5月－41年10月 | プランクトン調査、ホヤ類の採集 | 京大瀬戸臨海実験所 |
| 榎波仁 | 東北大 | 40年7月－41年9月 | 色素細胞の変化に及ぼすホルモンの影響 | 群馬大医学部内分泌学研究所、東京家政大 |
| 和田連二 | 南洋真珠研究部長（現地委嘱） | 40年8月－41年1月、41年4月－10月 | 白蝶貝の研究 | 熱帯各地で真珠養殖の仕事に従事 |
| 大島正満 | 東京府立高校 | 41年3月－4月 | 鰹鮪類の産卵地調査 | |
| 尾形藤治 | 東京文理大 | 41年6月－9月 | 熱帯諸生物の寄生虫について | 農林省家畜衛生試験場 |
| 松井喜三 | 東京文理大 | 41年9月－42年1月 | 鰹鮪類の脳含水量について | 東京教育大理学部動物学教室 |
| 大平辰秋 | 南洋庁企画課（現地委嘱） | 42年4月－43年3月 | 岩山湾の地学調査 | 横須賀市博物館長（第2代） |
| 熊野正雄 | 東京文理大 | 42年10月－43年1月 | 軟珊瑚類の分類 | 金沢大理学部生物学教室 |

出典：加藤　1944および『岩山会会報』をもとに作成

## 図表4－1　パラオ熱帯生物研究所研究員の氏名・出張期間・研究題目など

| 氏名 | 所属 | 出張期間（「内地」発より「内地」着） | 研究題目 | 戦後の主な所属、特記事項など |
|---|---|---|---|---|
| 江口元起 | 東北大 | 34年5月－8月、35年3月－6月 | 基礎調査、珊瑚の分類 | 東北大教養部、工学部鉱山工業教室、東京家政大学 |
| 内海（弘）冨士夫 | 京大 | 34年6月－35年2月 | 基礎調査、造礁珊瑚と共棲する動物の研究、蔓脚類 | 京大瀬戸臨海実験所 |
| 阿部襄 | 東北大 | 34年6月－35年5月、35年7月－10月 | 岩山湾基礎調査、造礁珊瑚の場所による変異について、珊瑚摂食習性について | 山形大学農学部応用動物学教室 |
| 松谷善三 | 東北大 | 34年12月－35年5月 | 岩山湾海水の水理学的研究 | 古川高校など公立高校、私立高校教諭 |
| 林一正 | 京大 | 35年5月－11月 | 造礁珊瑚虫造骨組織内石灰分検出について、クサビライシ幼生発生殊に骨格形成の組織学的研究 | 滋賀大学芸学部（教育学部）生物学教室 |
| 元田茂 | 北大 | 35年6月－37年6月、38年9月－10月 | 珊瑚の生存環境、プランクトンの種類と消長、パラオ本島アルモノグイ湾海水の理化学的性質の調査 | 北大水産学部浮遊生物学教室、東海大学海洋学部 |
| 高橋定衛 | 台北師範学校 | 35年12月－36年2月 | 多毛環虫類の分類 | 現地で急性肺結核を発症、帰国後、死去 |
| 高橋敬三 | 東京文理大 | 36年3月－8月、40年12月－41年3月 | 珊瑚礁の造成破壊に及ぼす多毛環虫類の影響 | 東京家政大附属中高（教諭、校長）、東京家政大 |
| 林良二 | 北大 | 36年3月－8月 | 珊瑚礁におけるヒトデ類の生態及び分布 | 富山大理学部生物学教室 |
| 川口四郎 | 台北帝大 | 36年6月－10月、39年11月－40年4月 | 造礁珊瑚虫の色素及び生理 | 岡山大文理学部生物学教室、川崎医大 |
| 阿部宗昭 | 東大 | 36年10月－37年4月 | 熱帯魚類特にマフグ科及びヌメリゴチ科の採集並びに系統的研究 | 東海区水産研究所 |
| 山内年彦 | 京大 | 37年1月－7月、40年7月－9月 | 造礁珊瑚とナマコ類の生態学的関係 | 京都府教育委員会、花園大 |
| 羽根田弥太 | 慈恵医大 | 37年5月－7月、39年12月－40年2月、40年7月－8月、42年3月－7月 | 発光生物の研究 | 横須賀市博物館（館長） |

例えば、一九四〇年、イギリスの海洋生物学者であり、珊瑚礁の研究で名を知られたヨング（Yonge, C. M.）はNature誌にパラオ研を紹介する文章を寄せ、研究員たちの業績を幾つか紹介するとともに、「この新しい熱帯における研究所は創設以来よく指導されて、かくも輝かしい成功を収めつつある」と好意的な評価を与えている（Yonge 1940: 16-17）。

ただ、ここで見逃せないのは、一九三〇年代末以降、次第に応用研究の割合が増大していくことである。和田清治（「水産上重要なる貝類の研究」）、和田連二（「白蝶貝の研究」）などが典型だが、これは、時局にともなうパラオ研に対する社会的要請の変化を反映している。この問題については後述することにしよう。

次に、研究所の施設についてみておく。

最初の派遣研究員である江口、弘（内海）、阿部の時代はまだ研究所の施設がなく、彼らは、研究員の調査フィールドとなる岩山湾（後述）の測量と地図作成を進めつつ、南洋庁水産試験場の一室を借りて実験を始めることになった。彼らが作成した岩山湾の地図は後の研究員にも非常に役だったといわれる。

研究所の建物は一九三五年三月末に完成する。場所は、当時、夕陽ヶ丘と呼ばれた小高い丘の麓の海辺にあり、現地住民の暮らすアラバケツ集落のすぐ隣であった。四月一日の研究所開所当時の施設は、平屋建ての研究棟一棟に電動機室、倉庫および便所、珊瑚礁標本小屋、さらに実験用の海水タンク一基、天水をためるための清水タンク一基（後に三個増設）というものであった。

その後、研究所から岩山湾の浜まで続くマングローブ林に木製の歩道を設置、研究所構内における実験用淡水池五個の造成、畑井の東北帝大退官を記念した図書庫建設、標本陳列室（含写真暗室）建設、畑井所長の宿舎建設といった具合に、順次施設は充実していった。採集用船舶としては、当初、パパヤ（和船）、マンゴー（小型和船）の二艘だけだったが、その後、バナナ（和船）、リサーチ（二気筒八馬力）が新たに加えられた。

またパラオ研は、欧文誌 *Palao Tropical Biological Station Studies* および和文誌『科学南洋』の二つを発行しており、ここに同研究所のもつ「国際主義」的性格がよくみてとれる。前者は研究員による純粋な学術雑誌であり、全二巻計八冊（一九三七―一九四四年）が刊行され、世界各地の研究機関にも送られた。後者は欧文報告の抄録を載せるとともに、広く旅行記、研究員以外の南洋研究者の論文なども掲載する一般誌的性格をもち、全五巻計一四冊（一九三八―一九四三年）が刊行された[(9)]。

## 3　研究員たちの「南洋」経験

### 一路南へ

最初期の研究員だった阿部襄は、研究所滞在から数年後、パラオでの研究生活は「私の人生のうちでもきっと一番楽しい生活になることでせう」と回想している（阿部　一九四三：一頁）[(10)]。冒頭で挙げた元田茂とは対象的なこの語りは、パラオ研を「研究者のユートピア」と捉える荒俣宏の評価の根拠ともなりうるものである。それでは、実際に研究員は「南洋」でどのような生活を送っていたのだろうか。本節では、研究員の回想や第三者の観察にも依拠しながら、彼らの研究生活の実態を浮かび上がらせてみたい。

最初に注目したいのが、パラオ研の研究活動の前提となる現地との航路である。一九二二年に施政機関としてパラオのコロールに南洋庁が設置され、南洋群島各地にサイパン、ヤップ、パラオ、トラック、ポナペ、ヤルートの六つの支庁が置かれた。日本と南洋群島を結ぶ日本郵船の航路が開かれたのは一九一七年だが、委任統治下、日本国内と南洋群島を行き来する人間の数が急増するなかで、パラオ研開設時には、「内地」と南洋群島および離島間、さらに外国とを結ぶ航路が網の目のように張り巡らされるようになっていた[(11)]。参考までに、一九三七年段階での航路を表として挙げておく（図表4‐2）。

図表4－2　南洋群島および周辺地域への航路（1937年頃）

| | | |
|---|---|---|
| 内地群島間航路（日本郵船）：計9隻 | 西回り線 | 神戸、大阪、門司、横浜、サイパン、テニアン、ロタ、ヤップ、パラオ、アンガウル、メナード、ダバオ、タワオ間往復 |
| | 東回り線 | 神戸、大阪、門司、横浜、サイパン、トラック、ポナペ、クサイ、ヤルート間往復 |
| | サイパン線 | 神戸、大阪、門司、基隆、那覇、横浜、八丈島、サイパン、テニアン、ロタ間往復 |
| 群島内離島間航路（南洋汽船、南洋貿易） | マリアナ群島線（年19回） | |
| | ヤップ、パラオ離島線（年4回） | |
| | ポナペ離島線（年3回） | |
| | マーシャル群島線（年7回） | |
| 環礁内航路（運送組合、個人） | パラオ | コロール、パラオ本島、ペリリュー、アンガウル間（年300回） |
| | | コロール、ガルミスカン間（年250回） |
| | | コロール、ガルドック間（年220回） |
| | | コロール、アイライ間（年468回） |
| | トラック管内各島間 | 年198回 |
| | ポナペ | ポナペ島附属島間（年132回） |
| | ヤップ | コロニー、トロ、ゴフ間（年240回） |
| | サイパン―グアム間 | （年約10回） |
| | パラオ―ニューギニア、チモール間 | （年約10回） |
| 離島と他の外国植民地間 | オーストラリア植民地ラバウル、ケビアン、ニューギニア、サルモア、英領サマライ | |
| | 英領ギルバート島、ブタリタリ、タラウ | |
| | 仏領ニューカレドニア島ヌメア | |
| | トンガ王国トンガタブ島ヌクアルフア | |
| | 英領フィジー諸島スブア | |

出典：大宜味　2004より作成

研究員の多くは、横浜・神戸などの「内地」の港から日本郵船の船でパラオに向かったが、熱帯に行ったことがある者はほとんどいなかった。彼らは、南に向かうにつれて海が青くなっていく光景や、途中に立ち寄るサイパン、ヤップ島で見かけた現地人や日本人移民の様子、さらに最終目的地であるコロールに到着したときの感激を異口同音に語っている。また、研究員は、コロールと離島や他国の植民地を結ぶ航路でしばしば調査や旅行に出かけているが、これについては後述しよう。

## コロールと岩山湾

研究所が設置されたコロール島は、パラオ本島（バベルダオブ島）の南にある小さな属島（八㎢）であり、この狭い場所に、研究所の建物が完成した一九三五年当時、日本人三三二四人（内地人三三三一人、朝鮮人一一人、台湾人一人）、「島民」九八一人（チャモロ一三人、「カナカ」九六八人）、外国人一〇人が暮らしていた。[12]研究所開設以降も日本人移民の数は増加を続け、南洋庁による最後の統計データが残る一九三九年をみると、コロールの人口は日本人七七五四人（内地人七六三五人、朝鮮人一一八人、台湾人一人）、「島民」七三八人（チャモロ四人、「カナカ」七三四人）となっている（南洋庁編　一九九三）。現地住民の数が減少しているのに対し、朝鮮人・台湾人を含む日本人の数は二倍以上に増えており、現地住民の十倍以上に達していた。植民地とはいえ、研究所が置かれたコロールがいかに日本人社会であったかが分かるだろう。また、よく知られているように、南洋群島への日本人移民の多くは沖縄出身者であり、全体の約六割を占めていた。[13]

前述したように、コロールは南洋群島における行政の中心地であり、南洋庁、パラオ支庁、法院、郵便局、病院、水産試験場、産業試験場（三六年より熱帯産業研究所）、気象観測所などが置かれていた。また、小学校、公学校（現地住民のための学校）、女学校（四一年より）、カトリック教会、プロテスタント教会、本願寺寺院、南洋神社（四二年より）のほかに、各種商店はもちろんのこと、南貿デパート、南洋ホテルなどの宿

図表4-3　コロール市街

出典：南洋群島文化協会・南洋協会南洋群島支部　1938

泊施設、料亭や喫茶店も存在した。さらに研究所の建物が完成した三五年からは定期バスの運行が始まり、四〇年にパラオ放送局も開局するなど、「内地」の地方都市なみの近代都市であったといってよい（図表4-3）。

ただし、一九四〇年の上水道開通までコロールでは天水を利用していたこともあり、現地の衛生状態は必ずしもよくなかった[14]。南洋群島には、マラリアのような危険な伝染病こそなかったが、冒頭で挙げた元田に限らず、研究員の多くが腹痛や発熱などで長期間臥せる経験をしている[15]。

そして、彼らの調査フィールドの中心となったのが、岩山湾である。コロール島の南東に位置するこの湾は、現地在住日本人のあいだでは、従来、パラオ松島湾、あるいは周囲がほとんど岩石の崖によって囲まれていることから岩山と呼ばれていたが、所長である畑井が正式に岩山湾と命名し、以降この名前が使われるようになった（弘　一九三八：一三頁）[16]。

研究員は、採集用船舶を使い、研究所の裏手からマングローブ林を通って岩山湾に出て研究材料を採集し、それらを持ち帰って、実験を行っていた。研究所では、研究材料の採集のため、潜水の得意な沖縄出身者を雇っており、例えば川口四郎は、「山城、金城両君から沖縄式のモグリの伝授」を受けた日々を懐かしく回想している（川口　一九五五：九頁）。

## 緑の牢獄

研究員は、各自気ままに宿舎で起床、研究所に出かけ、それぞれの研究テーマに沿って野外での採集・観察や研究棟内における実験・観察などを行っていた。研究員は順次交代するため、最大八名、最も少ないときは一名だけということもあった。研究員は原則として現地に四ヶ月以上滞在することになっていたが、阿刀田研二は、畑井新喜司が東北帝大を退官する際、自分に代わって無期限でパラオに行ってくれと頼まれ、結局四年一〇ヶ月もの長きにわたって現地に留まることになった（阿刀田　一九八五：二七頁）。

そして、とりわけ初期の研究員が悩まされたのが宿舎の問題である。開設当所は南洋庁宿舎の空き部屋を借りることができたが、その後、コロール市街の古いあばら屋に引っ越すことになった（元田　一九八九：三二頁）。これは、コロールにおける日本人人口の増大に対して、現地の賃貸物件数が追いつかなかったためだが、こうした状況は、三六年、南洋貿易が研究所向かいに建設した住居三軒のうち二軒を宿舎として借り入れるまで続いた。

研究員は総じて仲よく過ごしたようであり、来島した畑井が「君たちが仲よくやってくれているのが嬉しい」と漏らしたこともあった（元田　一九七二：一八頁）。だが、研究所では常時同じメンバーで顔をつきあわせることになるため、息が詰まるような思いをすることもあった。熱帯性の気候のもと、短期間で成果を挙げなくてはならない焦りと同じ事の繰り返し、しかも研究成果が出るまでは「内地」に帰れない。そうした常夏の単調な島での日々を「緑の牢獄」と称した研究員もいたという（「会員消息」一九七二：二三頁）。

ここで、研究員のある意味で息苦しいようなパラオでの日々を示す二つの文章を挙げておく。これらからも、パラオ研での生活が「緑の牢獄」とも称されたゆえんがうかがえるだろう。

まずは元田の回想から。

> パラオの話になると、今でも明るい南海の空と海を讃え、屈託ない自由な生活を懐かしがる。しかし現実はそういう夢の様なことばかりではなかった。毎日灼熱の太陽に焼かれ、生暖かい風に頬をなでられ、気だるい日々を過ごしたことなどは忘れている。毎日毎日朝から晩まで同じ顔をつき合わせていなければならない共同生活は楽しいこともあったが、時には耐え難いものに思われた（元田　一九八九：三三頁）。

続いては、芥川賞作家・石川達三による南洋群島訪問記（「赤虫島日誌」）から。石川は、南洋真珠に弟がつとめていたこともあり、一九四一年六月に南洋群島を訪れたが、船中で偶然、パラオ研へと向かう「秋山さん」という研究員［尾形藤治のこと］と知り合い、それが縁で研究員たちと親しくなったのだった。

> 生物研究所も男世帯であった。所長は内地へ行った《ママ》留守で、饒舌家の佐藤君、多感な青年の江口君、気むずかし屋の阿部君、酒のみの浅田君などが、宿舎の各自の部屋に割拠していた。日に三度琉球人の女が食卓の世話に通って来た。夕食のテーブルは朝までそのままになって居り、蟻と鼠とに喰い荒された。彼等

はこういう生活に耐えて二年も三年も研究に没頭していた。［中略］研究が一通り完成するまでは内地へ帰りたくても帰れない。一種の刑務所である。望郷の心をそそるように飛行艇が週に一度ずつ飛んできて、郵便と新聞とが配達される。郵便の来た夜、彼等は各自の部屋に引きこもったきり出てこない。ひっそりとしてしまう。この静寂のなかに南洋住居の青年たちの荒い息使いが感じられるのであった（石川　一九七三：一四七―一四八頁）[17]。

## 酒と女・旅・土方久功

毎日の研究生活には息抜きがつきものであり、夜になると宿舎やバーでビールなどを飲むこともあったし、ときには行きつけの料亭などで酒宴も行われた。三〇年代末以降、事務員としてコロールにつとめる若い女性が増えていったこともあり、研究員のうち三名が現地で知り合った女性と結婚している（大平　一九七二：一三―一五頁）。そもそも南洋庁は、植民地統治の観点から現地人女性と肉体関係をもつことを歓迎せず[18]、むしろ水商売などに従事する日本人女性との関係を奨励していた。経済的余裕のない研究員は、総じていえば、そうした状況と一線を画そうとしていたが、彼らに興味を示す料亭の女性もいたという（堀　一九八〇：一九頁）。

そして、コロールにおける時に息の詰まるような日常から脱出する機会となったのが、他の島への旅行であった。例えば、四年以上パラオに滞在した阿刀田研二は、現地生活にも慣れ、先の「緑の牢獄」という評に対して、自分にとってパラオは「緑のパラダイス」だったとも回想している。だが、そうした阿刀田でさえ、「研究所生活で精神的に疲れ果てて」しまい、陸貝採集を名目に、トラック島へと「コロールを脱出」したこともあったのである（阿刀田　一九七七：一〇頁）。

実際、研究員は、コロールを拠点に、採集を兼ねて、実に多くの旅行に出かけている。近傍ではバベルダ

図表4－4　ヤップ旅行（1937年）時の記念写真

注：左端が羽根田弥太研究員、その隣は土方久功。
出典：羽根田弥太氏ご遺族提供

オブ島の北に位置するカヤンゲル環礁が彼らのお気に入りであり、多くの者がカヤンゲル環礁への短い旅について書き残している。ときにはヤップやトラック、マーシャルなど別の離島へ出かけることもあり、彼らの旅行記は、『科学南洋』以外の雑誌にも発表された（羽根田 一九三九：元田 一九三九）（図表4－4）[19]。

それでは、研究員は、コロールに暮らす他の日本人とどのようなつきあいをしていたのだろうか。研究所とコロールの日本人社会との関係はおおむね良好であり、水産試験場や研究所が隣接する南洋真珠、御木本真珠の関係者などから多大な協力を得ていた。ただし、生物学を志す学徒たちは、「地位と俸給が最大の関心事」（元田 一九八〇：二四頁）である南洋庁の官吏のことが少々苦手だったようである。そうしたなかで、コロールに暮らす数少ない知識人同士として、とりわけ三九年から四二年の期間に派遣された研究員が親しくつき合っていたのが、彫刻家・画家・民族誌家として知られる土方久功である。

陸軍大佐・土方久路の次男として生まれた土方は、東京美術学校（現東京芸術大学）彫塑科を卒業した。その後、南の島や「土人」への漠然とした憧れから、二九年、パラオ・コロール島に渡り、公学校で現地の子供たちに木工を教える仕事をしながら、パラオ各地の集落で神話や伝説の聞き書きなどを開始する。だが、土方は、「文明」と隔絶された離島での生活を夢みて、一九三一年からヤップ諸島最東端の離島であるサタワル（サテワヌ）島へ移住した。およそ七年間、当時二八〇名ほどだった「島民」のあいだで暮らしながら、彼が記した詳細な調査記録は学会誌や著作に発表され、数少ない南洋群島の民族誌の専門家として知られるようになる。

一九三九年八月、サタワル島からコロールに戻った土方は、今度は南洋庁地方課に勤務しながら、「島民」の風俗習慣や考古学の調査を仕事として行うようになった。だが、土方は、サタワル島で暮らす間にすっかり都市化が進んでいたコロールに失望しており、パラオ研の研究員以上に、南洋庁の役人に馴染めなかったといってよい。そうした土方とパラオ研の若者たちが親しくなるのはなかば必然であった。

ここで、土方と研究員の交流を示す文章を一つ挙げておこう。一九四〇年一〇月二八日の「土方久功日記[20]」に書き写されている、土方が知人に宛てた手紙の一節である。

ダケド僕ハコッチニ居テモ、役所ノ連中トハドコカピントガ合ハナイモノガアッテ、トオリイッペンヨリ深ク話スコトナドナイノニ、熱帯生物研究場《ママ》ニ来テ居ル若イ学者達トハ、皆親シクシテ居マス。光ルキノコト光ル魚ニツイテ、発光生物ノ研究ヲシテ居ル人ガアル［羽根田弥太］、珊瑚虫ノ色素ヲ研究シテ居ル人ガ居ル［川口四郎か］。蝶貝ノ卵ノウエッケヲヤッテイル人ガ居ル［和田連二］。小サナ蟹ヲ沢山アツメテ、目玉ヲチョンギッテ、視覚ガ色ニ及ボス影響ヲ見テ居ル人ガ居ル［榎波仁］。所長サンハ海ノミミズヲ研究シタ博士デス［畑井新喜司］（須藤・清水編　二〇一四：二五四頁）。

実際、土方がコロールに戻った一九三九年から、コロールを去り帰国する四二年三月までの「日記」をみると、彼がパラオ研の研究員としょっちゅう行動をともにしていた様子がうかがえる。しかも、研究員は、土方を通じて、四〇年一月から三月にかけてコロールを訪れた画家・赤松俊子（俊、丸木位里・俊による原爆の絵で知られる）や、宿痾の結核療養をかねて、南洋庁教科書編纂掛としてコロールに滞在していた作家・中島敦らとも交流をもつことになった(21)。

中島敦もパラオ研の研究員に強い印象を受けたようであり、彼は妻に宛てた手紙のなかで、次のように記している（一九四二年一月九日）。

土方さんの所へ集まってくるのは、みんなカワッタ人ばかり。熱帯生物研究所の人で、鰹の脳の中の水分について、研究して居る人［松井喜三］や、目高の心臓の研究をしている学者［加藤源治］などがやって来る。中々面白いよ（中島　二〇〇一：一四五頁）。

そして、土方との交流はただ息抜きとはいえない面もあり、現地住民について該博な知識を有する土方が研究員に影響を与えたことも注目される。例えば、土方久功と特に親しかった和田清治は、土方から直々に民族学、人類学の手ほどきを受けており（羽根田　一九五五：三頁）、和田は、現地語による動物名の調査も実施している。こうした研究などは土方の協力無しには不可能だったろう（和田　一九四二）(22)。

## 「島民」とともに

それでは、研究員の現地住民（「島民」）との関係はどのようなものだったのだろうか。先に述べたように、コロール島に居住する現地住民は少なかったが、研究所では、数名パラオ人（「カナカ」）を雇用していた。

また、先に植民地統治の観点から、現地女性との肉体関係は歓迎されなかったと述べたが、研究員のなかには現地の首長の娘と恋仲になり、官舎に連れ込んだりした者もあった（堀　一九八〇：一八頁）[23]。これを知った畑井は激怒し、結局、彼はパラオ研での仕事を発表できず、最終的に研究者への道を断念することになった。

さらに、これも前述したが、研究所の隣にはアラバケツという現地住民の集落があり、パラオ人の少年や娘と仲よくなることも多かった。研究所開設から閉鎖までの約十年のあいだには、多くの少年や娘が研究所に出入りしていたが、例えば阿部襄や林一正は、アンドレスという当時六歳の少年やジロウという青年、デリランという娘などと親しく、さらに時岡隆と榎波仁は、よく採集にヘスースという少年を連れて行ったという[24]。

また、冒頭の引用にも出てくるが、元田は、チャモロ数家族が暮らすババルダオブ島のガツメル部落が気に入り、コロールから一日がかりで遊びに行って、数日滞在するのが常だった。一度チャモロの一家が研究所を訪問したこともあったが、南洋貿易の支店長は元田がチャモロの娘と結婚するのではないかと心配していたという（元田　一九八〇：二四頁）[25]。

ただし、ここで注意しなければならないのは、こうしたパラオ人との交流は、現地の公学校における日本語教育が前提だったということである。一九六八年、川口四郎らとコロールを再訪した後、元田茂は「折角パラオに住みながら私たちは何故もっと島民の友人にならなかったのだろう。私たちは真面目にパラオ語を勉強しようとする気を全々起こさなかった」と述べている（元田　一九六八：六頁）。

## 4　パラオから遠く離れて

### 「南進」と研究所

明治以降の日本の海外への領土的関心には、大きく分けて、朝鮮半島を経て中国本土、満洲方面に向かう北進論と、台湾、南洋群島を経て東南アジアへと向かう南進論の二つの系譜が存在し、前者の思想を陸軍、後者を海軍が代表していたといわれる。だが、現実には日本の海外における領土的拡大は、陸軍主導による前者が圧倒的に主流を占め、南進論は基本的には貿易や経済開発を中心とするものであった（矢野　一九七五）。南洋群島は「海の生命線」とも呼ばれ、日本の太平洋戦略上の要と目されていたが、委任統治領である以上、大っぴらに軍事基地化を進めることもできなかった。第一次世界大戦後の「国際主義」のもと、パラオ熱帯生物研究所の研究員が国策とは直結しない熱帯生物の研究に邁進できたのも、こうした状況と無関係ではない。

「南」の問題が日本の国策構想のなかに正式に登場するのは、一九三六年の「帝国外交方針」（七月三〇日）と「国策の基準」（八月七日）が最初だが、南進論の国策化が決定的な局面を迎えるのは、四〇年、第二次近衛内閣成立直後の「基本国策要綱」（七月二六日）および「世界情勢ノ推移ニ伴フ時局処理要綱」（七月二七日）においてである。これ以降、日本の国策の正統路線は南進（もしくは「南北併進」）へと完全に転換するとともに、「基本国策要綱」のなかで「大東亜の新秩序」という言葉が登場し、さらに、直後の記者会見で当時の松岡洋右外相が初めて「大東亜共栄圏」という表現を用いることになる。

このように、南洋群島を含む「南」をめぐる政治状況が急速に変化するなか、三〇年代末になると、南洋庁やコロールに拠点をもつ企業関係者のパラオ研に対する期待も高まっていく。実際、一九三八年以降、学

図表4－5　パラオ熱帯生物研究所経費

| 年度 | 経費 | そのうちの主な寄付金 |
|---|---|---|
| 1934 | — | |
| 1935 | 20,816円 | |
| 1936 | 8,000 | |
| 1937 | 8,900 | |
| 1938 | 12,200 | 3,500（南洋庁）、1,962（畑井教授退職記念会） |
| 1939 | 16,962 | 8,000（南洋庁） |
| 1940 | 22,500 | 8,000（南洋庁） |
| 1941 | 27,600 | 8,000（南洋庁） |
| 1942 | 27,930 | 8,000（南洋庁）、5,737（パラオ熱帯生物研究所後援会） |

出典；日本学術振興会学術部　1941および日本学術振興会　1942より作成

振による予算のほかに、毎年、南洋庁をはじめとする外部からの寄付、援助も行われるようになった（図表4－5）。

第2節で述べたように、パラオ研では三〇年代末以降、応用研究が増大していくが、これが、南洋庁をはじめとする外部からの委託研究によるものであることはいうまでもない[26]。

こうしたなか、一九三九年には、当時の南洋庁内務部長・堂本貞一は、パラオ研を母体に、将来は「熱帯大学」にまで発展させ、「熱帯科学研究の一大殿堂」を打ち立てたいとまで述べている（堂本　一九三九：七頁）。もとより、台湾総督府や朝鮮総督府よりはるかに予算規模が小さい南洋庁にあって、「熱帯大学」の設立など単なる夢想にすぎなかった。だが、こうした発言をも追い風にして、（元）研究員も、求められるまま、パラオ研の社会的意義を外部に対して積極的に発言するようになっていた。ここでは、一九四〇年に科学雑誌に発表されたパラオ研を紹介する文章を二つ挙げておく。

かくてパラオ熱帯生物研究所は今や我国南方科学陣の最尖端に立ち、熱帯の酷熱を制しつつ奮闘しているのである。この状態にして幸い躍進の一路のみを追はんか必ずや近き将来に於いて日本の熱帯動物学は世界其学の指導的位置に上がるや自明であり、国力南進の平和的進出の一方における先駆者の責を果すものと信ずるのである（加藤　一九四〇：三七頁）。

欧州戦局の進展に伴って南方への関心重大の折から、将来この研究所を中心に更に南へと、研究範囲を拡大されるであらうことは想像に難くない（羽根田　一九四〇：八八頁）。

先にみたように、コロールは東南アジア各地へと向かうための航路の要であったが（図表4-2）、一九三〇年代末には、南洋群島を拠点に他の南洋地域への資源開発が進められ（松島　二〇〇七）、文字通り「南進拠点としての南洋群島」（平野　一九四二）とも目されるようになっていた。こうした南進論の高まりのなかで、研究員も「科学南進」を対外的にアピールするようになっていたのである。

だが、間もなく、こうしたパラオ研の将来への期待が全て吹き飛ぶ事態が勃発する。いうまでもなく、一九四一年一二月八日の太平洋戦争開戦である。

## 研究所の閉鎖と海軍マカッサル研究所

コロールに暮らす研究員も戦争の足音が近づきつつあることに気づかなかったわけではない。四〇年二月二九日から三日間灯火管制も行われていたし（「パラオ熱帯生物研究所の現在」一九四〇：一二頁）、四一年になると、「内地」と結ぶ船舶もめっきり少なくなっていた（加藤　一九四一：二八頁）。

そして、ここで注目されるのが、太平洋戦争開戦前夜のコロールの状況である。四一年一二月七日、パラオ放送局から「パラオ研究所見学」というラジオ放送が行われ、当時、研究所に滞在していた加藤源治、阿刀田研二、松井喜三が出演することになった。加藤源治はそのときのことを次のように回想している。

この放送が終ってから、放送局の招待で金寿司にゆきビールを飲み、寿司を食べて九時過ぎに外に出てみたら、コロールの町は陸海軍の兵隊さんで一杯であったし、旅館はもちろんのこと飲食店という飲食店はどこも満員であった。私は阿刀田、松井両氏とともにアラバケツの宿舎へ帰る途上で私たちの得た結論としては「戦争が始るな」という不安な実感であった。／その翌日の一二月八日、朝のラジオで太平洋戦争に突入したことを知った。この日からパラオの町では官報以外の内地向け電報は一切停止、食料品や薬品の販売も禁止された（加藤　一九七二：九—一〇頁）。

ただし、コロールでは、開戦後もパラオ研に対する現地関係者の支援は続いていた。緒方海軍武官、堂本内務部長が発起人となってコロールの有力者を説得し、「パラオ熱帯生物研究所拡張案」を計画（「畑井所長パラオ在住官民諸賢の発起により官舎寄贈さる」　一九四二：三五頁）。その第一期工事として、コロール有志三二名の拠金一一二五〇円による畑井所長官舎（四五坪）が四二年四月には完成する。(27)だが、太平洋戦争開戦は、研究所の先行きに確実に不透明さをもたらしていた。実際、「内地」とコロール間の行き来も困難になっていく。日本出発直前に開戦となり、周りの反対を押し切って出発した畑井が関係者を心配させるということもあったし（「研究所雑報」一九四二：一六〇頁）、四二年一月に帰国した松井喜三が乗船した船は、（敵艦からの攻撃を避けるため）ジグザグコースを通ったため、通常の倍以上の日数がかかったという（松井　一九七七：五頁）。

こうした状況下、一九四二年五月、畑井所長と研究員の間で研究所の南方進出の計画が立てられ、研究員の羽根田が「研究所南進交渉」のため、当時、海軍司令部が置かれていたインドネシアのアンボン島（旧オランダ領）へ出張したが（五月—七月）、実現にはいたらなかった（元田　一九八九：三六頁：「パラオ熱帯生物

研究所年表」一九七二：三一頁）[28]。

一方、その頃、日本国内では「大東亜共栄圏」の成立にともなう空前の南方ブームが起こっていた（矢野一九七九）。だが、東南アジア地域への戦線拡大と「大東亜共栄圏」の成立は、南洋群島が「南方」の一部へと格下げされたことをも意味していた。対米戦争の戦略上、南洋群島の軍事的価値は高まり、各地で軍事基地の建設が急速に進められたことは確かである。しかし、「外南洋」と呼ばれた東南アジア地域へと国内の関心は向かい、結果的に南洋群島は「第二線に後退」（「研究所雑報」一九四三：八九頁）させられることともなった。先の研究所の南方進出計画もそうした焦りの現れだといってよい。

そして、研究員や南洋庁関係者の期待もむなしく、結局、一九四三年三月末でパラオ熱帯生物研究所の閉鎖が決定され、『科学南洋』も突然の終刊となった。学振内部でどういう議論があったのかは不明だが、その年報には、ただ「同研究所ハ使命ヲ達成シタノデ昭和一八年度ヨリ事実上研究ハ行ハズ、建物ハ南洋庁ニ又内部研究設備ハ海軍省ニ寄付スルコトニナツタ」とのみ記されている（日本学術振興会編　一九四三：四〇頁）。

学振の報告にもあるように、パラオ研の研究設備（研究器具や図書類）はセレベス（現スラウェシ）島のマカッサルに設置される海軍マカッサル研究所に移され、さらに一名の研究員（加藤源治）がマカッサル研究所勤務となった（マカッサル研究所については後述）。

船でコロールからマカッサルへの荷物の送り出しを済ませ、加藤源治は六月一二日、コロールを離れて帰国、ここにパラオ熱帯生物研究所は完全にその姿を消したのである。

ところで、ここで付言しておきたいのは、太平洋戦争開戦後もパラオ研では、欧文誌が刊行されたということである。時期ははっきりしないが、学振の理事のひとりが「報告は欧文でなく日本文で出せ、日本語で世界を圧すべきだ」と主張し、激論になったが、理事の長岡半太郎（物理学者）が理事会にかけて、従来どおり、欧文と決まるということもあったという（「昭和二八年一一月三日戦後第二回岩山会記録」一九五四：五頁）。結局、開戦後も *Palao Tropical Biological Station Studies* は二冊刊行され、一九四四年五月発行の第八号で終刊となったが、ここには、かろうじて最後まで残っていたパラオ研における「国際主義」の残滓をみてとることができる。

## 「転進」する研究員たち

それでは、太平洋戦争が勃発し、研究所が閉鎖された後、研究所関係者はどのような活動をしていたのだろうか。

若手が中心だったパラオ研の元研究員のなかには、日中戦争時から徴兵されて大陸へ行った者も多い。だが、ここで注目したいのは、研究所閉鎖後、研究所での経験を買われて、一定数の者が東南アジア方面に動員されたということである。そこで、ここでは、研究所の資材を引き継ぐマカッサル研究所の研究員となった加藤源治、陸軍司政長官としてマニラに赴任した元所長・畑井新喜司、さらに陸軍司政官としてシンガポールに渡った羽根田弥太の戦時中の活動について検討しておくことにしよう。

まず、加藤源治は、パラオ研時代、内地から研究所に移送したメダカの交配を繰り返しつつ、熱帯への適応および各種生態の研究を続けた魚類学者であった（図表４‐１）。加藤は、先に述べたとおり、研究所閉鎖の後片付けをした後、海軍嘱託として、一九四三年七月七日に設立された海軍マカッサル研究所（環境科学部）の研究員となった。

マカッサル研究所は、環境科学部、熱帯衛生部、農林水産部、地質鉱物部、慣行調査部の五つの研究部門から構成され、当所、所長には畑井新喜司が就任する予定だった。だが、後述する理由で畑井の就任が不可能となったため、薗部一郎（元東京帝大農学部教授）が就任した[29]。

加藤の回想によれば、彼は四三年八月、マカッサルに赴任した。年末までに他の研究員も徐々に到着し、次第に研究活動も本格化したが、それと前後して敵機の来襲も増えていったという。四四年初めには女性職員の「内地」への引き揚げが開始され、加藤も中部セレベスのランテパオ（トラジャ地方）へ移動し、食用ゴイの殖産事業を進めた。

その後、四五年一月、アンボンの海軍司令部からコイの養殖の指導依頼があり、加藤は、コイを持参して駆潜艇でマカッサル港を出発する。出航直後に魚雷攻撃を受けたり、アンボン到着直前に空襲に襲われたりもしたが、無事到着。司令部近くの一軒の家をもらい、「養殖班」の看板を掲げて、飼育池二面を造り、コイの飼育を続けた。当時既にアンボンの市街は爆撃で完全に瓦礫となっていたので、頭上に敵機の編隊が来ても怖いとは思わなかったという。六ヶ月後ほど経った頃には見違えるほどまでコイは成長したが、そのまま八月一五日の敗戦を迎えた。結局、四六年六月初めに復員船（アメリカ海軍の揚陸艦ＬＳＴ）に乗って帰国の途についた（加藤　一九八〇、一九八一、一九八五）。

一方、畑井新喜司は、元研究員である高橋敬三とともにフィリピン（マニラ）に行くことになった。先に述べたとおり、畑井は当初、マカッサル研究所所長に就任することになっており、海軍省の委嘱を受けて四二年一〇月、約一ヶ月にわたりマカッサルに出張、市内海岸にあるロッテルダム要塞（オランダ統治時代の建物）を候補地として海軍省に報告したらしい。だが、加藤によれば、マカッサルに向かう途中、マニラに立ち寄ったところ、急きょ陸軍からフィリピン科学局の司政長官へと推薦されたのだという（加藤　一九七二）。また、羽根田によると、前述した「研究所南進交渉」の結果をパラオで畑井にし、畑井も次便でアンボンに向かうつもりだったが、急きょ畑井を司政長官へと推薦する電報が文部省から来たのだともいう（羽根田　一九七六）。

残念ながら、陸軍司政長官時代における畑井の活動の詳細は定かではない。だが、高橋敬三の回想によれば、四二年一二月に飛行機でマニラ入りした畑井は、軍政開始後、新たに設立されたフィリピン行政委員会（比島行政府）長官であったホルヘ・バルガス（Vargas, J.）やフィリピン科学局の関係者と折衝を行い、翌年三月までにはフィリピン科学局の再建に目処をつけたようである（高橋　一九六三）[30]。

その後、畑井は科学局の運営に携わりつつ、毎週フィリピン人研究員を集めてセミナーを実施したりしていたが、四四年九月以降、米軍によるマニラ空襲が激しくなっていく。一〇月には米軍がレイテ島に上陸し、一二月四日、マニラの軍司令部はバキオに退避することになったため、畑井はマニラを離れ、日本に帰国したのだという。米軍が侵攻し、マニラが凄惨な市街戦の戦場となったのは、その後のことである。

さらに、パラオ研で発光生物の研究を行っていた羽根田弥太は、しばしばパラオを調査で訪れていた昆虫学者・江崎悌三（九州帝大教授）の推薦により、四二年末から日本占領下のシンガポール（旧英領マラヤ、当時、昭南市）に陸軍司政官として赴任し、昭南博物館（旧ラッフルズ博物館）館長をつとめることになった（羽根田　一九八二）。

日本占領以前、シンガポール植物園副園長をつとめていたE・J・コーナー（植物学者、後にケンブリッジ大学教授）と占領直後にシンガポールにやってきた地理・地質学者・田中館秀三（東北帝大講師）、さらには軍政顧問であった徳川義親と羽根田、植物学者・郡場寛（陸軍司政長官、元京都帝大植物学教授）といった日英の科学者が敵味方の関係を越えて協力しながら、植物園や博物館の資料の散逸を防いだエピソードはよく知られている（コーナー　一九八二）。

一方、この間、羽根田は、陸軍防疫給水部（南方軍防疫給水部岡九四二〇部隊）の細菌研究室兼務となり、発光細菌の培養の研究（夜間行軍用）を命じられる体験をしている。羽根田によれば、週に一回はエドワード七世医科大学を接収した防疫給水部の研究室で研究をするよう命令を受けたのだという。羽根田は次のように回想している。

昭和二〇年六月昭南に帰りついて後、発光細菌アンプール封入保存法を防疫給水部隊長（葉山少将）に報告したところ、一夜二〇〇名の兵隊を使って発光実験をすることになり、前もって封入アンプールを兵隊に渡しおき、夜間演習の時より一五時間前にアンプールを破り、空気を入れるだけで光るか否かを試みたところ、ブキテマの暗黒の森で蛍が押しよせるような壮観で、演習は大成功、防疫給水部隊の手で二五万個の封入アンプールを作り、目下、実戦中のニューギニア、ビルマ、フィリッピンなどに送るため箱づめにされていた。昭和二〇年六月末のことであった。しかしそれから一ヶ月半、八月一五日に日本が降伏し、ついにこれらの発光アンプールは実戦には使われないままであった（羽根田　一九八五：一九―二〇頁）。

コーナーによれば、八月一五日の朝、羽根田は船をチャーターして旅行に出かけ、二〇日になってはじめて終戦を知ったという。その後、羽根田はシンガポールに戻り、植物園や博物館をイギリス人たちに引き継ぎ、一九四六年二月に復員することになった。

ところで、研究員が去ったパラオはどういう状況だったのだろうか。一九四四年に入ると、二月のマーシャル諸島攻略を皮切りに、南洋群島に対する連合軍の攻撃も本格化していく。ついに三月三〇日のパラオ大空襲によりコロールの町も二日間にわたり炎上し、コロール在住の日本人や現地住民もバベルダオブ島へ逃げ、食糧難など大きな苦しみを経験することになった（澤路　一九九七）。結局、コロールに連合軍が上陸することはなかったが[31]、四四年一一月以降、サイパンのテニアン島を飛び立ったB―二九による日本全土での空襲、さらに広島、長崎に原爆投下が行われ、八月一五日のポツダム宣言受諾へとつながっていくことになる。

太平洋戦争中、内外に散らばっていたパラオ研の元研究員の間からは、奇跡的にも戦死者は出ていない。

一方、かつて阿部襄と親しく、パラオ研によく遊びに来ていた少年アンドレスは、戦時中、友人とリーフに出て魚を捕っていたところ、米軍機の機銃掃射を受け亡くなったのだという（阿部　一九七七）。

## 5　パラオ熱帯生物研究所の遺産とアメリカ

### 研究所とアメリカの太平洋戦略

前節でみたように、パラオ熱帯生物研究所は太平洋戦争中の一九四三年に閉鎖され、その資材を受け継いだ海軍マカッサル研究所も、日本敗戦により活動を停止する。また、元研究員も、国内で研究を続けられた者、徴兵され前線へ送られた者、さらに東南アジアの占領地で軍政に関わった者まで、戦争中の生き方は多様だが、その多くが四五年八月の敗戦にともない再出発を余儀なくされた。

それでは、十年弱にわたるパラオ研における研究は戦後社会にどのように伝えられたのだろうか。

ここで注目したいのが、アメリカの著名な文化人類学者ジョージ・マードック（Murdock, G. P.）とそのグループが作成した『民事ハンドブック（Civil Affairs Handbook）』のシリーズである。大戦前の一九三七年から、イェール大学の人間関係研究所では、マードックが中心となって、世界中の民族誌的情報をデータベース化する「通文化サーベイ」というプロジェクトを実施していた。そして、太平洋開戦後、マードックらは、コロンビア大学の海軍学校に異動し、通文化サーベイを利用した『民事ハンドブック』の編集に携わることになる。これらは、太平洋戦線に赴任する司政官の参考用に作成された占領予定地の地誌要覧であり、日本では、琉球列島のハンドブックが特によく知られている（泉水　二〇一二）[32]。

マードック指揮のもと作成された『民事ハンドブック』は計九冊（南洋群島、千島、伊豆・小笠原、琉球）にのぼるが、ここで見逃せないのが、パラオ研が置かれていたパラオ（西カロリン諸島）の巻に、参考文献

図表4-6 『民事ハンドブック（西カロリン）』文献表に掲載された欧文誌所収論文

| 著者 | 論文名 | そこに付されたコメント |
|---|---|---|
| 阿部襄ほか | Preliminary Survey of the Coral Reef of Iwayama Bay, Palao | コロールとオロブシャカル島に囲まれた岩山湾の短い地理学・地質学的記述、岩山湾の優れた地図付き |
| 畑井新喜司 | The Palao Tropical Biological Station | パラオ・コロール島の熱帯産業研究所で行われた研究の短い報告 |
| 弘冨士夫 | Cirripeds of the Palao Islands | パラオの珊瑚礁の海域生物相についての専門的論文、地名についての価値ある情報を含む |
| 弘冨士夫 | On the Barnacle Communities at the Madaral Pier in Koror Island, Palao | パラオ・コロール島のマダライ埠頭についての短い記述を含む |
| 高橋敬三 | On some Castings of Sand in Koror Island of the Palao Group | パラオ・コロール島の熱帯生物産業研究所正面にあるマングローブ湿原の情報を含む |
| 山内年彦 | Ecological and Physiological Studies on the Holothurians in the Coral Reef of Palao Islands | 海洋動物学の情報 |

出典：Office of the Chief of Operations　1944より作成

として、パラオ研の欧文誌に掲載された論文（全て第一巻）が複数含まれていることである（図表4-6）。

論文名だけだと、とりとめなく集められたようにもみえるが、各論文に付されたコメントをみると、基本的にそこに含まれる現地の地理的情報の有用性からこれらの論文が選ばれていることが分かる[33]。先に述べたように、パラオ研の欧文誌はもともと海外の学術機関にも送られていた。研究員は自分の論文がこういう利用をされるとは思いもしなかっただろうが、それらは日本敗戦後、現地を占領する際の参考資料として米軍に用いられていたのである。

そして、パラオ研の遺産を積極的に用いようとするアメリカ側の姿勢は、一九四五年以降むしろ強まったとみてよい。敗戦後、研究所を所轄する学振は、GHQからパラオ研の雑誌の提出を求められたが、手元に無かったため、小委員会の委員長だった柴田桂太に依頼して提出した。だが、その後も科学局・資源局からひっきりなしに問い合わせがあったという（「昭和二八年一一月三日戦後第二回岩山会記録」一九五四）。元研究員にも、パラオ研時代の報告についてGHQからの問い合わせを受けた者は多く、しかも、畑井によれば、戦後、アメリカによって和文誌（『科学南洋』）も全て英訳され、その結果、世界中の各研究所から問い合わせが来たのだという（「畑井・新谷先生をかこんでの座談会」一九五五）。

ここで注意すべきは、こうした研究所の遺産の利用が戦後アメリカの太平洋戦略と密接にかかわるものだったということである。戦後、海軍を除隊したマードックは、四六年六月、太平洋学術大会（Pacific Science Conference）という大規模な会議を開催する。そこにおいて、日本統治の三十年間、欧米の研究者にとってほぼ空白だったミクロネシア地域に関する調査と安全保障上の要請を調整する機関として、太平洋学術部会（Pacific Science Board）の設置が決定されることになった（泉水　二〇一二）。

太平洋学術部会では、四七年以降、海軍の資金援助のもと、ミクロネシア人類学共同調査（Coordinated Investigation of Micronesian Anthropology, ＣＩＭＡ）、太平洋無脊椎動物顧問委員会（Invertebrate Consultants Committee for the Pacific, ＩＣＣＰ）、ミクロネシア学術調査（Scientific Investigations of Micronesia, ＳＩＭ）といった大規模な共同調査を実施する（泉水　二〇〇八）。残念ながら、これらの共同調査において、パラオ研の研究が具体的にどのように利用されたのか、その詳細は確かめられていない。だが、例えばＩＣＣＰの事業の一環としてコロールに派遣され（Pemberton　1954）、信託統治領昆虫研究所の責任者をつとめたロバート・Ｐ・オーエン（Owen, R. P.）によれば、パラオ熱帯生物研究所の報告は彼自身のみならず、アメリカからやってくる訪問科学者や信託統治領海洋資源部にとって非常に有用だったという（オーエン　一九七二）。

### カヤンゲル環礁と核実験

そして、パラオ研元研究員とＧＨＱの関係で注目されるのが、元研究員の阿部襄による次のような回想である。

また、南洋のカヤンガル環礁に行ったときの、かんたんな記録を、G・H・Q（第二次世界大戦後、東京におかれた連合軍司令部のことです）に出すようにいわれたことがあります。この文章を、武田久吉先生[34]（当時G・H・Qの天然資源局農林部の顧問をしておられた理学博士）が、英訳してくださいましたが、その後、クエゼリン環礁で、水爆の実験が行われました。おそらく、実験の、なにかの参考にさせられたらしいのです（阿部 一九六六：二頁）。

実のところ、この阿部襄の推測が正しいという保証はないし、彼がGHQに報告を出した時期も定かではない。しかもまた、彼の事実認識も厳密にいえば正確ではない。だが、もし阿部の報告が核実験の参考資料の一部として使われたとすれば、かつて研究員がよく遊びに行ったカヤンゲル環礁についての報告が戦後アメリカの核戦略の一部を担ったことになる。そこで少々煩雑だが、この間のマーシャル群島における核実験の歴史的展開を整理しつつ、阿部の報告がアメリカの核実験の参考資料として使用された可能性について検討しておこう[35]。

まず注意しなければならないのは、マーシャル群島で核実験が実施されたのは、ビキニ環礁とエニウェトク環礁であって、クエゼリン（クワジェリン）環礁ではない[36]。だが、日本敗戦後、マーシャル群島で行われた核実験で後背基地として使用されたのがクワジェリン環礁なので、これについては阿部の混同とみてよいだろう。

その上で、阿部襄が抑留先の吉林（満洲）から帰国した――阿部は、パラオ研研究員終了後、吉林の師道高校（四二年から師道大学）教授として満洲に赴任していた――一九四六年八月段階で既にビキニ環礁の核実験場は決定しており（四六年一月に正式決定）、それと無関係であることは明らかだが、エニウェトクの核実験場の正式発表が四七年一一月なので、エニウェトクの核実験場選定の資料の一部として活用された可能性はある。

また、日本でよく知られているのは、五四年三月にビキニで実施され、第五福竜丸が被爆したブラボー実験だが[37]、史上初の水爆実験はこれより先、五二年一一月、エニウェトク環礁で行われたアイビー作戦である。したがって、阿部の報告書が核実験場選定または水爆実験に向けての参考資料として用いられた第一の可能性はエニウェトク環礁だということになるだろう[38]。

だが、ここで見逃せないのが、エニウェトクにおける核実験開始以降、パラオを含むカロリン諸島などで核実験を実施することも検討されたという事実である。これは実現しなかったものの、阿部の報告もまた、そのための資料収集の一環だった可能性も捨てきれない。さらにまた、ビキニ、エニウェトクでは、周辺地域住民の他地域への集団移住なども実施されたので、移住先の島（環礁）の住環境調査の参考とされた可能性もあるだろう。

## 6　おわりに――追憶のパラオ熱帯生物研究所

本章では、パラオ熱帯生物研究所研究員の活動について、研究所誕生の経緯や活動内容全般を検討した上で（第2節）、パラオでの研究生活（第3節）と太平洋戦争期の活動（第4節）、さらには敗戦後への遺産（第5節）と、ここまで時系列に沿って分析を加えてきた。「南洋」の地で研究員は、さまざまな思いを胸に研究を行ったが、やがて彼らは戦時体制に飲み込まれていく。そして、研究所で積み重ねられた業績は、戦後アメリカの太平洋戦略のなかで利用されたのであった。

本章でも述べたように、戦前日本の珊瑚礁研究は、世界をリードする存在であった。しかし、日本敗戦後、長年にわたり、日本の珊瑚礁研究は低迷したといわれる[39]。とりわけミクロネシアや沖縄という南方のフィールドが失われた影響は大きく、パラオ研の元研究員の多くも珊瑚礁や熱帯生物の研究から離れることになった。

だが、研究所が永遠に失われ、戦後、「今後は発展のない会」（弘（内海））である岩山会に集まった元研究員のパラオ時代への思いは逆に大きかったといってよい。会員の高齢化にともない、徐々に会員数は減っていったものの、同窓会の会合は一九八七年まで計二九回を数えた[40]。

そして、本章で用いた『岩山会会報』は、パラオ熱帯生物研究所の歴史に関する貴重な記録であるのみならず、研究所にかつて所属した生物学者たちが若者から壮年になり、やがて大学などからリタイヤし、老い、ついには消えていくまでの足跡を記録した貴重なドキュメントともなっている。この同窓会の記録もまた、パラオ熱帯生物研究所が残した一つの希有なフィールドノートなのである。

注

（1） ここで、パラオを含むミクロネシア地域における日本統治の歴史について概説しておく。

南洋群島は、地理的にはマリアナ諸島、東西カロリン諸島、マーシャル諸島に相当し、現在では北マリアナ諸島自治連邦区、パラオ共和国、ミクロネシア連邦、マーシャル諸島共和国の諸国家に分かれている。一九一四年、第一次世界大戦に参戦した日本は、当時ドイツ領だったこれらの地域に海軍を派遣し、無血のうちに占領した（一九一八年、ドイツ降伏）。その後、軍政時代を経て、ヴェルサイユ条約により、国際連盟による日本の委任統治領となり、それにともない一九二二年、パラオ・コロール島に施政機関である南洋庁が設置された。一九三三年、日本は国際連盟を脱退するが、日本は委任統治領を放棄しないという立場をとり、実質的に植民地として日本敗戦まで南洋群島の統治を続けた。一九四五年の日本敗戦後、当該地域はアメリカの信託統治領となり、紆余曲折を経て、現在に至っている。

（2） もちろん、これは植民地に設置された研究機関に固有の問題ではなく、実験室での研究を含む研究実践に普遍的に当てはまる問題だともいえる。

（3）　ここでパラオ熱帯生物研究所に関する主要先行研究を挙げておく。関係者の回想録を除くと、パラオ研の歴史を扱った研究はそれほど多くはない。研究所の活動を「研究者のユートピア」と捉えた荒俣宏「南洋の若き学徒たち」（荒俣　一九九一）、研究所の設立過程を第一次世界大戦後の科学における「国際主義」という観点から論じた拙稿「パラオ熱帯生物研究所――その誕生から終焉まで」（坂野　一九九五）、さらにパラオ研における研究や事業内容を、珊瑚礁研究の立場からコンパクトにまとめた大森信「パラオ熱帯生物研究所」（大森　二〇〇二）が主要なものである。

本章第2節における議論は、拙稿（一九九五）の議論にも依拠しているが、かつて筆者が行ったパラオ研に対する評価は大幅に修正する必要があると考えている。拙稿（一九九五）では、研究所を取り巻く政治状況についての分析は行ったものの、研究員たちは、基本的に「南洋気分」を味わいつつ、「研究三昧の日々」を送ったという一面的な評価しか与えられなかった。だが、本論では、彼らの研究生活の中身に踏み込んで、その姿をより立体的に描き出すことを目指すこととなる。

（4）　謄写版で印刷された第九号（一九六八年）までは、一九八九年に元田茂によって復刻された。以下、『岩山会会報』第一号―第九号からの引用については全て復刻版に付された頁数を記す。

（5）　畑井は、この会議の席で日本でも海洋学に関する研究所をヤップ島に設置する予定であることを報告しているが、これは後述するヤップにおける仮実験場のことだと思われる（Pacific Science Association 1930）。

（6）　ニューギニア南西部、オーストラリア、小スンダ列島間の海域をアラフラ海と呼ぶ。

（7）　畑井新喜司は一八七六年、青森県小湊村（現平内町）に生まれ、東北学院理科を卒業後、上京し、当時、第一高等学校教授をつとめていた有名な動物学者、五島清太郎の助手となった。五島のもとで動物学の研究を始めた畑井は、生物学者を志してアメリカのシカゴ大学に留学する。博士号取得後、シカゴ大学助手などを経て、ペンシルバニア大学教授となった。一九二一年、東北帝大に動・植物学科増設計画が浮上した際、招へいされ、二二年、初代主任教授に就任した（担当は動物生理学：第一講座）。なお、畑井の意見により、東北帝大では動物学科・植物学科という伝統的な学科区分をやめ、生物学科となった。さらに東北帝大に日本で三番目の臨海実験所である浅虫臨海実験所を創設し（一九二四年）、初代所長となる。ちなみに、ペンシルバニア大学時代、畑井は、フロリダの熱帯生物研究所に滞在した経験をもち、このことが後のパラオ研創設の遠因になったともいわれる。畑井の履歴については、蝦名（一九九五）を参照。

(8) さらにまた、この時期が、国内の大学において臨海実験所の建設が続く時期であることにも注意したい。純粋生物学の臨海実験所として日本で最初に設立されたのが、東京帝大の三崎臨海実験所（一八八六年）である。その後、少し間を置いて、京都帝大瀬戸臨海実験所（一九二二年）、東北帝大浅虫臨海実験所（一九二四年）、九州帝大天草臨海実験所（一九二八年）が設立されるが、さらに三〇年代に入ると、北海道帝大（厚岸、一九三一年）、水産講習所（小湊、一九三二年）、広島文理大（向島、一九三三年）、東京文理大（下田、一九三三年）等、臨海実験所設立が続く（磯野　一九八八）。海に囲まれた日本は研究環境の良さもあり、明治期以来、海洋生物学の研究が盛んであったが、こうした三〇年代の臨海実験所建設ラッシュのなかにパラオ研を位置づけることもできる。

(9) なお『科学南洋』については、研究所閉鎖後の四四年に第一五号が北隆社という出版社から刊行されている。一応、後継雑誌と位置づけられ、パラオ研関係者も数人寄稿しているものの、これは、太平洋戦争中の南方科学ブームを受けて「南洋」に関わる科学全般をカバーした雑誌である。

(10) 阿部は、有名な哲学者・阿部次郎の甥で、研究のかたわら、文学者・詩人としても活躍し、本書をはじめ数多くの少年少女向け科学啓蒙書を刊行した。

(11) 当時、横浜からコロールまでの旅程は各島を寄港していくと一三―一四日、直行だと六日程度かかった。また、一九四〇年三月一日から飛行艇による便も始まった。

(12) チャモロは、ミクロネシアの原住民のうち、スペイン統治時代、スペイン人や労働者として連れてこられたメキシコ人、フィリピン人などとの混血、キリスト教徒化が進んだ人々を指す。それに対して、「カナカ」は太平洋島嶼部のポリネシア、ミクロネシア系住民の総称であり、チャモロ以外の混血、キリスト教徒化が進んでいない住民を指す。だが、しばしば蔑称の意を含むため、現在では使われていない。当時、南洋群島の現地住民は、チャモロと「カナカ」をあわせて「島民」と呼ばれていた。

(13) 現地住民のあいだには明確な階層構造があり、日本人のあいだでも沖縄出身者は下層に置かれていた。彼らの下に朝鮮人労働者、さらにその下位に「島民」が位置づけられていたが、一方、西欧化の進んだチャモロの位置づけは微妙だった。なお、委任統治条項の規定により、「島民」の飲酒は禁止されていた。

(14) 四〇年以降も全家庭で水道が使えたわけではなく、天水への依存は続いた。

(15)　研究員一名（高橋定衛）がパラオ到着直後に急性肺結核を発症し、パラオ医院に一ヶ月入院後、帰国、その後死去している。
(16)　パラオでは現在でもIwayama Bayという呼称が使われている。
(17)　仮名となっているが、石川がコロールに滞在した時期（四一年六・七月）から考えて、登場する四人の研究員は、加藤源治、和田連二、榎波仁、時岡隆（順不同）だと思われる。
(18)　当時のコロールでは、植民地状況を反映して、現地人女性が日本人と関係をもったことを吹聴する風潮もあったようである。
(19)　羽根田弥太は特に旅行好きで、海外植民地を含めてさまざまな場所に出かけていたが、次にとりあげる土方久功と初めて出会ったのは、三七年九月、彼がヤップの離島への旅の途中、サタワル島に寄ったときのことであった（羽根田　一九五五）。この写真はそのときの一枚である。
(20)　一九七七年に亡くなるまで土方が長年にわたって記した詳細な日記は、遺族により国立民族学博物館に寄贈され、特に一九二二年七月六日から四二年一一月三〇日までの日記は全五巻の出版物として刊行されている（須藤・清水編　二〇一〇―二〇一四）。
(21)　パラオ研は現地に存在する数少ない学術研究機関であったため、彼ら以外にも多くの研究者や文化人が研究所を訪問している。ここで興味深いのは、今西錦司率いる京都探検地理学会によるポナペ調査隊の一行である（一九四一年）。彼らは、パラオ丸で南洋群島へ向かう途中、同船となった羽根田から「熱帯の有毒動物」の講義を受けており、その後、研究所の訪問も行っている。
　しかし、彼らの訪問は形式的なもので、双方とも相手にあまり強い印象は抱いておらず、しかも同じ生物学者でありながら、両者のパラオ（南洋群島）観は対照的である。すなわち、パラオ研の研究員たちとは異なり、探検志向・山岳志向・大陸志向の強い今西たち（梅棹忠夫、吉良竜夫など）は南洋群島の自然にあまり大きな関心を寄せていない。むしろ、彼らの南洋群島の評価は、ニューギニアのような「本物」の熱帯ではなく、自然相が貧弱だというネガティヴなもの（吉良）であった（今西　一九四四）。
(22)　同報告中には「土方久功氏からは多くの有益な助言を賜った」と記されている。また、土方自身も『科学南洋』にパラオの親族関係の報告を発表している（土方　一九四〇）。
(23)　当時はまだ個室がなかったため、隣のベッドの羽根田弥太は困らされたという。

(24) 阿部襄は、後年、アンドレスをはじめとするパラオの少年たちとの交流を数多く書き残している(阿部 一九六五、一九六六、一九六九)。

(25) ガツメルのチャモロは、ほとんどがカトリックの信者であり、西欧風の生活をしていた。ガツメルのチャモロ一家を訪ねたことのある阿部襄によれば、部屋にはマリア像や聖画が飾ってあり、一家の娘から、レコードをかけながら、ダンスを誘われたりしたのだという(阿部 一九六六)。

(26) それ以外に、三九年一一月には南洋真珠より社員宿舎の譲渡を受け、さらに翌年には南洋真珠より寄贈された標本陳列室(含写真暗室)が完成し、これにより、研究室は八名同時使用可能となった。また、三九年一二月には、畑井教授東北帝大退官記念会から寄付金を受けて研究所構内に記念図書庫が完成し、畑井より寄贈された図書一万一千冊余りが収蔵された。

(27) ただし、畑井がこの宿舎を利用できたのは合計四〇日にすぎず、研究所末期は後片付けを担当した加藤源治が使用していた。

(28) 同年六月九日の岩山会例会(東京)で、畑井は次のような話をしている。「状況以来諸方面と協議して成案を得たので、此の機会にこの案の概略を発表して諸君の今後に於ける一層の奮起と協力とを願ひたいと思ふ。とてバンダ海を中心とする地域の科学的重要性を説かれ、将来の南方調査研究に当ってこの地域こそは科学者にとって最も興味ある対象となるであらう。自分はこれをバンダ圏と名付け、このバンダ圏に向って大いに進出し度いと思ふとの意味の内容を提示されて出席者一同に異常の関心を抱かせられた。」(「研究所雑報」一九四二:一六一頁)。

また、羽根田の回想によれば、この出張の際、アンボンの畑山少将に面談したところ、「もしパラオ熱帯生物研究所の南進基地を望むなら、今ならアンボン市内にはオランダ人の立派な家が沢山あるので、いつでも世話すると言われた」のだという(羽根田 一九七六:七〇頁)。

(29) マカッサル研究所は、戦争末期に設立され、ほとんど活動ができなかったため、その実態はほとんど分かっていない。管見の限り、熱帯衛生部の元研究員である倉持好雄による回想録があるほかに(倉持 一九八八)、太田弘毅「海軍軍政地域にあったマカッサル研究所」(太田 一九九一)という論文があるのみである。なお、戦前、台北帝大で学び、戦後の日本民族学の代表的研究者のひとりとなった馬淵東一も台北帝大南方人文研究所助教授とマカッサル研究所(慣行調査部)兼任だったようだが、詳細は不明である。

(30) なお、高橋は、畑井らが初めて科学局を視察に訪れた際（一二月一八日）、フィリピン側責任者に「この施設はフィリッピンのものであって、これの運営は君等がやらねばならぬ。この伝統ある科学局は一日も早く君等が活動を再開せねばならぬものであって、自分はそのための手伝をする積もりであるから、何か希望があったら遠慮なく相談しなさい」と述べたと回想している。

日本の南方占領地のなかで最初に軍政部が設置されたのはフィリピンだが（一九四二年一月）、アメリカの植民地であったとはいえ、フィリピンは四六年に独立することが既に決まっており、日本軍による占領当時、独立準備政府（フィリピン・コモンウェルス）の統治下にあった。中野聡によれば、そうしたフィリピンに対して軍政部は基本的に現状維持を優先する占領政策をとり、東条英機首相も、日本への協力を条件に独立を認める方針を表明していた（中野　二〇一二）。したがって、こうした畑井の発言も、彼の個人的良心によるものというよりは、陸軍の司政方針に沿うものであったといってよい。

(31) 九月一五日、日本軍の飛行場が置かれ、軍事拠点であったペリリュー島に対する米軍の上陸作戦が開始され、一一月占領した（ペリリュー島の戦い）。

(32) 以下の戦後アメリカによるミクロネシア調査に関しては、第六章執筆者である泉水英計氏から多くの示唆と資料提供を受けた。記して感謝する。

(33) コメントをみると、パラオ研と南洋庁所轄の熱帯産業研究所を混同していたこともうかがえる。

(34) 武田久吉は有名な植物学者であり、イギリスの外交官アーネスト・サトウの息子でもある。北海道帝大、京都帝大などで講師をつとめ、一九〇五年、小島烏水らと日本山岳会を設立した。その後、日本山岳協会会長、日本自然保護協会会長などもつとめ、尾瀬の自然保護につとめたことから、一般的に「尾瀬の父」として知られる。ここにもあるように、戦後、GHQ天然資源局農林部顧問もつとめた。

(35) マーシャル諸島における核実験の展開については、竹峰（二〇一五）などを参照。

(36) クエゼリン（クワジェリン Kwajalein）環礁は米軍基地が置かれた場所であり、現在でも米陸軍のミサイル実験場が設置されている。なお、ビキニでは四六年六月から五八年まで二三回、エニウェトクでは四八年から五八年まで四四回、両者あわせて計六七回の原水爆実験が実施された。

(37) この実験によって初めて水素爆弾が実用可能なまで小型化される一方、当所の予想以上の爆発規模であったため、日本の第五福竜丸のみならず、マーシャル諸島の住民の多くが深刻な被曝を受けることにもなった。

(38) ただし、この問題についての具体的検討は今後の課題としたい。

(39) 戦後、珊瑚礁研究をリードしたのは熱帯にフィールドを保持したアメリカ、フランス、イギリス、オーストラリアであったが、九〇年代から珊瑚礁の保護に対する関心が国際的に高まるとともに、日本でも「日本サンゴ礁学会」が設立される(一九九七年)など、新たな展開をみせている(茅根 二〇〇八)。

(40) 初期の会員は(元)研究員に限られ、会合は毎年日本動物学会の際に実施されたが、戦後は、土方久功などを含め、パラオ研に関係のあった人も会員となり、同窓会に出席していた。

## 参考文献

### 日本語文献


阿刀田研二(一九七七)「パラオ生活の思い出――酔いどれ船」『岩山会会報』第一一号

阿刀田研二(一九八五)「パラオ生活の思い出――パラオ野球大会」『岩山会会報』第一六号

阿部襄(一九四三)『南洋紀行・珊瑚礁と貝』フタバ書院

阿部襄(一九六五)『貝の科学』牧書店

阿部襄(一九六六)『私の野生動物記』牧書店

阿部襄(一九六九)『パラオの海とサンゴ礁』牧書店

阿部襄(一九七七)「四〇年目のパラオ」『岩山会会報』第一一号

荒俣宏(一九九一)『大東亜科学綺譚』筑摩書房

石川達三(一九七三)『若き日の倫理』新潮文庫

磯野直秀(一九八八)『三崎臨海実験所を去来した人たち』学会出版センター

今西錦司編(一九四四)『ポナペ島――生態学的研究』彰考書院

蝦名賢造(一九九五)『畑井新喜司の生涯――日本近代生物学のパイオニア』西田書店

オーエン・ロバート・P(一九七二)「パラオ熱帯生物研究所の反映」(元田茂訳)『岩山会会報』第一〇号

大宜味朝徳(二〇〇四)『南洋群島案内(アジア学叢書一一二)』大空社

太田弘毅(一九九一)「海軍軍政地域にあったマカッサル研究所」『政治経済史学』第三〇〇号

大平辰秋（一九七二）「パオラ《ママ》で結婚した三人」『岩山会会報』第一〇号
大森信（二〇〇二）「パラオ熱帯生物研究所」中森亨編『日本におけるサンゴ礁研究Ⅰ』日本サンゴ礁学会
加藤源治（一九四〇）「研究室概観――パラオ熱帯生物研究所」『科学』第一〇巻第八号
加藤源治（一九四一）「パラオより」『岩山会会報』第五号
加藤源治（一九四四）「パラオ熱帯生物研究所の回想」『科学南洋』第一五号
加藤源治（一九七二）「パラオ終焉の記録」『岩山会会報』一〇号
加藤源治（一九八〇）「いま一つのパラオ――私の辿った空白の記録」『岩山会会報』第一二号
加藤源治（一九八一）「南の島あちこち」『岩山会会報』第一三号
加藤源治（一九八五）「南の島走り歩き」『岩山会会報』第一六号
茅根創（二〇〇八）「日本サンゴ礁学会の歩みと今後の展望」『日本サンゴ礁学会誌』第一〇巻
川口四郎（一九五五）「パラオの思い出」『岩山会会報』第八号
倉持好雄（一九八八）『蘭印滞在記』清水弘文堂
コーナー・E・J・H（一九八二）『思い出の昭南博物館――占領下シンガポールと徳川侯』（石井美樹子訳）中公新書
坂野徹（一九九五）「パラオ熱帯生物研究所――その誕生から終焉まで」『化学史研究』第二二巻第三号
佐藤郁也（二〇〇六）『フィールドワーク――書をもって街へ出よう（増訂版）』新曜社
佐藤隼夫（一九三八）「研究所が出来る前の話」『科学南洋』第一巻第一号
澤路久枝（一九九七）『ベラウの生と死』講談社文庫
須藤健一・清水久夫編（二〇一四）『土方久功日記Ⅴ（国立民族学博物館調査報告）』国立民族学博物館
泉水英計（二〇〇八）「サイライ・プロジェクト――米軍統治下の琉球列島における地誌研究」『米軍統治下の沖縄における学術調査研究』神奈川大学国際経営研究所
泉水英計（二〇一二）「ジョージ・P・マードックと沖縄――米海軍作戦本部『民事手引』の再読から」『歴史と民俗』第二八号、平凡社
高橋敬三（一九六三）「マニラ時代の先生の追憶」『東京家政大学学報』第三九号（畑井前学長追悼号）
竹峰誠一郎（二〇一五）『マーシャル諸島――終わりなき核被害を生きる』新泉社

等松春夫（二〇一一）『日本政府と委任統治――南洋群島をめぐる国際政治　一九一四―一九四七』名古屋大学出版会
堂本貞一（一九三九）「南洋群島の地位」『南洋』第二五巻第一一号
中島敦（二〇〇一）『南洋通信』中公文庫
中野聡（二〇一二）『東南アジア占領と日本人――帝国・日本の解体』岩波書店
南洋群島文化協会・南洋協会南洋群島支部編（一九三八）『南洋群島写真帖』南洋群島文化協会・南洋協会南洋群島支部
南洋庁編（一九九三）『南洋庁統計年鑑四（復刻版）』青史社
日本学術振興会編（一九四二）『日本学術振興会年報』第九号
日本学術振興会編（一九四三）『日本学術振興会年報』第一〇号
日本学術振興会学術部編（一九四一）『昭和一五年度事業報告』
羽根田弥太（一九三九）「ヤップ離島の旅」『採集と飼育』第一巻
羽根田弥太（一九四〇）「生物学の南進基地パラオ熱帯生物研究所」『科学画報』第二九巻第八号
羽根田弥太（一九五五）「土方先生のプロフィール」『岩山会会報』第八号
羽根田弥太（一九七六）「発光生物とのであい（研究生活の思い出七）」『フィッシュマガジン』第一一巻第七号
羽根田弥太（一九八二）「人との出逢いと人の運命の不思議」『岩山会会報』第一四号
羽根田弥太（一九八五）「パラオからシンガポールの博物館へ」『岩山会会報』第一六号
土方久功（一九四〇）「パラオ島民の親族縁族」『科学南洋』第三巻第一号
平野義太郎（一九四二）「南進拠点としての南洋群島」『太平洋』第四巻第八号
廣重徹（一九七三）『科学の社会史――近代日本の科学体制』中央公論社
弘冨士夫（一九三八）「岩山湾の珊瑚礁と生物相」『科学南洋』第一巻第一号
堀良光（一九八〇）「パラオより懐しき岩山会の皆さんへ」『岩山会会報』第一二号
松井喜三（一九七七）「パラオの懐しい思い出」『岩山会会報』第一一号
松島泰勝（二〇〇七）『ミクロネシア――小さな島々の自立への挑戦』早稲田大学出版部
元田茂（一九三九）「パラオ南西諸島航海記」『舵』第七巻第八号

元田茂（一九六八）「再びパラオを訪れて」『岩山会会報』第九号
元田茂（一九七二）「遠い昔」『岩山会会報』第一〇号
元田茂（一九七六）「研究所日誌より」『岩山会会報』第一一号
元田茂（一九八〇）「パラオの奇人変人たち（昭和一〇—一二年頃）」『岩山会会報』第一二号
元田茂（一九八五）「思い出の南洋航路」『岩山会会報』第一六号
元田茂（一九八九）「パラオ熱帯生物研究所——誕生から終焉まで」『岩山会会報』附録
矢野暢（一九七五）『「南進」の系譜』中公新書
矢野暢（一九七九）『日本の南洋史観』中公新書
和田清治（一九四二）「パラオ群島軟体動物土名」『科学南洋』第五巻第二号

「パラオ熱帯生物研究所」（一九三八）『科学南洋』第一巻第一号、一九三八年
「パラオ熱帯生物研究所の現在」（一九四〇）『岩山会会報』第三号
「畑井所長パラオ在住官民諸賢の発起により官舎寄贈さる」（一九四二）『岩山会会報』第六号
「研究所雑報」（一九四二）『科学南洋』第五巻第一号
「研究所雑報」（一九四三）『科学南洋』第五巻第三号
「昭和二八年一一月三日戦後第二回岩山会記録」（一九五四）『岩山会会報』第七号
「畑井・新谷先生をかこんでの座談会」（一九五五）『横須賀市博物館ニュース』第一号
「会員消息」（一九七二）『岩山会会報』第一〇号
「パラオ熱帯生物研究所年表」（一九七二）『岩山会会報』第一〇号

**英語文献**

Office of the Chief of Naval Operations（1944）*Civil Affairs Handbook: West Caroline Islands*（OPNAV 50E-7), Office of Naval Operations
Pacific Science Association（ed)（1930）*Proceedings of the Fourth Pacific Science Congress*, Java, May-June, 1929,（Batavia-Bandoeng).

Pemberton, C. E. (1954) *Invertebrate Consultants Committee for the Pacific Report for 1949–1954*, National Academy of Sciences-National Research Council
Yonge, C. M. (1940) 'The Palao Tropical Biological Station', *Nature*, 145.

# 第五章　「アイヌ民族綜合調査」とは何だったのか

## ――泉靖一の「挫折」と戦後日本の文化人類学

木名瀬　高嗣

## 1　はじめに

フィールドサイエンスとしての体裁を整えていった二〇世紀の文化人類学（あるいは社会人類学）において、いわゆる親族（kinship）は最も隆盛を極めた領域の一つであった。いまもなお参与的調査を方法の中心に据えるこの学問では、どのようなトピックにアプローチするにせよ、調査対象となる人々が織りなす社会関係を踏まえた経験的な理解が必要となる。その意味で家族・親族に関する事象は依然としてこの学問において重要なのだ、とこの学問の初学者向け教科書は説く。確かにそれは事実である。とはいえ、人類学がいわゆる「未開社会」や「部族社会」の研究であることを前提としていた前世紀中葉頃までに組み立てられた古典的な理論や分析の枠組み（それらは現在でも多くの教科書において一定の紙幅を割かれているのが普通だ）を、家族・親族をめぐる認識が大きく変化しつつある現代社会のコンテクストに引っ張り出して有効な道具立て

図表５－１　泉靖一（1915－1970年）

出典：藤本　1994

として活用することは、さほどたやすい作業ではないようにもみえる。研究領域の多様化もあいまって、現在この学問を志す若手研究者にとって親族は往時ほど人気のある分野とはいえない。

どんな学問にも流行り廃りはある。近代日本における人類学の歴史をひもといてみれば、アイヌ民族に関連した事象はその黎明期からしばらくのあいだは中心的なトピックであり続けた。しかし、それももはや遠い昔の話であるようだ(1)。

そのアイヌ研究において、親族を中心とした社会組織に関する知見は一貫して不足してきたとされる。この状況に風穴を開けたかにみえるのは、敗戦によって植民地という研究拠点を失ったことによってその関心を日本国内に向けることとなった研究者たちが、戦後の一時期にアイヌ研究へと参入してきたことによっている。戦時期の植民地（あるいは戦地や占領地）における経験は、この学問を文献中心から実証的なフィールドワークに基づくスタイルへと組み替えつつあった。やがてその担い手たちの多くは、国外調査が可能になるやまたアイヌ研究から離れていくのだが、本章で検討の対象として取り上げる「アイヌ民族綜合調査」（以下、「綜合調査」と略す）と呼ばれた一九五〇年代の北海道でのアイヌ調査は、そうした戦後のこの学問の過渡期においてごく短く咲いた一種の徒花のようなものである。

この調査による「成果」としてしばしば言及されるのは、当時はまだ新しかった統合論的あるいは機能主義的な社会理論のパースペクティヴをアイヌ研究という領域に持ち込んだことである。とりわけその中核を担ったのは、泉靖一と杉浦健一という、戦後の東京大学文化人類学研究室の草創期を担った二人の人類学者であった。一九五二年三月刊行の『民族学研究』一六巻三・四号（合併号）にまとめられた「沙流《さる》アイヌ共同調査報告」のなかで、彼らはそれぞれ研究論文を発表している（杉浦一九五二：泉一九五二）。しかし後述するように、それらはいわば未完の企図にとどまるものであった。そしてその後、彼らの研究が提示した社会組織のモデルがこの学問領域の内部で批判的な再検討の対象として顧みられることは、特に彼らの死後はあまりなかったといってよいだろう。

本章では特に「綜合調査」のなかで泉靖一（図表５－１）が果たした役割に焦点を当て、この時代になされたアイヌに関する社会人類学的な諸研究について批判的考察を進めていく。特に泉に焦点を当てる理由は、杉浦が論文を執筆した親族の問題も含めて、このときのアイヌの社会組織に関する調査が「泉に始まり、泉に終わった」ものであると考えられるからである。

## 2 「アイヌ民族綜合調査」の研究組織と「成果」

### 人文社会科学と自然科学との「綜合」

「アイヌ民族綜合調査」は、一九五〇年度から文部省の民間研究機関助成金、科学研究費交付金のほか、国策パルプ、苫小牧製紙、本州製紙など、北海道日高地方の林業と深い関係のある製紙業界からの寄付金を得て企画された。同年八月刊行の『民族学研究』一五巻一号に「学会消息」として掲載されている「アイヌ民族綜合調査の計畫」では、この調査の目的が以下のように記されている。

アイヌ民族については、従来幾多貴重な調査研究が行われて来たが遺憾ながら、未だアイヌ民族の人種的民族的系統、アイヌ民族固有文化の本質は十分に解明されたとはいえない。［中略］人類史における一つ

> のミッシング・リンクとして、新旧大陸の人種的文化的交流の問題として、またアイヌ民族と日本民族との関係の問題として内外人類学民族学界の大きな関心の的となっている。〔中略〕一方混血或は異文化との接触混淆に依って、アイヌ民族固有文化は急速に消滅しつゝあるのであつて、速やかに人類学的民族学的綜合調査を遂行しないならば、遂に永遠にアイヌ文化の究明は不可能となるかも知れない。また他方純粋アイヌ民族の人口は減退の傾向を示し文化的、社会的経済的条件も決して恵まれたものとはいえない。アイヌの福祉政策のためにも、その基礎的資料として急速かつ広汎な社会人類学的調査研究の必要が痛感されている。（日本民族学協会　一九五〇b）

「人種的民族的系統」と「固有文化の本質」というアイヌ民族の過去の様態が、「混血」および「異文化との接触混淆」によって研究遂行の危機に瀕していると認識されていたこと。また、和人との通婚混血と文化変容とが密接に関わると捉えられたことから、こうしたテーマにアプローチするために人文社会科学（文化人類学あるいは民族／民俗《ミンゾク》学）と自然科学（形質人類学）との協働が前提とされていたこと。さらには、これらの成果が（「福祉政策」などの）同時代的な課題に取り組むための基礎資料にもなり得ると位置付けられていたこと。以上の事柄を確認しておけば、さしあたりここでは十分だろう。

「綜合調査」の具体的な実施は、一九五一年三月、小山隆と鈴木二郎による日高地方沙流郡平取《びらとり》村（現・平取町）におけるアイヌの家系調査から始まった（日本民族学協会　一九五一）。これに続いて泉が同年五月下旬から六月初めにかけて同村で社会人類学的な予備調査を行い、「これまでの研究でどうもはっきりしていない親族の構造と、場所請負人時代以来の境界争いから予想できる領域占有——つまりホルドとかバンドといわれる小集団とそのテリトリーの関係」からアイヌの社会構造を明らかにしようとした（泉　一九七一＝一九七二：三〇七頁）。それを承けて八月に沙流川流域を中心に共同調査が実施された。この共同調査に基づく前述の「沙流アイヌ共同調査報告」は、その後も継続される「綜合調査」のなかで、結果的にほぼ唯一の集約的成果となった。

この報告の最初に付された総論的な文のなかで石田英一郎が述べるところによれば、調査の構成メンバーは「文化人類学」「形質人類学」そして「北海道諸学者」の三者から成り、「沙流アイヌ共同調査報告」はそのうちの前二者による成果であるとされる（石田　一九五二）。その両者共通の基礎データとなったのが、詳細な家系図（「沙流川アイヌの系圖」）である。これを完成させたのは、須田昭義、島五郎ら形質人類学者たちのグループである。調査対象となったのは、平取村のうち二風谷《にぶたに》・ペナコリ・荷負《におい》本村・貫気別《ぬきべつ》の四地区で、二風谷では小山・鈴木による戸籍調査を、ペナコリ・荷負本村では巡査駐在所の名簿を元に、それぞれ現地の古老男性インフォーマントから口述で得た情報を加えて（貫気別では口述のみによって）作成された。いずれも平取村平取（現在の平取町本町）地区よりも上流に位置する集落であり、その意味では（市街化が進んだ場所に比べて）より「純粋アイヌ」が多いと想定される地域であった。「純アイヌと称されているもの」を四角、「純和人」を二重四角で囲み、さらに「程度の如何に係らず混血の明らかなるもの」には傍線を付し、「系図を辿って明瞭に推定できるもの」については傍線を略した上で、生年月日・死亡年月日についても戸籍・駐在所名簿を参照して記入された。結果としてこれは、アイヌの「純血」「混血」について例を見ない集中的な家系調査となった。須田はこの調査から「混血の者が多く従って純血アイヌは非常に少ない」と結論づけている（須田　一九五二）(2)。

こうした情報は、形質人類学者たちによる遺伝的な調査の基礎になったと同時に、「アイヌ古来の社会構造、ことに親族組織の復原のためにも、大きな手がかりとなるばかりでなく、その解体過程の現実の姿を立証するためのデータとしても価値が高い」とされ、文化人類学と形質人類学との間を架橋する資料として位置付けられた（石田　一九五二）。

図表５－２　杉浦健一（1905－1954年）

出典：祖父江　1988

## 社会人類学的な「発見」

このとき「復原」が試みられた「アイヌ古来の社会構造」とは、予備調査において泉が「発見」して持ち帰った「重要な二つの問題」、すなわち、「イウォロ（iwor）」という領域概念と、女の「ウㇷ゚ソロ（upsor）」を中心とした外婚規制を含む親族組織を指す[3]。

ここではその両方に共通する男女両性の系譜に関連した論点に絞って述べる。イウォロとは、狩猟採集を生業基盤とした時代のアイヌ社会において単位的な地縁集団が占有する領域概念であるとされ、同じイトㇰパ（itokpa：木幣（イナウ）などに刻まれる祖印）を受け継ぐ父系の男子によって（つまり祖父から父、父から息子へ）辿られる系譜＝エカシイキㇼ（ekasi ikir）を基礎とした集合体としてのコタン（kotan）をその担い手とするものであるとされた。またウㇷ゚ソロは、女性が衣服の下に着ける細紐で、それを夫以外の人間にみせることはもちろん、それについて語ること自体にも憚りがあるといわれるほどタブーに満ちたものとされていた。アイヌ語では同じイトㇰパを持つ男たちをシネイトㇰパ、同じウㇷ゚ソロをもつ女たちをシネウㇷ゚ソロと表現する。つまり、イトㇰパが父系の系統を示すものであったのに対し、ウㇷ゚ソロは母系の女子（つまり祖母から母、母から娘へ）によって継承される系譜＝フチイキㇼ（huci ikir）を象徴するものであった。

このような男女両系統の存在については、「綜合調査」に先行する研究のなかですでに指摘されていた事実である[4]。その上で一連の「綜合調査」において目指されたのは、当時のアイヌが置かれた実態からはすでに大きくかけ離れたこれらの事柄について、社会人類学的な理論（とりわけ出自集団をめぐるそれ）と関連づ

**図表5－3　①②の平行イトコ婚、③の交叉イトコ婚のうち、アイヌの場合は②の母方平行イトコ婚のみが結婚禁忌の対象になるとされた**

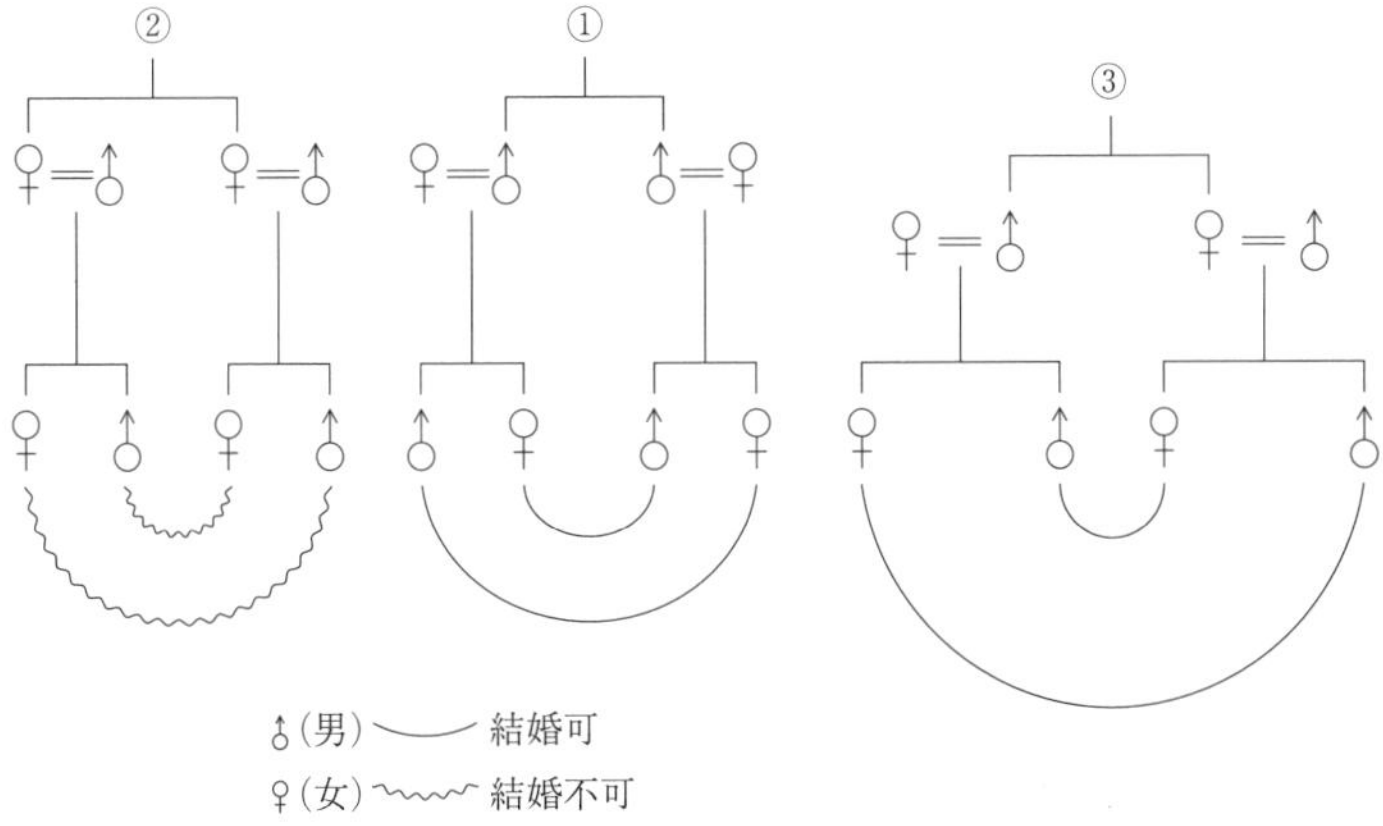


①、②パラレル・カズンの婚姻　　③、クロス・カズンの婚姻

出典：アイヌ文化保存対策協議会　1969：449

けてアイヌ社会に「固有」の構造と機能を再構成することであった。

泉の予備調査を承けて親族組織に関する理論的考察を主に担当したのは、杉浦健一（図表5－2）である。アイヌ社会の親族関係は、父系・母系両方を識別するという点で双系出自的な性格を有すると言われることがある。しかし、一般に双系出自とは同一人が父母両方の系統を辿る関係を指すのに対し、アイヌにおいては、父系系統は男性だけ、母系系統は女性だけが辿るという点に特徴がある。この場合の両系統は男女別々に排他的に構成されるという点で、両性を含んで成り立つ出自集団とは見なし難い[5]。杉浦は、エカシイキㇼ、フチイキㇼともに「特異なもので、unilateral な親族構成であるといっても、lineage や clan と同一視することはできないものである」（杉浦一九五二：一七頁）とした上で、エカシイキㇼに基づく外婚規制がないのに対し、母同士が同じフチイキㇼに属する男女は結婚禁忌の対象となる（イトコ婚規制の形式からみれば、母方平行イトコ婚が忌避されることになる）ことなどから、母系系統の方に（表面的には「微弱」であると述べつつも）リネージとしての機能的側面が見出せるとした。この点は、父系系統を強調する傾向のあったそれまでの「北海道諸学者」たちによる諸研究とは大きく異なる[6]（図表5－3）。

一九五一年の「沙流アイヌ共同調査」の後も、「綜合調査」の事業は継続された。一九五二年春に胃潰瘍と診断され闘病生活に明け暮れていた杉浦は、一九五三年春には夫人を伴って祖父江孝男、蒲生正男、梅原達治とともに日高・胆振で、また同年夏には「第八回日本人類学会・日本民族学協会連合大会」の前後に日高・胆振と十勝での調査を実施している（十勝での調査には泉も同行している）（泉　一九五四）。連合大会の「アイヌ問題シンポジアム」では、杉浦が「アイヌの社会組織」についての講演を担当し[7]、ラドクリフ＝ブラウンの「兄弟姉妹同一の原理」を参照するなど、男女の別系統についての説明により機能主義的な傾向を強めている。とはいえ、「世界でも稀にみる型」であるとして提示されたモデルそのものは「沙流アイヌ共同調査報告」の枠を超え出ておらず、なお仮説的な段階にとどまるものであった[8]。

社会組織に関するアイヌ研究がその後深化しなかったのは、アイヌ「固有」の社会がその時点ではほとんど跡形なきまでに解体してしまっていたからだ、などとしばしばいわれる。ただしここで「固有」の社会組織と呼ばれるものは、機能論あるいは構造論的な調査法を前提とした本質主義的仮構に他ならない。そもそも過去のアイヌの社会にリネージの如き集団が存在したか否かについてすら明らかではない。このとき杉浦が模索したのは、数少ない古老への聞き取りから得られた断片的な知見を頼りに過去の親族体系を復元することに加えて、それ自体を歴史的な変容の結果として捉え、さらに以前の過去の時代に遡って存在した可能性のある（より「純粋」な）父系ないし母系の出自集団を剔出することであった。親族組織の共時的な構造・機能とその通時的な動態とをあわせて問うという方法は、杉浦自身が経験した戦時期ミクロネシアにおける社会組織研究と共通した枠組みの下にある（清水二〇〇九：四三頁）。このような方法は、民族誌的研究を単に個別社会の記述的な理解としてだけでなく、「lineage や clan の如き unilateral な血統をもって団結する社会集団の起源」という「未開社会の研究の当初以来の」理論的な課題にも資するものとして位置付ける視座に基づいていたが(杉浦一九五二:一七頁)、この時代のアイヌが置かれた状況に鑑みれば、そのような研究は二重の困難さ(あるいは不可能性)を招来するものであったというべきだろう。

しかしその杉浦は、一九五四年一月に急逝した。その後「綜合調査」は一九五四年度をもって途絶するが、杉浦という理論的な支柱を失ったからという面は否めない。これが社会人類学的なアイヌの親族組織研究としては他に類をみないものであったことには違いなかったが、それが留保付きの議論に過ぎないという事実が半ば忘却されて今日に至っている。(9)

## 「北海道諸学者」と「ネイティヴ・インフォーマント」

(北海道大学を中心とした)「北海道諸学者」の分担した調査について、石田はただ「速やかにその報告の発表されるのを待っている」と述べるのみである。(10) この文言からは、中央と北海道の研究者の間の冷ややかな関係がうかがわれるが、この関係は、さらに「文化人類学」「形質人類学」「北海道諸学者」の諸カテゴリーの外側(あるいはこれら諸カテゴリーと研究対象たるアイヌとの中間)に、研究者たちに情報を提供したアイヌ側の「ネイティヴ・インフォーマント」というもう一つの媒介項を置いてみたときにより明確になる。アイヌ「固有」の社会が大きく変容していたとされる時点において、しかもそれまでアイヌ研究に直接従事してきたわけではない研究者たちによってこのような調査が成立したのは、研究者たちにとって有用な知識をある程度系統的な形に整理して提示した彼(女)ら「ネイティヴ・インフォーマント」たちの協力があったからこそである。そしてこの研究者と「ネイティヴ・インフォーマント」とのそれに相似した関係は、研究者組織の内部に目を移してみたときに、中央の学者たちと「北海道諸学者」たちとの間にもまた見出すことができる。

「文化人類学」（あるいは「民族／民俗学」）領域における理論的・方法的な面からみれば、この関係は、戦後になって急速に流入した（構造機能主義や「文化とパーソナリティ」論など）アメリカあるいはイギリスを主な発信拠点とする新しい理論枠の影響を強く受けるようになっていた中央の「文化人類学」に拠る者たち（この調査においてその中核を担ったのが泉と杉浦であるが、歴史民族学の影響が強い石田や岡正雄も「綜合調査」にはこの立場で参加しているとみてよいだろう）と、旧来からの素朴で記述的な方法に基づく個別民族誌の研究にとどまる者たち（理論上は学際的・包括的でカテゴリー化の難しいこれらアイヌ研究の属する領域を、あえて「文化人類学」と区別する意味で「民族／民俗学」と呼んでおく）との関係であると言い換えてもよいだろう。「北海道諸学者」と括られた者の多くは（少なくとも前者からみて）後者に位置付けられていたと考えられるが、実際にこの層に位置付けられる「民族／民俗学」的なアイヌ研究者は北海道内外の双方の学界に分布したというべきである。清水昭俊は、金田一京助の薫陶を受け「綜合調査」の当時は東京学芸大学教授であった久保寺逸彦にこのような位置付けを与えているが（清水　二〇〇九：四二―四四頁）、確かに、「文化人類学者」たちによる理論的な構築の基礎となるべき民族誌的情報をしばしば提供したのは、アイヌ調査において彼らよりも先行しアイヌ語にも通暁していて、「ネイティヴ・インフォーマント」たちともより密接な関係のもとで多くの情報を得ることのできた久保寺のような「民族／民俗学」者たちであった[11]。

理論研究の中央に位置する（と自認する）「文化人類学」の研究者集団が、「北海道諸学者」と一括された「民族／民俗学」者、そして調査地に住むアイヌの「ネイティヴ・インフォーマント」という周辺化された二重のエージェントを媒介としてアイヌを〈知〉的に搾取・収奪する、という構造。「綜合調査」の中心的な成果とされる社会組織に関する理論が作り上げられたのは、このような知をめぐる覇権的関係の下においてである。そしてすでに述べたように、そのような「理論」は結局のところ実を結んでいない。

## 3 泉靖一の調査

### 平取村における予備調査（一九五一年五―六月）

上述の如き図式的な整理は、「綜合調査」のなかでもとりわけその成果が論文としてまとめられている「沙流アイヌ共同調査」を中心に、あくまでも活字に書かれたもののみから概括した場合の話である。当然のことながら、論文には実際にフィールドでなされた調査のすべてが書き記されているわけではない。個々の研究者たちの（人間関係を含む）調査活動がすべてそのようなポリティクスから理解すべきものであったかといえば、必ずしもそうではないだろう。

次に言及したいのは、泉が平取村で行った最初の予備調査である。このときの様子は、国立民族学博物館所蔵の泉靖一アーカイブに含まれるフィールドノートに記されている(12)。以下、断片的ではあるが、日記調に書き綴られたノートからわかることをいくつか指摘しておく。

この予備調査で泉は、社会構造を明らかにする上で基礎となる系譜や婚姻の話を聞き出すために女性がいた方が有利だという考えから、貴美子夫人を同伴していた。五月二四日、当時住んでいた登戸を朝一番の電車で出た夫妻は、上野から青森・函館を経て翌二五日札幌に到着した。着いた当日に、泉は北海道大学に赴き同大教授の高倉新一郎を訪ねるが、学生部長の職で多忙な高倉とのその日の話は「立話し五分で」終え、翌二六日に改めて北大で高倉と打ち合わせを行った。高倉からは、（「綜合調査」に交付された）科学研究費のうち六万円を任意に使わせてもらいたいことと、北海道側としてはアイヌの「民俗学的取扱い」については「郷土史編纂の一部」として位置付けたい旨が伝えられ、その一方で「東京側の援助」については高倉が担当しその費用も高倉が準備することが約された。このとき泉は、アイヌの狩猟・漁業権についても話をし、高倉から論文の抜刷を貰っている。また二八日にも泉は北大を再訪、このときは名取武光（当時教養部で人類学を講じていた）からアイヌの捕鯨に関する論考を貰い受けている。高倉と名取は、ともにその後の社会組織（領域概念、親族組織の両方）に関する研究の重要な先行研究者である(13)。

ここで親族組織について話をしたらしい記述がないことから、泉の関心が第一に狩猟・漁撈に関連した領域の方にあったらしいことがうかがえる。のちに「沙流アイヌ共同調査報告」における論文の註で、「同一河川の流域の居住民が、強い同類意識によって結合し、河川名を以て自己呼称とし、生活諸様式を共通にしている周辺民族に北方ツングースの一部がある」として、シロコゴロフ『北方ツングースの社会構成』（Shirokogoroff 1929＝1941）および泉自身の論文「大興安嶺東南部オロチョン族踏査報告」（泉　一九三七）に言及していることを踏まえれば、泉は自身による戦前期の大陸における研究の延長上にこのアイヌ調査を位置付け、それと類似の構造をアイヌの社会にも見出せることを期待していた、ということになる（泉　一九五二：三〇頁）。この点、杉浦の場合のミクロネシアにおける研究とアイヌ調査との関係に相似する。

泉はこのアイヌ調査以前にも、樺戸郡新十津川村（現・新十津川町）で本州からの開拓移民の調査を行っているが（一九四九年）、彼の北海道に対する関心は、泉家もまた北海道の開拓者であったことと無関係ではない。泉の父方の祖父・麟太郎は、一八四二年に仙台藩支藩の角田藩士として生まれ、明治維新後は北海道に入植、のち夕張郡角田村（現・栗山町角田）で村長、さらには北海道会議員をも務めた(14)。札幌駅に到着した泉夫妻を出迎えたのは、麟太郎の長女で泉の叔母（泉の父・哲《あきら》の妹）にあたる櫻庭喜雨《きう》であった。この当時、喜雨の夫で大正期に角田村の収入役と助役を務めた櫻庭東《あずま》は札幌市に転じており、角田の泉邸にはもう一人の叔母・子十四《ことよ》が住んでいた。泉夫妻は平取での調査に入る前に、札幌の櫻庭家と角田の泉家の両方に滞在している。

二九日、泉夫妻は朝に札幌を発ち、苫小牧、富川で鉄道を乗り継いで一三時に平取に到着した。彼は貴美子夫人を旅館に残し、平佐武美村長と面会するために平取村役場を訪ねる。平佐は札幌市助役を経て一九四八年七月の選挙で平取村村長に当選した人物であるが、この平佐への紹介の労を執ったのは、櫻庭東であった。平佐は調査への協力を約束し、二風谷出身のアイヌで長く平取村役場に勤め戸籍事務に精通した二谷文次郎を呼んで泉に紹介した。[15] 文次郎は、翌日二風谷の二谷国松（図表5－4）を訪ねるよう泉に勧めた。泉はまた文次郎から漁業区域と狩猟区域について聞き、これに対し文次郎は明快に説明したため「両区域があることは判明した」という。旅館へ戻ってから、泉は文次郎の話に基づく地域区分の図を夫人に書かせている。

翌三〇日から六月一日までの三日間、泉は二風谷の二谷国松（三〇日と一日）、ペナコリの川上サノウク（三一日）の宅を訪問、さらには平取市街外れに住んでいた鍋澤トヨ（三一日）を旅館に招いて話を聞いた。[16] 彼（女）らはいずれものちの調査において重要なインフォーマントとなる面々である。特に二谷国松はアイヌの儀礼や伝承に精通し、これ以前から多くの研究者たちに情報を提供してきた人物の一人である。

図表5－4 二谷国松（1888－1960年）

出典：久保寺 1977

一九五〇年三月には、東京都北多摩郡保谷町（現・西東京市）の財団法人日本民族学協会附属民族学博物館の敷地内に伝統的なアイヌ家屋を弟の二谷一太郎、二谷善之助とともに建設、同月二五日の落成式も執り行っている。[17] 沙流川流域のイウォロとコタンの領域や機能、また父系の血縁者がイトクパを、母系の血縁者がウプソロを同じくすること、そして男は母親と同じウプソロをもつ女と結婚できないことなど、八月の本調査のテーマとなる事柄の基礎的情報については、三〇日の最初の国松からの聞き取りの段階で、しかも相当に整理された形でほぼ出揃っていることが注目される。

翌二日早朝、泉夫妻は平取を発って札幌へ向かった。平取村での調査は実質四日間であった。札幌では高倉とまた面会するが、このときは一〇時四〇分から一五時二〇分まで待たされ一六時には駅に行って急行に乗ったとあるので、打ち合わせはごく短時間であったようだ。途中青森で映画を観て、四日の七時二五分に上野へ帰着した。

高倉と名取から直接の情報提供を受けていたとはいえ、泉が調査対象地とのファーストコンタクトにおいては彼ら「北海道諸学者」（あるいは久保寺のような在京の「民族／民俗学」者）の仲介などに依らず彼自身の個人的なネットワークを活用していた、という事実は銘記されておいて然るべきであろう。そして、そのことを踏まえれば尚のこと、二谷文次郎、そして二谷国松という「ネイティヴ・インフォーマント」の果たした役割の大きさによってその後の「綜合調査」が方向付けられたということが一層浮き彫りになるのである。

## 十勝調査（一九五三年八―九月）

泉靖一がアイヌを対象としたフィールドワークに関する自身の「挫折」体験を述べていたことは、この学問領域を業とする人々の間でよく知られている。その「挫折」とは、次のようなものである。

〔前略〕北海道の十勝太にあるカラフト・アイヌ系の老女を訪ねて、カラフト・アイヌについて私のもっている学問上の疑問をただそうとした。そのとき彼女は大声で私をどなりつけた。

――おめたちは、カラフト・アイヌがどんな苦労をしているか、どんな貧乏をしているかしるめえ、それにのこのこ、こんなところまで出掛けてきて、おれたちの恥をさらすきか？　それとも、おれたちをだしにして金をもうけるきか、博士さまになるきか!!

私は雷光に打たれたよりも激しい衝撃をうけ、ただあやまって調査をせずに帰ってきた。それいらい、アイヌ系の人びとにあうことが苦痛だし、フィールド・ワークを試みようともしない。こんな考え方は、フィールド・ワーカーとしては不適当で、もっと説得し、もっと執念をもって、苦しくてもあきらめてはいけないのかもしれない。ところが、私にはそれができないのである。（泉　一九六九：四—五頁）

「主体と客体がはっきりしていなければならない学問の世界に、人間関係がどうしてももちこまれてしまう」ゆえに文化人類学者のフィールドワークには「つねに苦痛がともなう」、と考えるきっかけになったという この「事件」を、泉は「綜合調査」の後半に起こったこととしている（泉　一九七一＝一九七二：三〇八頁）。

筆者は一九九七年に発表した最初の論文のなかで、このエピソードへの言及に続けて、泉が「アイヌと接するのが苦痛となり、フィールド調査を断念し」「その後ブラジル移民調査などを経て南米先史学に「転向」した泉は、アイヌの「現在」から一切手を引」いたと述べたことがある（木名瀬　一九九七：一一頁）。これに対して、同論文が出版されてまもなく、筆者は「綜合調査」の若手参加メンバーの一人であった故・祖父江孝男氏から私信をいただき、「事実に反している点がある」との指摘を受けた。泉がユネスコの共同調査プロジェクト「社会的緊張の研究」のメンバーに推薦されブラジル日系人社会の調査に出たのは一九五二年九月であり、確かに筆者の論述では時系列的な前後関係が混乱している。が、むしろ祖父江の指摘で重要だったのは、そもそもアイヌ調査の「挫折」が泉を南米に向かわせたのではない、という点である。一九五三年五月に帰国した泉は、八月に北海道大学で開催された「第八回日本人類学会・日本民族学協会連合大会」に参加し、その終了後、前述したように杉浦とともに十勝への調査に赴いたのであるが（当時院生だった祖父江もこれに同伴した）、件のエピソードはこのときに起こった。祖父江は以下のように回想する。

泉さんは一九五三年に帰国したのですが、アイヌにどなられたのはこの年の夏の事で、泉さんと私の二人で、ある樺太アイヌのおじいさんから話を聞いていたところ、たまたま訪れていた隣家の四〇代の威勢のよいおばさんからどなられ、おじいさんもひるんで奥へひっこんでしまったという次第だったのですが、その当時、泉さんはこの出来事に大きなショックを受けたという風もありませんでした。(18)

この祖父江の証言が概ね正しいことが、前述した国立民族学博物館所蔵の泉靖一アーカイブから資料的に裏付けられる。(19)この十勝調査の際に書かれた泉のフィールドノート〔図表5－5〕には、その一件の顚末が書き留められている。八月二九日の記述。

朝食をすませると、火事がおきた。祖父江君とかけつけて消火につとめる。男が全部浜に行っていたために、かけつけた人は女と老人のみ。樺太の人の話を聞ふと〔中略〕おばあさんのところにゆく。話を聞いていよいよ要点の母系の問題にふれていると一人のアイヌ女性が大声でどなりこみ「戦争に負けたのに、何故戦争に負けた自分たちをアイヌとして調査するか」「自分らはよいが子供たちが差別をうけることをどうしてくれる」「何故スピーカーで土人と云った。歌なんど放送して、アイヌの祖先のごうをさらすのだ」「何故アイヌが胴が長いなどと、つまらぬことを云って、シャモと差別するか」「何故つまらぬことをしらべて金もうけするや」…「どうして調査するならば、もっと有益な生活の為になるような調査をしないか」立つづけにまくし立てられる。お婆さんはこそこそと引きこんで、針をつかいはじめ、白々しい空気が流れる。××さんと二人で色々説明したがどうにもならず、調査を打ち切って〇〇さんの家に帰り昼食をすまして、祖父江君が迎えに行くと不在、あきらめていると××氏来り、仕方ないと…なげく。ところがひょっこり婆さんがやって来る。余りアネチャの剣幕がひどいので畑に出て、来たと云ふ。それから話はすらすらとはこぶ。しかし話は親族の問題に限定されて、Iwor などの経済生活とは結びつかない。

※［××、〇〇の人名は引用者による伏せ字］

実際に話を聞いていた相手は「おじいさん」ではなく「おばあさん」であったことがわかる（この点は泉の記述の方が正しい）が、祖父江が回想している通り、ここから泉がショックを受けてへこたれているような様子は全く見られない。彼はその後も調査を継続し、社会組織に関して得られた知見をまとめる気概を維持していたことは、どうやら間違いなさそうなのである。[20]

では、泉は「ウソ」をついていたのか。おそらくそうではない。確かに泉は、最後にはそれを「苦痛」と感じるほどの「挫折」をアイヌ調査において味わっていたはずなのだ。ただし、そのように推測させるのは、上述の一九五三年（つまり、泉のいう「綜合調査」の後半）ではなく、まったく別の時期の調査に関する記録からうかがい知られる事実によってである。泉は後年になってから自身のアイヌ調査を回顧するなかで、複数の記憶を（意識的にせよ無意識的にせよ）混同して語っている可能性がある。[21]

図表5-5 泉靖一ノート『十勝紀行Ⅰ 1953.8.25-9.2』

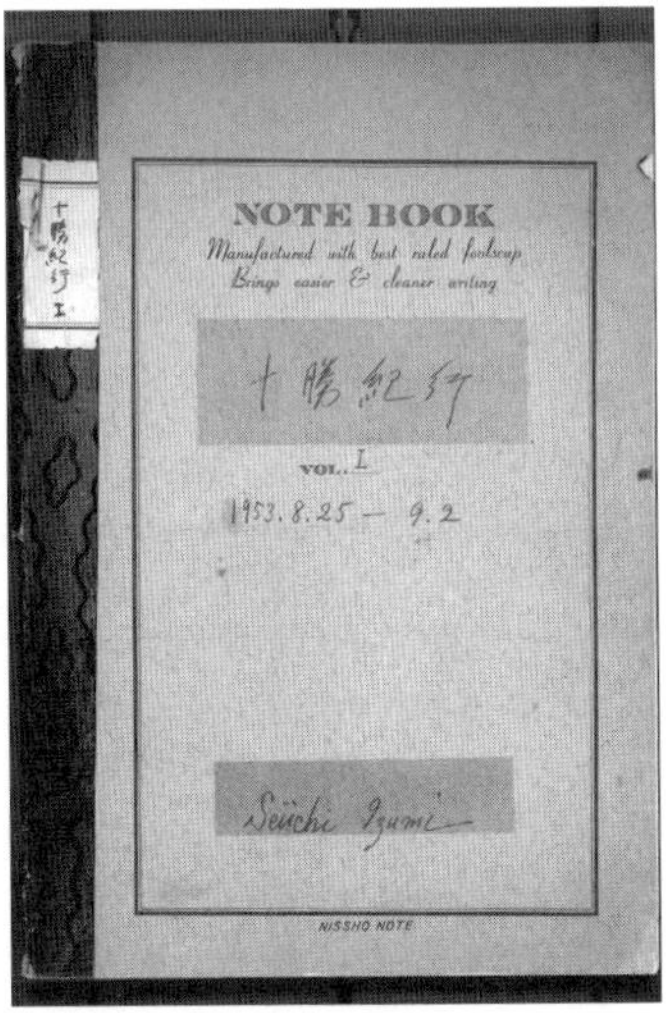


出典：国立民族学博物館所蔵・泉靖一アーカイブ174

## 「アイヌの国を訪ねて」（一九五九年七―九月）

現在ではその存在がほぼ語られなくなってしまった、泉によるもう一つのアイヌ調査がある。

二メートルもある朝鮮ギクの、毒々しい黄色の花の下をくぐって、坂道をのぼりつめ、一歩足をふみ入れた瞬間、コタンの空気が、ガラリと変わった。立話していた娘さんが、さっと家の中に走りこむ、泥だらけになって、ママゴト遊びをしていた子供たちを、母親がカン高い声で呼びつける。

真暗な部屋の中から、敵意をむき出しにした白い目が光る。調査団の動きを、鋭い視線が追ってくる。老婆にカメラを向けると〝モデル料出せ〟と右手をつき出された。

［中略］

ますますゆたかになる少数の人とさらに苦しくなるものと、同じアイヌ系が二つに分裂する傾向は、全道に共通する現象だ。どこでもおこることだし、それは能力の違いだ、といってしまえばそれまでのことだ。しかし一部の指導者をのぞきアイヌ系の多くがろくに教育もうけていない。二重の責苦にしいたげられながら急速に、固有の文化、伝統は失われてゆく。現代アイヌのそんな痛ましい姿がこのアイヌ・ロードにはなまなましくきざまれていた。

一九五九年八月一七日から九月七日にかけて毎日新聞に一八回連載された「アイヌの国を訪ねて」のなかの、第一〇回「アイヌ・ロード――伝統を残したコタンの集まり」の一節である。取材地は、かつて「沙流アイヌ共同調査」の対象にもなった集落の一つ、貫気別。紙面の見出しは、「ここにも貧富の差　敵意こめた悲しい目――」である。「痛ましい姿」として描かれている現実が何によってもたらされてきたのか。それを問うことは同時に（かつてではない、いま・ここで）「白い目」の「敵意」が何に対して向けられているのかについて反省的に捉え返すことでもあるのだが、暗い色調の底に哀愁とロマンティシズムが漂う文体で貫かれた筆致はどこまでも第三者的で、ときに冷笑的とさえ映る場面も少なくない。

実はこの連載は、泉を中心とした「アイヌ学術調査団」が札幌で借りたジープで北海道一円を回る五〇日間の旅を追って書かれたものである。[22] ジープには毎日新聞社の社旗が付いていた。記事は「調査団」に随行した取材の形を取っているが、当時決して潤沢ではなかった調査費を捻出するためのタイアップであったものと推察される。

この連載は、同じ年に「皇太子妃取材班」のメンバーを務め名文家として鳴らした藤野好太郎記者[23]の署名記事であり、泉が直接書いたものではない。しかし、随行取材の形をとったものである以上、藤野とやりとりする過程で泉たち「調査団」から発せられた言葉が随所に反映しているであろうし、学的なテーマに関わる内容については尚更そうであると見るのが自然である。

「東大文化人類学研究室泉靖一助教授ほか三氏」の「アイヌ学術調査団きょう出発」を報じた同紙七月二八日付記事のなかで、泉は、「これまでアイヌについては金田一先生のユーカラの研究をはじめ沢山の学者によって調査、研究されているが、残念ながらアイヌを全体の姿でとらえたものはなかった。」「またイオルやウプソルのこともその後全く研究されていない。――できるだけたくさんのコタンをまわり調査してみたい」と抱負を述べている。このときもなお泉は、「アイヌ民族綜合調査」で果たせなかったアイヌ「固有」の社会組織の解明を諦めてはいなかったのだ。

連載の最終回「さようなら」は、そうした「調査」の「成果」にも言及している。しかし、泉が知りたかったというウプソロつまり母系組織についても、コタンやイウォロの構造についても、それ以前の「綜合調査」を超える新たな発見はほとんど何もなかったといってよい。やや長いが、以下に全文を引用する。この回の見出しは、「しあわせよ、早く――偏見も劣等感も彼方へ」である。

道東、白糠の町を、アイヌこじきが歩いていた。軍隊服にアカじみた外被、うすい背中に全財産をつめこんだリュックが、軽くゆれている。酒屋から隣りの雑貨屋へ、親指の出た地下タビはよろめいて、年はもう七十才は越しているだろう。

写真をとられていることに気づいたらしい。さっと道ばたにかがみこみ、ふり返って、カメラマンをにらみつけた。両手には大きな石が――。

財布をとり出すと、敵意をむき出しにした老アイヌの姿勢が、とたんに、ゆるんだ。「モデルだろ、どんな格好すればいいんだ」そして酒くさい息をはきながら、身の上を語った。

日高のあるコタンにいたが、子供がなく、二年前妻が死んだ。「女のいない家は、おしまいだ。この年で働けやしないし……」一杯のしょうちゅうのためにアイヌを売り物に町をさまよっているという。

亭主は日雇いかデメンとり。かせぎをすべて酒にかえて、成人した息子は〝アイヌ〟と呼ばれぬ本州にあこがれ、だまって家を出てゆく。残された数人の子供とまずしい家計、その一切が母親の肩に、のしかかる――そんな風景を名寄で、釧路で、根室、旭川で、何度となく目にし、耳に聞いた。

一家をささえるものは母親であり、主婦が亡くなった家はバラバラになる。かつては主婦が死ぬと家を焼き、子供はそれぞれ親類に預けられ、一家を解体してしまう習慣さえあった。

その象徴がこんどの調査目的の一つ、マット・ウプソルである。オヒョウの皮などで編んだこの腹帯は、亭主にも見せられぬ秘めごととして母から娘へ、娘から孫娘へと、ひそかにうけつがれた。〝母と同じマット・ウプソルをもつ女とは結婚できぬ〟というタブーになって男をしばり、母親中心の生活の仕方をも、伝え続けたのである。

この伝統は和人との急速な混血でほとんど失われた。静内町のイ・オ・マンテで、いまだにマット・ウプソルをもつ四人の主婦に会えたが、ウプソルを見たこともない人が多かった。ウプソルは消えた。けれどそれが意味する母系氏族的な集団の伝統は、いまだに生きている。

マット・ウプソルとならんで、アイヌ・モシリ（国）を支えるものにイオル（領域）がある。アマポ（仕掛弓）をおく山の狩場、ウライ（仕掛ヤナ）をかける川の猟場など、イオルは狩猟民族であったアイヌ社会の生命を握るカギであった。こんどの調査で、これは全道にあったことが明らかになった。ただ、十勝アイヌのイオルは、コタンにまで細分された日高アイヌのそれよりずっと大きく、釧路、根室アイヌは、さらに大きな範囲にわたり、北へ行くにしたがってルーズになっていた。

イオルもまた消滅したが、現在の日高の郡境、十勝国などの行政区画や、地先漁業権、干浜の区分になって残っている。

アイヌ・モシリはいくつかのイオルによって構成され、そのにない手は父方の関係によって結ばれたコタンであり、イトクパ（家紋）によって、男から男へうけつがれた。家族の中心がウプソルによって、女から女へ伝えられたように。

アイヌ固有の文化は今日、そのすべてが破壊された。しかし、それが現在のアイヌにとって不幸だといえるだろうか。半世紀近くの生涯をアイヌにささげた帯広の吉田巌氏は、こういう。「アイヌの本当のしあわせは、アイヌでなくなることです」

五十日、四千五百キロを越す全道調査の終りに、旭川嵐山にあるウラシチセ（ササ小屋）を訪れた。しんしんと静まりかえるこの一角で、門野ハウトムテイさん（六七）と妻トサ子さん（六〇）の夫婦が、孫をはさんで、楽しく語り合っていた。長いアゴヒゲ、くぼんだ眼窩（か）、まつ毛の濃い鋭い目。アイヌの特徴を除けば、この二人の姿は生涯の労苦をわかち合った日本人老夫婦と、何の変わりもなかった。「出てゆけ」と叫んだトッカリショ浜の老婆、貫気別コタンの白い目、イ・オ・マンテの後のみにくい争い……調査行で体験したいまわしいことが、すべて幻影にすぎないような気がした。みんな、しあわせになってもらいたい。偏見も劣等感もない社会になるように。そう祈らずにはいられなかった。

「消えた」ウプソロに象徴される「母系氏族的な集団の伝統」が「いまだに生きている」、その証左は、男たちが出て行ったあとの貧しい家を支える母親の姿にみられるような「母親中心の生活の仕方」だ、そしてまたイウォロも、現在の「郡境」や「行政区画」や…、云々。社会の構造とその歴史的な変容との因果関係を論理的に問うという「綜合調査」が目指した視座は、もはや残念ながらまったく読み取れない。

この頃すでに南米アンデスで先史学的な研究に着手しつつあった泉は、このときの調査でも十勝郡浦幌町の下頃辺《したころべ》で住居跡を発見するなど、北海道の再開発に伴って破壊されつつある遺跡にも関心を寄せていた。アンデス発掘調査のトレーニングという意味付けも加わって、北海道についても考古学的なテーマの方に興味の重心をシフトさせていったのだろう。そして同年秋には、中世・近世のアイヌ文化期に先立つオホーツク文化を通じて北海道と樺太以北の北方地域との文化的な関係を探求するため、宗谷のオンコロマナイ遺跡の発掘調査を行った。

この八年後に刊行されたオンコロマナイ遺跡の調査報告書の序文では、同時代のアイヌの現状について以下のように述べられている。

アイヌの民族誌学的研究つまり伝統的文化の復元をめざすような研究に寄与しうる、アイヌの集団または報告者は、残念ながらほとんど存在していない。ただ、言語だけに限るならば、わずかに数名の報告者はいるけれども、彼らも遠からず人間の運命にしたがうことになるであろう。しかし、人種的集団としてのアイヌ社会は、地方によっては和人社会と複合して存在し、両者のあいだに、差別意識や対立意識が存在していることはいなめない事実であった。このようなアイヌの人種的集団にたいする社会人類学的研究は、ごくわずかしかなされていないので、今後私たちにあたえられた、大きな課題であることを、痛感せざる

をえなかった。（泉・曽野編　一九六七：一頁）

夏の調査行の出発当初に語られた「アイヌを全体の姿でとらえ」るという企図こそが、まさしくここでいわれているような「ごくわずかしかなされていない」「大きな課題」だったはずである。泉にとってそのような社会人類学的なフィールドワークが真に「挫折」したのは、このときなのであった。(24)かくして、回想などで遡及的に語られる一九五九年夏の「成果」は、あくまでも遺跡発掘のための予備的なものとして過小に見積もられることとなる。彼はさらにのちに、オホーツク文化のような「北につらなる文化」に興味を覚えた理由を、「シベリアとアリューシャン列島ならびにアラスカをむすぶ極北の回廊にたいするノスタルジアがひそんでいたから」だと振り返っている（泉　一九七一＝一九七二：三四八頁）。だが、こうしたロマンティシズムは、「固有」のアイヌ社会の「消滅」に向けられた感傷性とも実は通底しているというべきであろう。

## 4　結びに代えて

少なくとも活字上において、アイヌ研究をめぐる泉の「挫折」の回想が発せられるのは、一九六〇年代後半になってからのことである。

この時期は、文化人類学を学ぶ学生・院生の間でも大学紛争の影響が色濃くみられるようになっていた頃である。当時はアメリカの人類学界でも、例えばベトナム戦争と人類学者との関わりなどをめぐって研究倫理に関する議論がなされていた。日本においてそうした議論の契機となったのは、一九六八年九月に東京と京都で開催される「第八回国際人類学・民族学会議」の前後に計画されていた北海道白老町でのエクスカーションであった。ツアーを担当する旅行会社が前年に作成した英文ガイドブックは、アイヌを孤立した伝統的慣習に生きる集団として描いていた。のちに東京大学文化人類学研究室の院生たちからなる「文化人類学コース斗争委員会」の中核を担うことになる清水昭俊は、当時同じく東大文化人類学の大学院に在籍していたアイヌ研究者の河野本道の紹介で、一九六八年の春先に静内での短期調査を経験していた。その帰京後、清水は河野と相談し、組織委員会北海道小委員会に批判文を送っている(25)。

その後、当時助教授であった大林太良が東大で院生たちと組織していた東南アジア研究会が不定期に刊行する『東南アジアの民族と文化』に、清水は「人類学的調査についてのノート」を寄稿した。彼はその注のなかで、アイヌ調査の経験を踏まえ以下のように論じている。

私はここがアイヌ系住人の部落だからというよりは、北海道の農村の生業や、人種的出自を異にする人々の構成する集団の性格等を知りたくて行ったのだが、アイヌ系の人々はどうしても私がアイヌ研究にやって来たとしか受け取ってくれなかった。彼等にとっては、やってくる和人の学者は全てアイヌ研究者なのだ。そして彼等はアイヌ研究者を、アイヌと和人という歴史的対立の中に位置づけているようだった。即ち彼等の説明によれば、アイヌが和人に敗けたのは、アイヌが文字を知らなかったからである。和人は文字を知っているから、アイヌから財産を盗み取ることができた。こうしてアイヌの文化は敗れ、滅びる運命にある。それを、滅ぼした当の和人が、文字の形にして記録し、後世に伝えている。云々。アイヌ研究者は彼等の意識の中でもアイヌ差別の一環として受け取られている。更に調査を困難にするのは次のような事情である。差別に苦しめられて来たアイヌ系住民のとりえた殆んど唯一の対処策は和人への形質的文化的同化であった。外見からも、一所に暮しても アイヌ系の人だと分らなくなること、これが彼等の念願である。ということは、彼等はアイヌ系住民ではありたくない、何故ならば、差別が行なわれるのは全て自分等がアイヌ系だから、ということである。彼等には、彼等がアイヌ系であると指摘されることすら苦痛になっている。これに対して、アイヌ研究は相手がアイヌ系住民だから行なわれる。彼等にとってはアイヌ研究者がやって来ることすら差別の現れなのであり、苦痛なのである。人種その他の差別のある所では、そして人類学者が差別する側に identify される限りは、同じ困難が待ち受けていよう。このような所では、差別をしないで調査することは至難の業であろうし、調査には余程慎重にとり組まねばならぬであろう。(26)

その後の日本万国博覧会への協力反対、さらには国立民族学博物館構想への反対へと連続する文化人類学界での全共闘運動について云々することは蛇足に過ぎよう。清水の論文は、日本の人類学者が人類学的調査や民族誌記述について植民地支配との関係から批判的に論じたものとしては最も先駆的な例といえるが、こうした考察を導いたものの一つがアイヌ調査の経験であった、ということだけをここでは確認しておく。泉が例のアイヌ研究における「挫折」のエピソードを語り出すのは、彼が「最悪の」（泉　一九七一＝一九七二：三七〇―三八三頁）と振り返った一九六八年におけるそのような背景と無縁ではなかったと思われる。そしておそらくは、一九五九年の「いまわしい」調査がほとんど人々の口の端に上らなくなってしまったことも、泉自身が錯誤して語った「挫折」譚が流布されたことと関連しているに違いない。それ以上のことを語らないまま、一九七〇年一一月、泉は五五歳の若さでこの世を去った。

泉に後続する世代の学徒たちは、戦後に泉や石田、岡らが制度化に関わった大学での専門教育を通じて急速に導入された英米流の文化人類学（あるいは社会人類学）の養分を摂取しながら研究者として成長していった。一九六〇年代以降の日本の経済発展とそれに伴う海外渡航の規制緩和とによって、国外における学術調査の機会は飛躍的に増大した。それらとあいまって、戦前期までに支配的であったような素朴で大風呂敷ともいえる文献中心の歴史主義的なアプローチはますます後退し、代わって対象社会での長期のフィールドワークに基づく現地調査と集約的なエスノグラフィー（民族誌）の記述が標準的な研究方法として磨き上げられていくことになる。多くの場合そこで選択される国外のフィールドは、所与のものとして想定された個別文化・社会の「純粋」な「本質」が（アイヌの場合のように）再構成不能なまでに解体されてはおらず、植民地主義などの外的影響を捨象する概念操作を経さえすればあたかも「純粋」なまま今もそこにあるような民族誌的現在のモノグラフとして描出することが可能であった。より正確にいえば、そうした作業工程に適合的なフィールド（あるいはテーマ）が研究対象として選択されていった、というべきだろう。かくして、この学問が初発から抱えていた「未開社会」に対するノスタルジックな志向性は一九八〇年代頃までおおむね護られ続けた(27)。

一方でアイヌをめぐる状況に目を向ければ、泉の死後の一九七〇年代は、種々の社会運動の昂揚と交錯しながら展開するアイヌ民族復権の動向のなかで、それまでのアイヌ研究にはらまれていた政治性に対する厳しい批判の声が高まっていった時代である。こうした環境が、特に新たな研究のフィールドを求める段階で若い文化人類学徒たちをアイヌから遠ざけ、この分野におけるアイヌ研究の進展を妨げた、などとする見方がある。しかし、そのような騒々しい時代はとうの昔に過ぎた。にもかかわらず、今もってこの学問にアイヌ研究を「忌む」ところがあるのだとしたら、その要因はまずもってこの学問自体に長く内在し続けてきたロマン主義的な思考枠にこそ求められるべきである。泉の「挫折」譚から匂い漂う感傷的なヒューマニズムは、ときにそうした思考＝志向を刺戟し幻惑する麻薬であった。

泉があの時代の北海道というフィールドで何をみて何をみなかったのかについては、これから資料を通じて明らかになっていく事実がまだいくつもあると思われる。そこにロマンはないだろうが、アイヌと文化人類学とのもつれた関係を解きほぐし結び直すための縁《よすが》はあるかもしれない。

［付記］本章は、拙稿「「アイヌ民族綜合調査」と戦後日本の文化人類学――泉靖一の「挫折」をめぐる覚え書き」（『神奈川大学 国際常民文化研究機構年報』5、二〇一五年）に加筆修正したものである。

## 注

（1）「文化人類学はなぜアイヌを忌避したか（あるいは、いまも忌避しているか）」という佐々木利和（二〇一〇）の問いかけは、「非文化人類学徒」の立場からいささか挑発を込めて発せられたものであるが、非アイヌ研究者である文化人類学者たちがアイヌ研究に対して向ける態度についての批判は、筆者からみても首肯できる点が少なくない。もっとも、その「なぜ」に答えるための歴史的な考察について大雑把に過ぎるところが多々あるのであるが、それについてはここで逐一述べない。いま必要なことは、文化人類学にとって内在的に有効な批判を積み重ねることである。その意味では、本章における考察が佐々木の挑発に対する応答の一端になっていることを願うばかりである。

（2）このとき作成された「沙流川アイヌの系圖」は謄写印刷され、実費一〇〇円・郵送料一六円で日本民族学協会から希望者に頒布された。現在では個人情報保護の観点から、その活用に際して十分な配慮を要する資料である。

（3）泉（一九五二）、杉浦（一九五二）、および瀬川（一九五二）、渡辺（一九五二）。瀬川清子は八月の「沙流アイヌ共同調査」に加わって聞き書きを行い、『アイヌの婚姻』（瀬川 一九七二）はその後の調査成果もあわせた集大成ともいえる文献であるが、杉浦がおこなったような社会人類学的な理論枠と関連づけた考察とは性格を異にする。また渡辺仁は、その後に生態人類学の立場から精緻な統合性を伴った機能論的なアイヌ社会像を提示している（Watanabe 1972）。これら諸研究と「綜合調査」との関連については、改めて検討する機会を持ちたい。なお、アイヌ語表記についてはカナ、ローマ字とも近年普及している表記法に従った。

（4）杉浦（一九五二）が序説の注で挙げているのは、帝国学士院東亜諸民族調査室編（一九四四：五四―五五頁）、名取（一九四五：一一四頁）。前者の該当箇所の執筆者は高倉新一郎である。また名取武光の関連論文として、名取（一九四〇）、名取（一九四三）、名取（一九五一）など（これらはいずれも名取（一九七四）に収録されている）。これよりさきに、金田一京助はイトクパについて「同じ祖先から出た家は、山河を隔てゝ、しまつても同じイトクパを附け、他の系統から出たものは、隣り同志に暮らしてゐても、違つたイトクパを附ける」「アイヌのクランがわかる大事なもの」と述べている（金田一 一九三〇：一三五頁）。

（5） 祖父江（一九八八：三四八頁）。このような出自体系は「平行出自（parallel descent）」と呼ばれることがある（Sugiura & Befu 1962: 296）。

（6） 新聞でも「アイヌの社会構造〝世界にも珍しい〟と折紙」（『朝日新聞』一九五一年九月三日付記事）、「古代アイヌにも母系氏族　杉浦教授の新学説」（『北海道新聞』一九五三年四月二三日付記事）といった見出しで報道された。なお、これらの研究に先立つ一九三〇年代には、二風谷に居を構えコタンの人々の医療に従事しながらロックフェラー財団からの研究助成（この獲得にはチャールズ・G・セリグマン（Seligman, C. G.）の助力があった）によってアイヌ研究を行ったニール・ゴードン・マンロー（Munro, N. G.）が、ウプソロと外婚規制との関係にも気付き調査を行っている。マンローは母系とトーテミズムとの関連を仮説として立てていたようである。この頃のマンローの研究は、一九三八年頃までに未完ながら書物となるべき形でセリグマン宛に送付されたが、それが出版されたのはマンローの死後二〇年が経った一九六二年のことである（Munro 1962）。この本は、チャールズの妻で人類学者のブレンダ・Z・セリグマン（Seligman, B. Z.）が編集したもので、社会組織に関する章はマンローが残した覚書などのほか、杉浦（一九五二）や泉（一九五二）の内容も踏まえて書かれている。

（7） 日本人類学会・日本民族学協会連合大会編（一九五五）。杉浦はこのときの速記録に目を通す前に死去したため、泉が二種類の講演用粗稿を参考に速記録の校訂を行っている。速記原本と二つの粗稿は、後述する国立民族学博物館所蔵の泉靖一アーカイブに含まれている（泉靖一アーカイブ番号一八二・一八三・一八六）。

（8） 蒲生正男は、杉浦がアイヌ社会の説明に苦慮しつつも「dual descent」という新たな概念を導入しようとしていたのを生前の本人から直接聞いていた、と後年になってから述べている。日本民族学会編（一九六六：四〇頁）。

（9） 奥田統己（一九九八）は、イウォロが社会的区画を含意することを前提にした議論がほぼ泉（一九五二）を典拠としていることについて指摘し、そこでの仮説の正当性に留保をつけていた泉が提示したイウォロの概念を無批判に他の議論へと援用することについて、アイヌ語研究の立場から警鐘を鳴らしている。こうしたなかで、口承文芸の分析を通じてイトコ婚規制の問題を考察した本田優子（二〇〇六）は、仮説的な検証であるものの注目に値する。これらの問題に関する考察は、「綜合調査」においてデータや理論が組み立てられていく過程についての(フィールドノートの解読などを通じた)検討とあわせ他日を期したい。
(10) 石田(一九五二)。ただし「沙流アイヌ共同調査報告」には、「北海道諸学者」のうちに含まれるとみられる土佐林義雄(一九五二)と吉田巌(一九五二)が掲載されているが、これらは「共同調査」の研究成果とは独立に寄稿されたものである。
(11) 久保寺(一九五二)。石田(一九五二)によれば、久保寺は八月の「沙流アイヌ共同調査」の際にグループで「組織的調査」を行っていた泉・杉浦・瀬川・石田・岡の五名とは「別に行をともにして祭祀および口承文芸の研究を分担」し「言語や宗教儀礼などとの関連において」「アイヌに本来的な地縁的・血縁的な社会構造」の解明に多大な協力をなした、とある。それまでの学会報告などで統一性を欠いていたアイヌ語ローマ字表記を「沙流アイヌ共同調査報告」において校訂したのも久保寺である。論文では男女両系統から成る親族組織と祖霊祭祀との関連についても言及しているが、石田の目に映じた久保寺は、あくまでも理論研究に対する「協力」者に過ぎない。
(12) 同アーカイブ番号一六九・一七二・一七三。なお、二〇一五年一一月現在、泉靖一アーカイブは正式な公開資料とされていないが閲覧は可能である。他のアーカイブと同様に公開に必要な整理番号がすでに付された状態となっており、公開に向けた手続きが進められている。二〇一四年一〇月までに行った閲覧に際しては、同館の齋藤玲子助教と久保正敏教授(当時)のご助力を得た。記して謝意を表したい。
(13) 注(4)参照。
(14) いまも同地には、鱗太郎の功績を記念する碑や銅像が建ち、泉家の旧宅を利用した「泉記念館」が設けられている。筆者は二〇一二年に同館を訪問する機会を得て、この旧宅に一九七五年まで居住していた泉勝文氏(元栗山町議会議員、故人)から泉家の人間関係に関してご教示を受けた。
(15) 二谷文次郎については、平取の「自治開発に協力した人々」の一人として、平取村開村五十周年史編纂委員会編(一九五二:二〇四頁)に紹介されている。泉の調査当時は役場前に事務所を構え代書業を営んでいた。
(16) このうち鍋澤トヨについて、泉ノートには彼女が「Shiunkotsu」(現・平取町紫雲古津)の人であること、「占いをする」人で「口にのみ入墨をしていること」、自分が嫁に行くときには父母が自分にウプソロをもたせないことにして父が火の神に祈ったこと、などが記されている。筆者は彼女について、一九三〇年代に紫雲古津から平取に移り住み法華経と混淆したトゥス(巫術)を行っていたことなどについて述べたことがある(木

名瀬　二〇一〇)。

(17) 知里真志保(一九五〇)、宮本馨太郎(一九五〇)、日本民族学協会(一九五〇a)。式には渋沢敬三、金田一京助、ジョン・ベネット、ハーバート・パッシンらのほか、翌年のアイヌ調査メンバーとなる岡、石田、杉浦、鈴木が出席しているが、泉はいない。

(18) 一九九七年一〇月二二日付の私信から引用。

(19) 同アーカイブ番号一七四。表紙には『十勝紀行Ⅰ　1953.8.25－9.2』と書かれている。

(20) 泉アーカイブ一九〇には、「アイヌの社会組織とその崩壊」と題された一枚の紙(タイプ印刷)が含まれている。日付は「昭和二八・一二・四」となっており、おそらくは著書の構成案であったものと思われる。「従来のアイヌ研究」「血縁組織」「地縁組織」「アイヌの系統」「アイヌの社会組織の崩壊」の五章から成るものが計画されていたようだ。

(21) 例えば、泉(一九六九)ではこのエピソードを一九四九(昭和二四)年のことと記しているが、無論これは誤りである。泉の書き記す年代など細かな事実関係の記憶にはそもそも大雑把なところがある、ということをあらかじめ踏まえて読まねばならない。藤本(一九九四:五九頁)。

(22) 新聞上のアイヌ関連記事をリストアップした社団法人北海道ウタリ協会アイヌ史編集委員会編(一九八九)所収の「新聞記事表題目録」には、この連載についての記載が欠落している。

(23)『銀座一丁目新聞』No.353(二〇〇七年三月一〇日号)「追悼録(269)名文記者・藤野好太郎君を偲ぶ」http://ginnews.whoselab.com/070310/tsuido.htm(二〇一四年一二月一六日閲覧)。

(24) その後泉は、一九六二年七月のオンコロマナイ遺跡の再発掘の前に静内町(現・新ひだか町)で葬制の調査を、一九六七年一二月から六八年二月までアイヌ絵の調査を行っているが、いずれもそれまでの社会組織に関するテーマとは異なるものである。

(25) 清水(二〇〇六:二六頁)。同書は清水が一橋大学退職時に行った最終講義を元にして刊行したもの。

(26) 清水(一九六八:六〇―六一頁)。ここで引用した注は、清水(二〇〇六:二四―二五頁)にも再掲されている。過去の人類学に対する批判的な問題意識だけでなく、ここでの「アイヌ差別」の捉え方にもまた時代状況の制約が反映していることには留意したい。

(27) 山崎幸治(二〇一二:三七〇頁)は、前述のオンコロマナイ遺跡発掘調査(東京大学文化人類学研究室の学部生・大学院生を引率した実習として実施された）に参加した学生・院生たちのなかに「その後の日本の文化人類学を牽引する諸学者の名を多く認めることができる」ことを指摘している。山崎は彼（女）らが「北海道で何を学び、何を学ばなかったのだろうか」と問い、この実習が「その後の文化人類学におけるアイヌ研究に対してどのような認識を持ったのだろうか」、また「アイヌ研究に対してどのような認識を持ったのだろうか」、また「アイヌ認識へ与えた影響」について検討する意味があると述べている。本章の問題意識とも通じ合うところのある指摘だが、いまわれわれが知りうる限りでの「文化人類学におけるアイヌ認識」の現状に鑑みれば、残念ながらその答えはすでに出ているのではないかと筆者には感じられる。

## 参考文献

### 日本語文献

アイヌ文化保存対策協議会編（一九六九）『アイヌ民族誌』第一法規出版
平取村開村五十周年史編纂委員会編（一九五二）『平取村開村五十年史』平取村役場
知里真志保（一九五〇）「アイヌ住居に関する若干の考察」『民族学研究』一四巻四号：七四―七七頁
藤本英夫（一九九四）『泉靖一伝――アンデスから済州島へ』平凡社
本田優子（二〇〇六）「金成マツの英雄叙事詩にみられるイトコ婚」（『比較文化論叢 札幌大学文化学部紀要』一八：一九―四〇頁
石田英一郎（一九五二）「沙流アイヌの共同調査報告について」『民族学研究』一六巻三・四号：二頁
泉靖一（一九三七）「大興安嶺東南部オロチョン族踏査報告」『民族学研究』三巻一号：三九―一〇六頁
泉靖一（一九五二）「沙流アイヌの地縁集団におけるIWOR」『民族学研究』一六巻三・四号：二九―四五頁
泉靖一（一九五四）「故杉浦健一教授と人類学・民族学」『民族学研究』一八巻三号：七二―七八頁
泉靖一（一九六九）『フィールドワークの記録――文化人類学の実践』講談社現代新書
泉靖一（一九七一）『遙かな山やま』新潮社＝（一九七二）『泉靖一著作集7 文化人類学の眼』読売新聞社：一五九―三八三頁
泉靖一・曽野寿彦（編）（一九六七）『人文科学科紀要第42輯 文化人類学研究報告1 オンコロマナイ』東京大

学教養学部人文科学科文化人類学研究室編・東京大学出版会
木名瀬高嗣（一九九七）「表象と政治性――アイヌをめぐる文化人類学的言説に関する素描」『民族学研究』六二巻一号：一―二一頁
木名瀬高嗣（二〇一〇）「「記憶の場」のエージェント――「アイヌ研究住職」と人文神オキクルミの〈昭和史〉」坂野徹・愼蒼健（編）『帝国の視角／死角――〈昭和期〉日本の地とメディア』青弓社：二四三―二八〇頁
金田一京助（一九三〇）「アイヌのイトクパの問題」『人類学雑誌』四五巻四号：一二九―一四三頁
久保寺逸彦（一九五二）「沙流アイヌの祖霊祭祀」『民族学研究』一六巻三・四号：四六―六一頁
久保寺逸彦（一九七七）『アイヌ叙事詩　神謡・聖伝の研究』岩波書店
宮本馨太郎（一九五〇）「アイヌ住家の建設について」『民族学研究』一四巻四号：七七―七八頁
名取武光（一九四〇）「削箸・祖印・祖系・祖元及び主神祈より見たる沙流川筋のアイヌ」『人類学雑誌』五五巻五号：二〇三―二二九頁
名取武光（一九四三）「沙流川筋アイヌの家紋と婚姻」『民族学研究』新一巻一号：一―一一頁
名取武光（一九四五）『噴火湾アイヌの捕鯨』北方文化出版社
名取武光（一九五一）「アイヌの貞操帯」『毎日情報』六巻五号：一三二―一三八頁
名取武光（一九七四）『アイヌと考古学（二）　名取武光著作集Ⅱ』北海道出版企画センター
日本人類学会・日本民族学協会連合大会（編）（一九五五）『日本人類学会・日本民族学協会連合大会第８回紀事』日本人類学会・日本民族学協会連合大会
日本民族学会（編）（一九六六）『日本民族学の回顧と展望』財団法人民族学振興会
日本民族学協会（一九五〇ａ）「一九四九年度事業報告」『民族学研究』一四巻四号：七九―八一頁
日本民族学協会（一九五〇ｂ）「アイヌ民族綜合調査の計畫」『民族学研究』一五巻一号：三四頁
日本民族学協会（一九五一）「アイヌ民族綜合調査の経過」『民族学研究』一六巻二号：九三頁
奥田統己（一九九八）「アイヌ史研究とアイヌ語――とくに「イオル」をめぐって」北海道・東北史研究会（編）『札幌シンポジウム「北からの日本史」　場所請負制とアイヌ――近世蝦夷地史の構築をめざして』北海道出版企画センター：二三六―二六一頁
佐々木利和（二〇一〇）「文化人類学はなぜアイヌを忌避したか――学問もアイヌを差別するか」北海道大学ア

イヌ・先住民研究センター（編）『アイヌ研究の現在と未来』北海道大学出版会：二二四—二三五頁
瀬川清子（一九五二）「沙流アイヌ婦人のUPSHORについて」『民族学研究』一六巻三・四号：六二—七〇頁
瀬川清子（一九七二）『アイヌの婚姻』未来社
社団法人北海道ウタリ協会アイヌ史編集委員会（編）（一九八九）『アイヌ史　資料編4　近現代史料（2）』北海道出版企画センター
清水昭俊（一九六八）「人類学的調査についてのノート」『東南アジアの民族と文化』2、東京大学文化人類学研究室：四九—六四頁
清水昭俊（二〇〇六）『これまでの仕事、これからの仕事——「最終講義」増補版』私家版
清水昭俊（二〇〇九）「文化人類学とアイヌ民族綜合調査——戦後期人類学の展開、その一」（http://shmz.seesaa.net/［二〇〇九年一〇月四日版］）
須田昭義（一九五二）「沙流アイヌの身体諸形質の調査資料について」『民族学研究』一六巻三・四号：八二頁
杉浦健一（一九五二）「沙流アイヌの親族組織」『民族学研究』一六巻三・四号：三—二八頁
祖父江孝男（一九八八）「杉浦健一——ミクロネシア研究の泰斗」綾部恒雄（編著）『文化人類学群像　3日本編』アカデミア出版会
帝国学士院東亜諸民族調査室（編）（一九四四）『東亜民族要誌資料　第二輯　アイヌ』帝国学士院
土佐林義雄（一九五二）「アイヌ民族の墓標」『民族学研究』一六巻三・四号：一〇二—一一五頁
渡辺仁（一九五二）「沙流アイヌにおける天然資源の利用」『民族学研究』一六巻三・四号：七一—八二頁
山崎幸治（二〇一二）「『民族学研究』におけるアイヌ研究——終戦から昭和四〇年代まで」ヨーゼフ・クライナー（編）『近代〈日本意識〉の成立——民俗学・民族学の貢献』東京堂出版：三六〇—三七五頁
吉田巌（一九五二）「古川コサンケアン翁談叢」『民族学研究』一六巻三・四号：一一六—一二六頁

**英語文献**

Munro, N. G.（1962）*Ainu Creed and Cult*. Kegan Paul.
Shirokogoroff, S. M.（1929）*Social organization of the northern Tungus: with introductory chapters concerning geographical distribution and history of these groups*. Commercial Press. ＝（一九四一）『北方ツングースの社

会構成』川久保悌郎、田中克己(訳)、岩波書店
Sugiura, K. & H. Befu（1962）“Kinship Organization of the Saru Ainu”, *Ethnology*, Vol.1 No.3, p. 287–298.
Watanabe, H.（1972）*The Ainu Ecosystem: Environment and Group Structure*. University of Tokyo Press.

# 第六章　アメリカ人地理学者による冷戦期東アジアのフィールド調査
## ――F・ピッツの結ぶ瀬戸内海、沖縄、韓国

泉水　英計

### 1　はじめに

冷戦初期の東アジアでアメリカのプレゼンスが増大したことは、政治や経済ばかりでなく学術の分野でもまた同様であった。戦前は相対的に手薄であった、この地域に関するアメリカの調査研究はこの時期に急速に量と質を増していく。とりわけ帝国日本の周縁部については、戦前のアメリカ学術界で系統的な研究活動が組織されていたとはいいがたい。また、日本あるいは中国に関する研究についても、王朝史や思想史、美術工芸などとは異なり、同時代の農村社会学といった学問分野の「周縁部」では、やはり研究者の層は薄かった。J・エンブリーや、英語圏ということならば費孝通ばかりが繰り返し言及されるのは、単に彼らの仕事が優れていたというだけではなく、つづけて記すべき研究者がすぐに見当たらないからではないか。そうであるならば、アメリカにおける東アジア地域研究の隆盛はいかにして可能となったのか。まずはこれを、

戦後の地域研究を担った人材の来歴への問いとして立てられるであろう。さらに、「どこから」というこの問いは、おのずと「どこへ」という第二の問いを喚起する。にもかかわらず、こうした問題について、これまで探求されたことがほとんどなかった。地域研究者が一つの調査地から別の調査地に移っていくときに、それらがどのように結ばれていたのかという問いである。

本章では、F・ピッツ（Pitts, F. R.）という地理学者の経歴とフィールド調査にその解答を求めてみたい。同僚からは、「文化地理学の伝統的カリキュラムを離れ、より形式的かつ計量的なアプローチに可能性を見いだした数少ない地理学者」（Pitts 2002=2008：280）と目されているが、実は、一九五〇年代から六〇年代初頭にかけて、ピッツは瀬戸内海や沖縄、韓国でむしろ質的調査の経験を積み重ねていた。これら三つのフィールドでの彼の経験は相互にどのように結びついていたのか、また、アメリカの発言力が肥大していた時期の東アジアという文脈で彼の調査はどのような実践的意味をもったのか。本章ではこうした問題を探ってみたい。

「どこから」「どこへ」という問いは、いずれのフィールドからでも問うことができるであろうが、本章では、共著という形で最も緊密な共同研究がみられ、関係した他の地域研究者を一つのカテゴリーとして把握しやすいことと、直接統治というアメリカのプレゼンスの鮮明さとを考慮して、探求の始点を沖縄に置く（第2節）。実際にピッツがそれぞれの調査地と出会ったのは瀬戸内海、沖縄、韓国という順番だが、これらを通時的に並べるのではなく、彼の第二の調査地である沖縄と瀬戸内海の結びつき（第3節）、第三の調査地である韓国と瀬戸内海の結びつき（第4節）という節で構成し、最初の調査地であった瀬戸内海については独立した節を設けず、他の二カ所でのフィールド調査の記述のなかで言及する。

## 2　『戦後沖縄』とその著者たち

### 琉球列島学術調査

全米研究評議会が発行した『戦後沖縄』は、一九五〇年代初めの沖縄の村落についての包括的な研究報告として知られている。ピッツを含む三名が委託を受け九ヶ月にわたるフィールド調査をおこない、沖縄に駐屯するアメリカ軍のために作成した住民行政の参考資料である。軍内出版物に準じる扱いを受けたため一般読者の目に触れる機会は少なかったが、専門家からは高い評価を受けてきた。「沖縄の最も判りやすい一般人類学上の資料」（マレッキ　一九六二：九八頁）であり、「網羅的かつ総合的な記述に基づく極めて有益な報告書」であって、その材料を提供したフィールド調査は、複数の観察地を組織的に選び、島内の地域的偏差が配慮されている点で「沖縄研究史のうえでもおそらくエポックメーキングなプロジェクト」（比嘉　一九八五：二六〇―二六一頁）であったという。

このプロジェクトについては別稿（泉水　二〇一三）で触れたことがあるので簡単に概要だけを示す。米軍の沖縄駐留の長期化は一九四九年中にはほぼ既定路線となっていた。その管理下にとどまる島民の福祉に対する責任が生じ、長期的な復興計画を策定するために、現地社会について信頼に足る情報が火急の用となる。陸軍省と米国アカデミーが結んだ委託契約にもとづき、全米研究評議会の太平洋学術部会が専門家派遣の実務を請け負って、琉球列島学術調査という一連のプロジェクトが計画された。五一年夏より、公衆衛生と天然資源開発、民間情報教育といった分野の学術専門家が次々と来島する。このシリーズの最後となったのが、五三年九月より翌年の六月に実施された「沖縄の人々にたいする合衆国軍政府の影響」の研究すなわち『戦後沖縄』プロジェクトであった。

三名の著者たちは、どのようにして調査技術と背景知識を獲得し、フィールド調査に不可欠な言語運用力を身につけたのであろうか。調査チームは、二人の文化人類学者と一人の地理学者から組織された。まずは、太平洋学術部会に提出された履歴書を参考に、それぞれが沖縄に派遣されるまでの経歴をみておこう(1)。

## W・サトルズ

調査チームのリーダーを務めたのはW・サトルズ(Suttles, W. P.)である。ブリティッシュ・コロンビア大学で文化人類学を教える三五歳の助教授であった。ワシントン大学で学び、一九五一年に博士論文「ハロー海峡およびロザリオ海峡の海岸セイリッシュの経済生活」で学位を取得している。セイリッシュはアメリカ太平洋岸北西部の先住民で、最後の母語話者たちと接していたサトルズは、後年、民族誌的研究ばかりでなくセイリッシュ語族の言語研究でも第一人者となる。当時は駆け出しの北米先住民研究者であったが、そのような彼がいったいなぜ沖縄に派遣されたのか。

その答えは戦時動員にある。一九四一年一〇月、対日戦必至とみたアメリカ海軍は日本語士官の養成を開始した。バークレーに海軍日本語学校が開設され、三ヶ年分の「長沼式標準日本語読本」を一二ヶ月で修了するといった集中的な訓練がおこなわれる。サトルズはその第一期生二二名のうちの一人であった。卒業後は一部の同期生とともに太平洋地区諜報部隊に配属される。押収文書の翻訳作業にあたっていたが、四四年一月にはマーシャル諸島へ向かう海兵隊に随行し、クェゼリン環礁で実戦にも参加した。このような最前線での彼の任務は、暗号表や機雷海図など戦術的に利用価値の高い資料を戦場から拾い出すことであった(Digman 2013: 115-116)。

一九四五年四月には沖縄への侵攻がはじまる。海軍日本語学校の卒業生は一〇〇名以上が従軍した。サトルズは沖縄軍政府に配属され、伊平屋島、粟国島を経て沖縄本島で民事作戦にあたる。ここで沖縄人と親密な関係を築いた彼は、八月一五日から帰国する年末までの四ヶ月間は、むしろ文化人類学者の「フィールドワーク」のような滞在であったと回想している。一方、沖縄の側では、サトルズは『ウルマ新報』を創刊した軍政士官として記憶されている。後に東京に移住して社会党の代議士となる島清が社長に起用され、七月末から週刊で発行した戦後沖縄最初の新聞である。民間人収容所に閉じ込められていた一般の沖縄人たちは、ポツダム会談や原爆投下、本土空襲、日本の敗戦といった外界の出来事をこのタブロイドを通して知ることになった（島　一九七〇：一九五―二〇八頁）。

### W・リブラ

もう一人の文化人類学者であるW・リブラ（Lebra, W. P.）は、『戦後沖縄』の調査チームに加わったとき三〇歳、いまだハーバードの博士課程に在籍中であった。彼はミクロネシア研究者のD・オリバー（Oliver, D.）の学生であり、太平洋学術部会の顧問であったこの指導教員に強く応募を促されたという。ミネソタ大学の修士課程で極東学を修め、戦時中は陸軍で日本語訓練を受けている。ニューギニア、ついでフィリピンのマッカーサー司令部に配属されていたが、終戦直後には将軍の先遣隊として沖縄経由で東京に来ている。

リブラは『戦後沖縄』のフィールド調査の経験を最大限に活用したといってよいだろう。一九五九年に個人研究者として沖縄島を再訪した彼は、そこで収集した情報を追加した資料をもとに学位論文を書く。後に『沖縄の宗教』（Lebra 1966）として出版されたこの研究は沖縄研究者の必読書として広く知られている。ハワイ大学に教職を得たリブラは、沖縄のシャーマニズム的伝統の研究を医療人類学や多文化間精神医学の視点から継続し、ハワイ大学を数少ない国際的沖縄研究の拠点とするのにも貢献した。

## F・ピッツ

最後の一人、調査時には二八歳と最年少の著者が、以下本章でその軌跡を追う地理学者のF・ピッツである。コロラド州山間部の農家で育ち極東とは無縁、日本にも無関心であったが、入隊後にスカウトされ、一九四五年三月に海軍東洋語学校に入る。先に触れたバークレーの海軍日本語学校の後継機関であった。日本語学校は、開戦後に沿岸部から立ち退きを強制された日系人教員とともにコロラド州ボルダーに移転し、四四年からは北京語やマレー語、ロシア語も教授されることになったので名称変更されていた（和田 二〇〇七：一〇一—一一〇頁）。日本語士官の需要拡大を見込んで、オクラホマ州スティルウォーターに分校が増設され、ピッツはそこに移って卒業を迎える。しかし、実戦にも海外での占領任務にも着くことなく数ヶ月後には軍籍を離れている。

就職活動中にたまたま参加したサマースクールでの出会いが彼の人生を変えることになった。ミシガン大学の地理学者R・ホール（Hall, R. B.）との邂逅である。中国大陸での軍務から戻ったホールは、地域研究機関を整備する全国的な運動の指揮をとっていた。戦後の国際ネットワークの集積点となったアメリカには、世界各地の情報を適切に収集処理する体制づくりが求められていた。各大学の実績を考慮しそれぞれに特定の地域を割り当て、民間財団の援助で研究所が次々に新設される（Hall 1947）。ミシガン大学には戦中の陸軍短期集中日本語学校の素地があり、一九四七年にホールは日本研究所を設置した。さらに、フィールドワークこそが地域研究の要石であるという持論にしたがって、五〇年には岡山に現地出張所も開設した。ホールの大学院生たちが次々と来日し、出張所の共同研究に加わるとともに、そこを拠点にそれぞれの学位論文に向けた調査をすすめる。(2) 漁村・高島を研究したE・ノーベック（Norbeck, E.）や山村・馬繋《まつなぎ》を研究したJ・コーネル（Cornell, J. B.）といった文化人類学者がよく知られているが、ピッツも彼らと並ぶ学生の一人であった。五一年二月から翌年三月まで出張所に滞在し讃岐平野の農村の地理学研究をまとめる。『戦後沖縄』プロジェクトは、博士論文の口頭試問を待つ間に得た第二のフィールド調査の機会であった。

## 3　沖縄と瀬戸内海——生産性の村落空間

### 調査デザイン

この節ではまず、調査委託にあたりサトルズとリブラ、ピッツに示された調査計画書からフィールド調査の全体像をみておこう（「沖縄の人々に対する合衆国軍政の衝撃」一九五三年五月二二日）。『戦後沖縄』のフィールド調査は以下の三部から構成されていた。

①駐留米軍の影響が相対的に少ない村落の分析。沖縄人元来の社会や行動、思考の全般的な様相を記述し、戦後の変化を計測する際の基準点を設置する。

②駐留米軍の存在が劇的な変化を及ぼしている村落の分析。たとえば、軍用地接収による耕地の減少や米軍施設内での就労機会の増加、アメリカ人との頻繁な接触などが目立つ村落で、沖縄人がどのように文化変容へ反応し適合しているかを分析する。

③アメリカ人と沖縄人の関係を考えるうえで重要だと目される二一項目の検討。

この二一項目については特に分類はされていないが、民政案策定の参考資料という目的を念頭に置けば次の五種類にわけることができるであろう。

①政策リスクを減らすための沖縄文化の特徴と沖縄人の価値観の把握

図表6－1　*Postwar Okinawa* の主要調査地

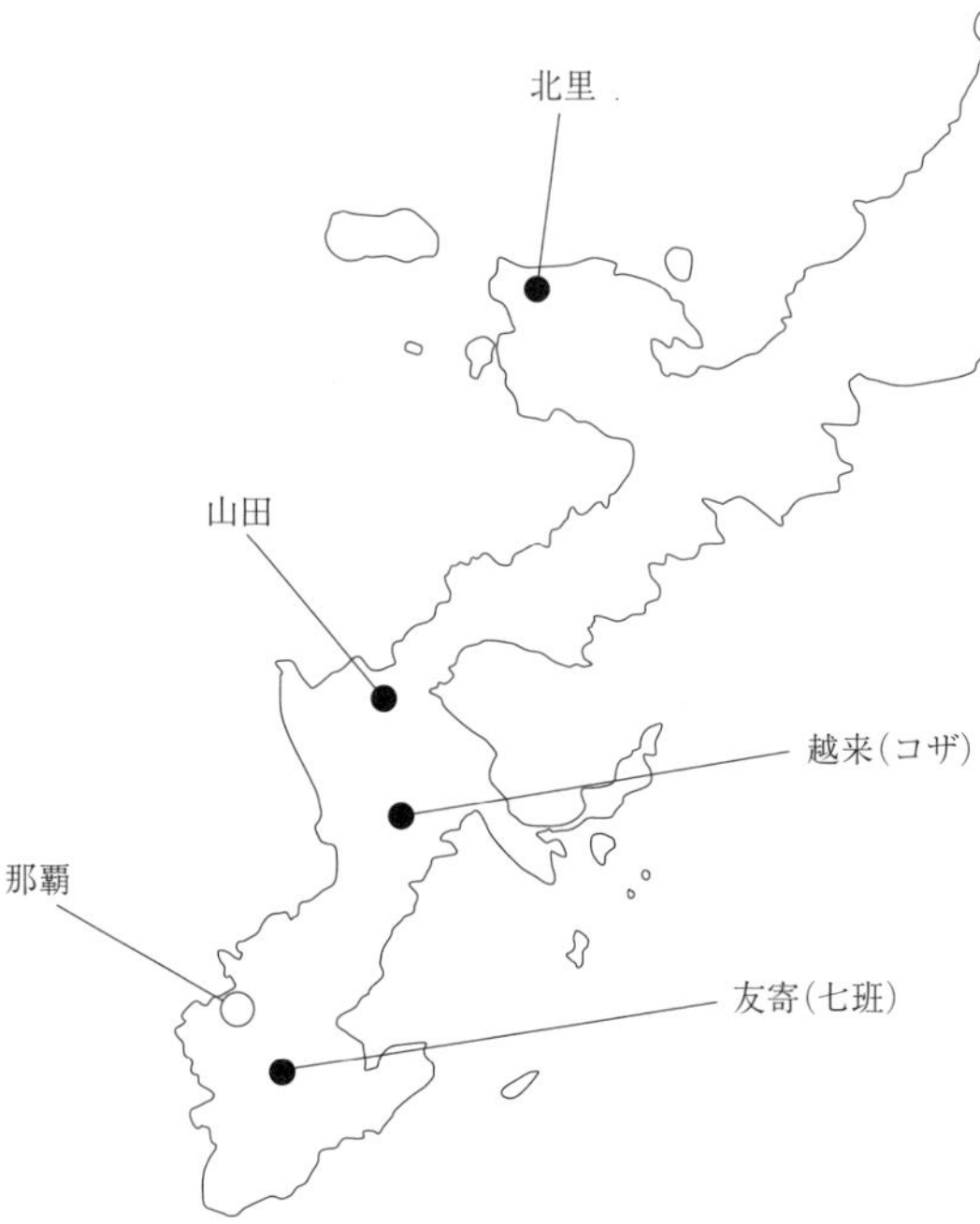


出典：著者作成

（異なる種類の労働および余暇の評価、家族組織および村落組織、村落のリーダーシップ、エチケット、様々なパーソナリティと理想型、沖縄人とアメリカ人の宗教的概念の違い）。

②政策を効果的に実施するための沖縄社会の情報経路の把握

（法令類の実効性、上意下達機関としての警察、世論形成機関としての経済団体や政党、市場や行商を通じたインフォーマルな情報伝達、マスメディアや移民および旅行による情報伝達）。

③政策立案時に把握しておくべき社会と文化の基本的な動向

（強制移住が土地所有や土地利用システムに及ぼした影響、労働市場や輸出入の趨勢および製造業の発展、人口変動、伝統芸術の変容）。

④日本人と比較したときのアメリカ人の評価
（沖縄人と日本人とアメリカ人の権威それぞれに対する態度、過去と現在の支配層の沖縄での振る舞い、日本人およびアメリカ人についての沖縄人の考えと態度）。
⑤直接的にアメリカの評価に関わる情報
（アメリカの諸政策の実施状況、基地労働者に対する他の沖縄人の態度、人種に関する態度）。

以上のような調査計画案を携えて来沖した三名はそれぞれが、米軍侵攻前の暮らしを残す村落と、駐留米軍の影響で変容する村落とを一つずつ選んで主要な調査地とした。これらのうち本章で言及するものについては図表6－1に示してある。ただし、彼らは、報告書の作成にあたってお互いの調査データを共有し、内容にしたがって立てた各章を分担執筆した。ピッツの担当した章を詳しくみてみよう。

### 七班集落

導入にあたる地理的概況にくわえ、ピッツが執筆したのは、第三章「農業史と土地利用および食品」、第四章「農村経済」、第七章「人口」である。第三章では、耕作種目の変遷や耕作技術、耕地所有の形態、食品の日本との違いに触れ、第四章では、生産物の販売と必需品の購入方法、労働交換、村内産業、相互扶助、リーダーシップ、税制といった項目を扱っている。第七章では統計資料を地図化して、市町村によって大きく異なる近年の人口動態を明らかにするが、ずっと多い頁を割いて家族の構造的特徴を記述している。戸籍簿を縦横に分析したものであるが、彼によれば、戸籍簿は「最も役に立つ情報源なのに社会学者がこれまでほとんど手をつけてこなかった」貴重な資料であった（Pitts et al. 1955: 125）。

ピッツが入手したのは沖縄島南部の島尻郡東風平《こちんだ》村の戸籍簿であったが、上記各章の項目についての考察

図表6-2　東風平村字友寄

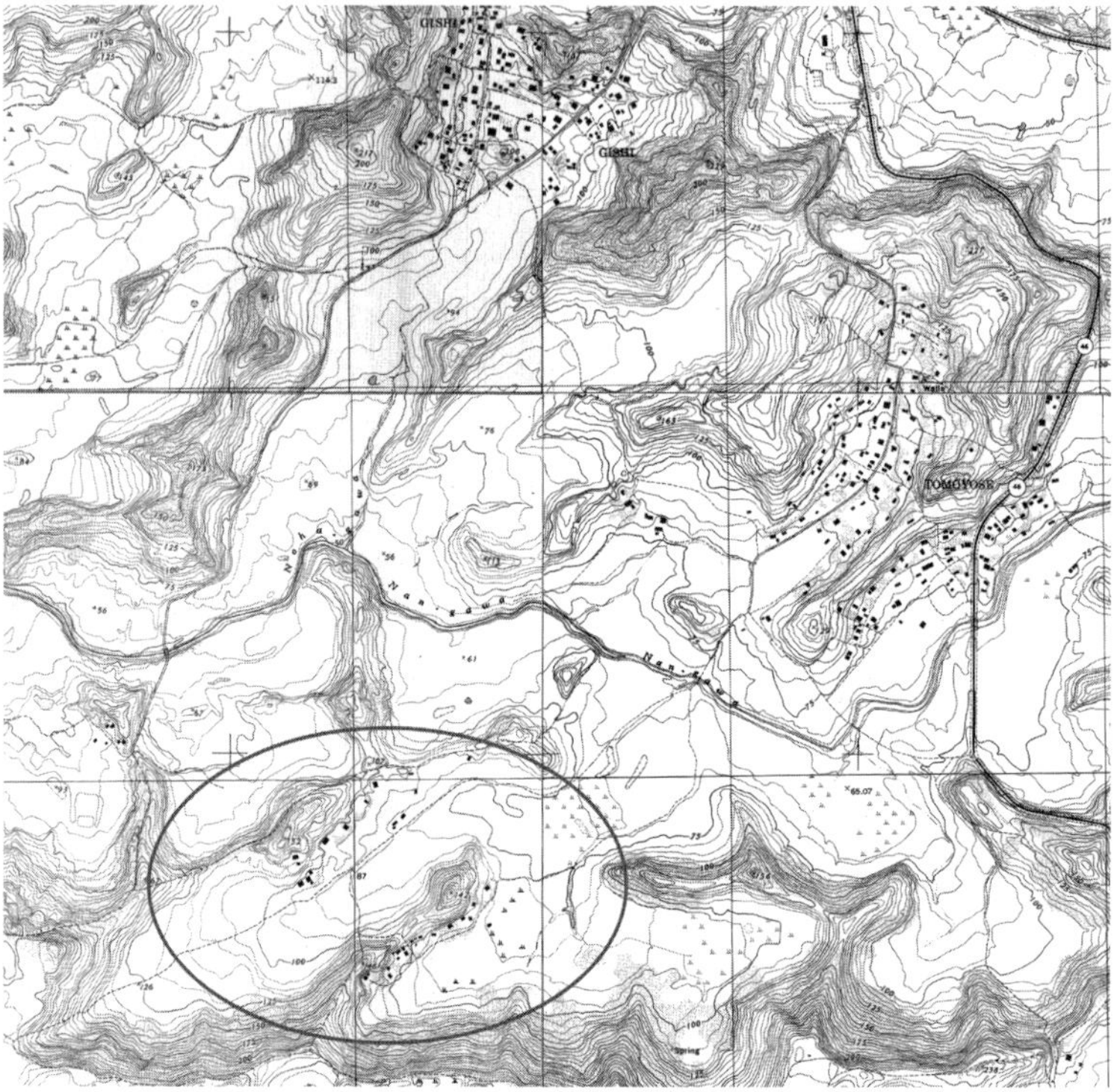


注：楕円内が七班。右中段の友寄旧集落や上方の宜次《ぎじ》集落のような集村とは対照的な散居村である。
出典：沖縄県公文書館所蔵米軍作成四八〇〇分の一地形図

は、その東風平村の字友寄《ともよせ》に属する「七班」集落での観察に主に依拠している。友寄を構成するインフォーマルな七区画の一つであり、当時は二三世帯であった。占領の影響の薄い村落としてピッツが選んだ調査地だが、沖縄の村落研究に親しんだ者ならばこの選択には違和感を抱くであろう。というのは、「七班」は文字通り最後に友寄に成立した比較的新しい集落だからである。

一八世紀以降、琉球国の官職を失った下級士族が王都首里を離れ、開墾耕作に従事するために農村地帯に寄留移住するようになった。屋取《ヤードゥイ》集落と呼ばれるこの種の集落は、開拓という成立時の条件のために、耕地のなかに宅地が点在する散居村の形態をとり、典型的な集村形態を特徴とする旧来の百姓集落とは明瞭な違いをみせる（図表6－2）。沖縄島にある約六〇〇の集落のうち一三八が屋取起源の集落だが、沖縄の農村生活を描く民族誌は古い百姓集落をあつかうのが常であった。概して百姓集落の方がまとまった数の世帯があり、伝統的な村落組織や土地に根ざした年中行事が多くみられることが理由であろう。

このような古い村の選好はアメリカ人人類学者にもみとめられた。琉球列島学術調査の初年度におこなわれた各群島の民族誌調査で、宮古群島を担当したW・バード（Burd, W.）は宮古島の狩俣集落を選び（Burd 1952）、八重山を担当したA・スミス（Smith, A. H.）は石垣島の川平集落を選んで（Smith 1952）長期の参与観察をしている。両集落ともその発生を先史時代に辿ることが明らかな古い村であるばかりでなく、狩俣には「ウヤガン」、川平には「マユンガナシ」といった、民俗学的な興味をひきつける独特の祭祀儀礼があることでも知られていた。

にもかかわらず、なぜ屋取集落の「七班」なのか。調査地選択についてのピッツの説明は、「日本での経験とくに新池集落での経験をより有効に活用するため」というものだった。新池は岡山平野のはずれにある二二世帯の集落で、ミシガン大学日本研究所の現地出張所がおこなった共同研究の調査地である。「七班」との共通点として、①幹線道路の側に位置すること、②住民に都市通勤者もいること、③海岸から数キロメートル離れていること、④ひとつの家系が支配的であること、⑤集落内に商店がないこと、⑥二毛作がおこなわれ、米のほかに主要な換金作物があること、⑦米軍占領による物理的影響がないことを指摘している。比較の便をはかるために社会的および地理的観点から新池に類似した集落が選ばれたのである（「中間報告書」一九五三年一一月三〇日）。

図表6-3　瀬戸内海地方のピッツの調査地

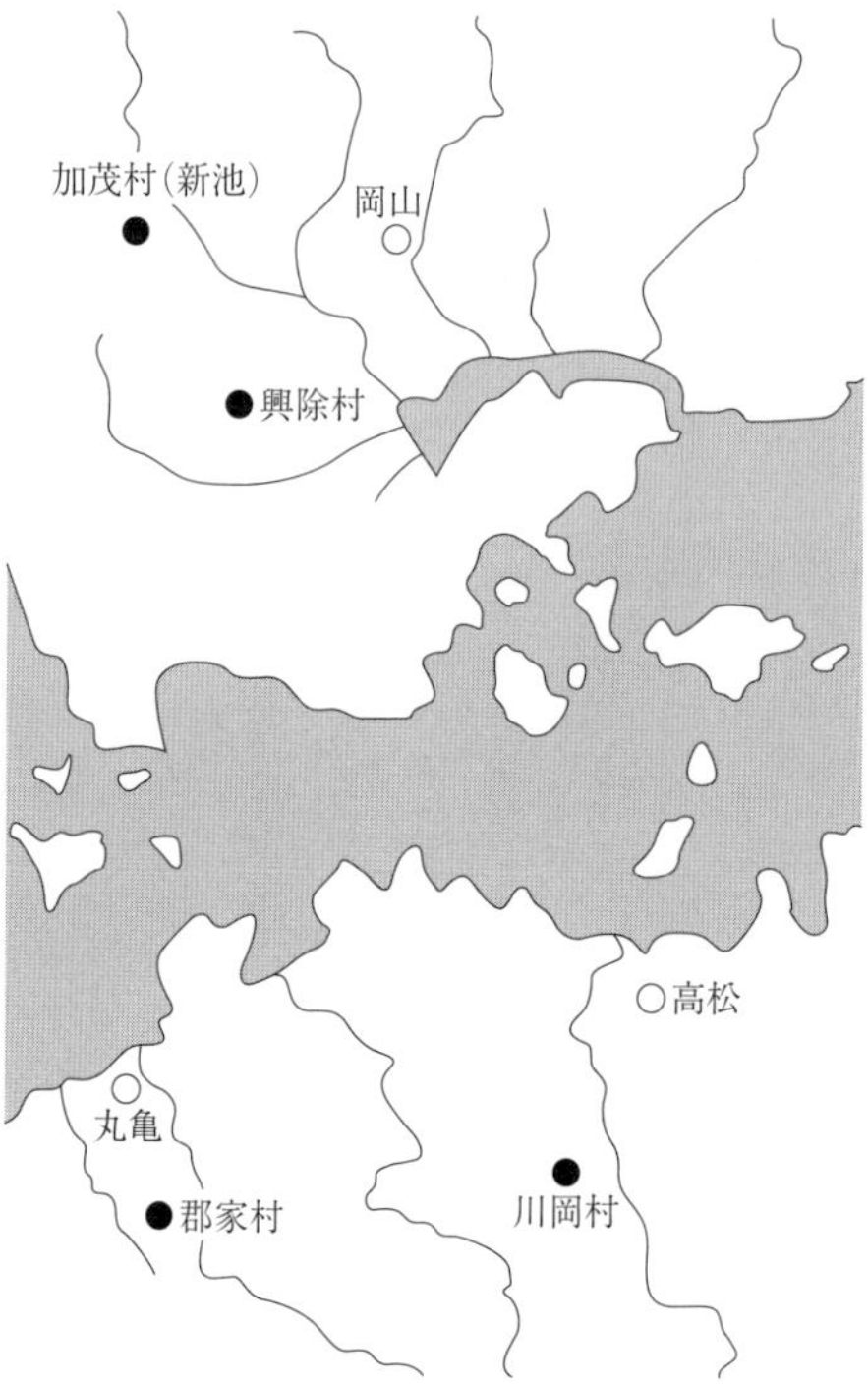


出典：著者作成

## 逆境のただ中の繁栄

「七班」はまた、ピッツが博士論文で詳細に研究した瀬戸内海地方の他の二つの集落とも類似点があった。仲多度郡郡家《ぐんげ》村と香川郡川岡村である。ともに約五キロメートルの村域で人口四〇〇〇人弱が水田稲作を営む農村で、郡家は沿岸の城下町丸亀から約五キロメートル、川岡は高松市街から九キロメートルほど讃岐平野に入ったところに位置する（図表6-3）。ピッツの博士論文「日本の周縁地域と瀬戸内海地方における土地生産性および潜在的生産性の比較」は、新池の属する岡山県都窪郡加茂村と合わせた三ヶ村を「中核地域」の標本とし、対照標本として「周縁地域」である石川と千葉、宮崎から、地理的条件が瀬戸内海地方の三ヶ村と類似する村落を選んだ比較研究である（Pitts 1955a）。

この「中核」と「周縁」の認識には説明が必要であろう。ミシガン大学の岡山研究者たちは、一見すると矛盾した次の三つの現象に気づいていた。

①大都会から遠く離れた岡山の農家のほうが、首都圏に近い関東地方の農家よりも豊かな暮らしをしていること。

②岡山の農村は人口密度が高く、一人あたりの耕地面積が小さいのに農家の収入は多いこと。
③労働力過剰にもかかわらず、省力農業機械への関心が高いこと。

機械化の問題は本章後半にゆずる。最初の二つの矛盾を解く鍵として彼らが注目したのが、岡山の農家がもつ洗練された耕作技術であった。先作物の刈り入れを待たず後作物を植え付ける間作《かんさく》という耕作法を多用し、一年を通じ途切れることなく輪作を続けることによって、限られた耕地が徹底的に利用されていた。そして、間作を組み合わせるような複雑な利用には耕地面積が小さい方が実は有利であった（Beardsley et al. 1959: 472）。このような耕作技術は、長い年月をかけて瀬戸内海地方の農村が蓄積してきたものの一端であり、ここでいう「中核地域」とは、日本式農業の粋を極める先進地という意味である。

ピッツの観察によれば、このような耕作技術の洗練は「香川においてその頂点に達していた」（Pitts 1955a: 23）。ため池の点在する有名な景観が物語るように、降水量が少ない讃岐平野では農業用水の確保に困難を極め、実際に頻繁に干魃に襲われていた。けれども、この悪条件は排水には有利に働き、冬期の麦の裏作に必須な土壌乾燥は容易なので畝立てを省略することができる。そのうえで播種と収穫の時期を調整して間作することで耕地は最大限に活用されていた。要は土地の条件にあった効果的な耕作法を導き出す発想であり、香川の農民はそれに長けていた。

表作の稲の収穫量も単位面積あたりの競争であるならば、創意工夫に満ちた輪作と施肥、深耕をもって全国第一位を獲得する篤農家を複数だしている。しかも、田植えを二回繰り返し、最終的に刈り入れまで栽培する株を厳選するとか、裏作の刈り入れを待たずに水を引く前の田に早々と稲を直播きするとかいったような、限られた耕地のなかでより高い生産高を目指す独創的な耕作方法の「実験」が、農民自身の手で実際の耕地をつかって続けられていた。これらを観察したピッツは、水不足や狭隘な耕地がより高度な集約的利用を促してきたのであり、香川の農民は「逆境のただ中でこそ豊かに暮らしている」と結論づけている（Pitts 1955a：3）。

香川の農村を下敷きにすると、本来は開拓入植の結果にすぎない沖縄の「七班」の散居村形態も、効率的な土地利用という観点から再解釈される。「七班」では、友寄の他の六つの班を構成する集村形態の地着き集落よりも多くの野菜を生産していた。住民によれば、宅地が相互に離れているので、往来が容易な近隣に野菜畑をつくることができた結果であった（Pitts et al. 1955：14）。集村よりも散居村形態の方が、農作業のスペースを住居の側に確保するうえでも、耕作地への日々の移動の無駄を省くうえでも有利であり、その結果として収穫の向上につながるというのは、実は、ピッツが香川の農村ですでに耳にしていた説明だったのである。

「不幸な傾向」

アメリカ人研究者が日本式農業の洗練を正しく評価することは、異文化の理解ということにとどまらず、占領期にあっては実践的な意義を強く帯びた。ピッツの博士論文に結論とは別に一節を設けて付された勧告はこれを明瞭に物語る。

悪化した食糧事情のなかで農産物の増産が求められていた。ピッツによれば、この要求にこたえようとする「西洋の地理学者やジャーナリストには他国に自国のやり方を押し付ける不幸な傾向」があった。豚肉食が普及していないのに養豚を勧めたり、食慣行上は飼料としかみなされないトウモロコシの栽培を勧めたり、水田を減らして牧草地を増やすことを促したりといった提言である（Pitts 1955a：230）。

しかし、日本が食糧援助から脱し自立的に農業の未来を切り開いていくのを助けたいのであれば、自然環境と文化の違いを無視してアメリカ式の農業を押しつけるのではなく、日本のなかで最も高い生産性を達成している地域の実践を明らかにし普及させるべきである。このような見解のもとにピッツは、間作の工夫、裏作の充実、実験用耕地の確保、（徹底利用された耕地の地味を維持する）化学肥料工業への助成といった具体的な勧告をおこなっていた（Pitts 1955a：231）。

　相対的に豊かな農村を研究し、その豊かさを生む技術を広めることで日本の戦後復興に資す。そもそもミシガン大学日本研究所が研究対象として瀬戸内海地域を選んだ理由として、この地域の歴史の長さとか、占領軍の司令部から遠く干渉を受けないとかいうことが指摘されてきたが、農業という観点からは、このような実践的課題と結びついた展望が一つの要因であったにちがいない。

　同様に米軍統治下の沖縄でも、自文化中心主義的な農業開発を勧める「不幸な傾向」は氾濫していた。東風平村のある沖縄島南部の高台には草地が拡がっているが、「アメリカ人の目には不毛の地としか映らず、なぜ耕して作物を植えないのか」という疑問あるいは批判が沖縄人にむけられていた。けれども、ピッツによれば、ススキは箒に、茅は屋根葺きや飼料に、モグサは灸に、ヒラハグサは中和剤に、ワラビ類は食用に、フキは代用煙草に、月桃は餅を包んだりサトウキビを縛ったり、クワズイモは味噌の包装に、ギンネムは屋根の材料に、その葉は飼料に実《み》は代用茶にと、草地は十分に利用されていて無駄はなかった（Pitts et al. 1955：21）。

　であれば面積の大小に応じて価値が異なるはずであるのに、軍用地として接収した「原野」の賃貸料は、区画面積を考慮せずに区画数のみで計算し支払われていた。『戦後沖縄』はこの計算法を面積に対応したものに早急に改めるよう勧告している。不毛の地という誤解を正せば、面積によって補償すべき損失の差があったからだ（Pitts et al. 1955：217）。

沖縄文化の安定した基準点を見定めるために、ピッツは伝統的な村落を探したのであるが、すくなくとも農業に関するかぎり、そのような課題設定は当を得たものでなかった。沖縄では「不変の東洋という考えは確実に的外れ」であり、「これほど多くの変化がこれほど速く成し遂げられた場所を他に探すのは難し」かった（Pitts et al. 1955: 12）。

基幹作物と目されるサトウキビは、一五世紀までには沖縄に伝わって砂糖も生産されていたが、重要な作物となったのは日露戦争後である。黒糖価格が急騰すると、水田が次々とサトウキビ畑に変えられた。黒糖ブームはすぐに去るが、日本政府の補助金が導入されサトウキビ畑は存続する。けれども、戦後は補助金も日本という市場も失ってしまい、極度の食料不足を補うためにサツマイモが栽培された後、労働対価が見合わないサトウキビ畑は再び水田へと戻されていった。一九四八年に一一万四〇〇〇坪であった東風平村の水田は五二年までに三〇万坪を越え、水田復活の勢いはピッツの眼前でさらに続いていた。ただし、近世や近代初期のように納税や輸出のための商品作物としてではなく、自家消費用米を生産するための水田であった。

とはいえ、「七班」の住民が日常的に米軍の姿を目にする機会はなく、占領の直接的な影響を観察するべき村落は他に求められる。他の二名の選択をさきにみておくと、サトルズが選んだのは中頭《なかがみ》郡恩納《おんな》村の山田集落であった。集落の周囲に米軍部隊が駐屯し、居住地も移動を余儀なくされてはいたが、部隊との比較的良好な関係が保たれ、近隣に多い軍事施設に職を得る者もいた。一方、リブラは北部の国頭《くにがみ》郡上本部《かみもとぶ》村の北里集落を選んだ。旧来の土地に米軍が飛行場を建設し、住民が所有する土地の七三パーセントが接収され、もとの集落が三分割されてしまったうえに、七割以上の住民が侵攻前の所有耕作地のほぼすべてを失っていた。恩納村と異なり、沖縄島中部の軍事施設からは遠く軍関係の雇用機会にも恵まれないため衰退が著しかった（前掲図表6－1参照）。

すでに一九四六年の軍政府活動報告書には、土地収用による可耕地不足が速やかな復興を阻んでいるという指摘がある。[3] ピッツの集計では、一九四〇年と比較すると一九五〇年には沖縄島全体で水田が八三パーセントに、畑地は六二パーセントに減少していた。地域別にみると、軍施設が集中する中頭郡での耕地減少が激しく、水田も畑地も実に半分以下に減っていた。

では、変化する村落としてピッツはどこを選んだのであろうか。『戦後沖縄』を注意深く読むと、それが中頭郡越来《ごえく》村であったことがわかる。前書きに一言だけ触れられているのだが、本文には越来への言及がほとんどない。越来はむしろアメリカ軍が名付けた「コザ」の名で知られ、調査チームが去った二年後に実際に正式名称も後者に改められる。戦前は静かな農村であったが、主要な軍事施設を結ぶ幹線道路が貫き巨大な嘉手納空軍基地が近所に建造されたことで、戦後は賑やかな歓楽街へと変貌していた。登記台帳上は水田と畑地しかないはずの土地に、実際にはレストランや映画館、土産物屋、そして売春宿が並んでいた。

以前に紹介したことがあるので簡単に述べると、ピッツがコザで明らかにしたのは、よく組織化され日常化した売買春業の実態である（泉水　二〇一三：四九三―四九四頁）。売春宿の経営者たちは地域ごとに「組合」を結成し、医療助手を雇い、保健所の性病検査費用などは組合費から供出されていた。軍政府や憲兵隊と交渉し、琉球警察の派出所で会合を開き、現地の税務署に毎月「税金」を支払う。地域では彼らは一般のビジネスマンとみなされ、琉米親善協会のような社会の表舞台に出る組織に名を連ねる者もいた。一方で、若い女性たちがその商売ゆえに社会的烙印を押されることもなかった。むしろ家計を助け親族を金銭的に補助していることを彼女たちは誇りとするかもしれない。沖縄社会では、「家族への忠誠心が西洋起源の清教徒的行動倫理よりも上位に置かれていた」からである（Pitts 1955b：12）。

越来についてのこのような記述は『戦後沖縄』には採用されず、別刷りとして綴じられて限られた範囲でのみ回覧された。当時、新規の軍用地接収が激しい抵抗運動を引き起こしてしまい、在沖米軍上層部は住民の動向に神経質になっていた。議論を引き起こす可能性のある、アメリカ人と沖縄人のこのような関係を民間人に知られることを嫌ったための処置である。占領の影響を明らかにすることが調査を委託した軍の要望であれば、越来は「人口動態からみても、土地利用からみても、あるいは職業の変化からみても、最も『影響を受けた』村落」(Pitts 1955b: 1) であったのだが、コザの実態は広く知られるにはリスクが大きすぎたのである。

## 4 韓国と瀬戸内海――ハンドトラクター

### ハンドトラクターの父

瀬戸内海での調査経験は、これに続く『戦後沖縄』調査に指針を与えたように、ピッツが第三の調査フィールドに巡り会ったときにもまた、彼の調査活動を方向づけることになった。そのフィールドとは韓国農村である。

沖縄調査から戻ったピッツは博士論文審査を終え、オレゴン大学地理学科に教職を得る。一九五〇年代末、同大の経営学部では連邦政府の対外援助委託事業を取り付け、数名の経済学者を韓国に送り出していた。韓国政府がはじめての経済開発計画を策定している最中であり、復興部経済開発委員会顧問団としての派遣であった。農業経済学者の人選が難航していることを聞き及んだピッツは、経営学部長に自らの強引な売り込みをかける。朝鮮語の日本語との類似に関心を抱いていた彼は、すでに独習をはじめていた。さらに、アメリカで白人が黒人について言うような差別的発言が、日本では朝鮮人について言われるのをみたときから、彼らの本当の姿を自分の目で確かめてみたかったのだと回想に記している (Pitts 2002=2008: 282)。

一九六〇年七月、ピッツはソウルに降り立ち顧問団に加わった。農村地帯を巡見する彼の発見が韓国農業を大きく変えることになる。回転式耕耘機、より厳密に言えば和製英語のハンドトラクターである。[4] 園芸用のアメリカ製回転式耕耘機が数台使われていたのに加え、農事試験所の倉庫には日本製のハンドトラクターが一台、日本嫌いの李承晩の目を避けるように保管されていたという。それをみたピッツは昂然とハンドトラクター導入計画に着手することになる。

計画実現には元容爽《ウォン・ヨンソク》の助力が大きかった。当時は食糧農業研究所が発行する月刊誌『食料と農業』の編集長を務めていたが、三年後には農林部長官となる官僚政治家である。一九六〇年暮から翌年春の同誌には矢継ぎ早にピッツの短報が掲載された。[5] 多くは日本の農業と比較しながら韓国農業の改革へ向けた提言を記したものである。さらに元《ウォン》は、政策担当者へのロビー用にピッツの計画案を紹介した小冊子も作成した。[6] その効果ははやくも六一年四月にあらわれる。この月、立法府では当初予算として三万九〇〇〇米ドル相当の割り当てが承認されて、ハンドトラクター導入事業が始動することになった。数年後にピッツと再会した元《ウォン》は、ピッツは「韓国におけるハンドトラクターの父」だと同行者に紹介したという（Pitts 2002=2008：283）。

### ハンドトラクター発祥の地

ハンドトラクターがピッツの目を引きつけたのはなぜだろうか。岡山の農村でミシガン大学の研究者たちは、急速に進行しつつある農業の機械化を目撃していた。先にも触れたように、当初それは一種のパラドックスにみえたという。農地面積に対する人口の割合が多く、労働力の余剰が明らかであるにもかかわらず、農家は機械による省力へ高い関心を示していた。

謎を解く鍵は、近隣都市との歴史的に密接な関係およびその二毛作への影響にあった。岡山では裏作として藺草《いぐさ》の栽培が広くおこなわれていた。機械化で起耕効率をあげることで、収穫と播種が重なる農繁期のピークを乗り切って二毛作を拡大できる。また、耕耘をはじめとする農作業にかかっていた人手を畳表の家内

図表6－4　新池調査委員会研究委員

| | | | | |
|---|---|---|---|---|
| 社会 | 岡田謙（教育大） | 中野卓（教育大） | 森岡清美（教育大） | 居村栄（岡大） |
| 農業経済 | 神谷慶治（東大） | 長友繁雄（岡大） | 伊藤卓（農林省） | 福田稔（岡大） |
| 歴史 | 谷口澄夫（岡大） | | | |
| 地理 | 小笠原義勝（建設省） | 石田寛（岡大） | | |

工業にまわし、収穫した藺草に付加価値をつけて販売することもできる。このような昔からの換金作物栽培を拡大することに加え、近年に都市化がすすむ近隣で若い世代の就労の機会を拡げるうえでも、機械化による農作業の省力は家計の更なる増収につながった。このような条件のもとでは「人口密集は厄介の種ではなく経済的な繁栄の資源」となったのである（Beardsley et al. 1959：473）。

ミシガン大学による岡山研究の第二段階は、農業機械化というこの問題にピンポイントで照準をあわせたものとなった。一九五五年、助成金打ち切りにより岡山の現地出張所は閉鎖されるが、同じ年にホールはアジア財団の駐日代表となった。そこで彼が立案したのは、財団の補助金で新池集落の機械化を促し、その社会的経済的影響を記録分析するという一種の実験観察であった。目的は、アジア諸国での農業機械化計画をすすめるために参考となる資料の作成である。社会学者の岡田謙を代表に、東京教育大学と東京大学農学部、岡山大学そして関連省庁の研究者からなる新池調査委員会が編成され、調査研究の実務にあたった（図表6－4）。調査協力者を含めると総勢は二〇数名となり、岡山県知事が組織する管理委員会と、那須皓や石黒忠篤が務める諮問委員会をそなえた大がかりなプロジェクトであった。

各種農業機械に加え、住宅電化や上水道といった近代的住環境を一気に整えたうえで、二ヶ年にわたり大学院生を集落に常駐させて標本農家の詳細な行動記録が作成された。その分析の結果、とくにハンドトラクター導入による役畜の減少、機械に疎い老人たちの発言権の縮小、主婦たちの余暇時間の発生が顕著にみられたと報告されている（岡田・神谷　一九六〇）。

ただし、農村近代化の目玉がハンドトラクターにあることは実験開始直前にすでに予測されていたようだ。ホールの実子でやはり地理学を学んだ小ホール（Hall, R. B. Jr.）が、現地出張所の最終年度にポストドクターの研究生として滞在し、「最も機械化された都道府県の最も機械化された農村」の調査をおこなっていた（Hall 1958）。岡山県児島郡興除《こうじょ》村である（前掲図表6－3参照）。近世より新田開発事業が続けられた児島湾干拓地の中心に位置し、平坦で広大な耕地が拡がっていた。堆積土壌のため肥沃ではあったが保水力が低く、また、新開地なので水利権を持たず上流の村々の余水に頼らなければならなかった。このため一九二〇年代初めの二度の大干魃を機にして、揚水用の石油発動機が急速に普及することになった。同村の機械職人・藤井康弘が廉価で性能の良い発動機を開発・製造したことも普及を後押しした。

二〇年代は欧米の耕耘機が日本に輸入されはじめた頃で、とくにスイスのシーマ製の回転式耕耘機は児島湾開拓地の実験農場にも導入され周囲の農民の注目を集めた。しかしシーマは普及しなかった。理由は多々あるが、一つの大きな障碍は、一般農家には手の出ないその価格であった。一九二七年になって、上記の藤井が、すでに農家の手元にある石油発動機を流用ししかも脱着可能な格安の試作機を完成する。今日のヤンマー製農機の始点となるモデルであった。前後して近隣の民間鉄工所でも同様の試みが成功を収めたが、ヨーロッパの畑地用に設計された耕耘部品では粘土質の日本の水田を深耕できないというもう一つの大きな障碍があった。改良に向けた職人たちの試行錯誤の末に、本格的な使用に耐えるモデルが登場するのは三〇年代になってからである（図表6－5）。興除村では三七年に村内九四九世帯の所有台数が四二二台に達し、機械化がほぼ完成した（藤井　一九七四；和田　一九七九）。

新池と開拓新田の興除村とでは耕地と労働力のバランスが異なり、省力農機具を求める動機は同じではない。しかし、そもそも新池の農家に省力農機具への関心を呼び覚まし、日本の他地域と比較すればより多くの機械類を導入させていたのは、児島湾干拓地の隣村といってよいその位置関係にも一因があったと指摘さ

図表６－５　藤井商店の初期の実用耕耘機

注：藤井商店製作部「ますらを号」、最初期の実用国産耕耘機。奥はそのモデルとなったスイス製シーマ。
出典：ヤンマー農機製造株式会社所蔵、著者撮影

れている（Beardsley 1959: 173）。

同様に、瀬戸内海を隔てた「隣村」の関係にあった讃岐平野の農民たちも、藺草《いぐさ》収穫の季節労働を通じて、岡山の機械化農業の利点を垣間見ていたと考えられる。一九五二年の統計によれば、耕耘機の全国総数一万八四一〇台の内訳は、岡山の四三〇七台と福岡の二六六八台が突出し、他は広大な東北三県と新潟を除けば六〇〇台を越えるのは香川の七四一台のみである。また、耕地面積に占める耕耘機利用面積比は全国平均で一・一八パーセントだが、香川は四・〇三パーセントで四六都道府県中の七位であった（農林省農業改良局普及部営農改善課　一九五二）。

「回転式耕耘機タイプのトラクターは、戦前には児島湾干拓地でしか使用されていなかったが、岡山の他の地域や香川の農民たちは素早くその可能性を見抜いていた」（Pitts 1964: 117）とピッツは述べている。彼はその可能性を韓国の農民たちにも共有させたかったのである。

## 韓国のハンドトラクター

戦前は日本でも本格使用は一部にとどまったハンドトラクターは、朝鮮半島ではどれくらい使われていたのだろうか。一九二四年に慶尚南道の亀浦《クポ》で農場水利組合が開催した「農業用機具使用実習演会」には「自動耕耘機」も含まれていたが、年代からみて欧米製であろう（『東亜日報』六月五日）(7)。先に触れた興除村の藤井は、鉄工所を訪れた釜山の商社員に発動機や揚水ポンプを販売していたが、耕耘機の量産を始めていた一九三四年には親族を通して郡山《グンサン》の農機具展示会に出品し好評を得ている（藤井　一九七四：六八、一〇二頁）。同じ頃の『東亜日報』には他の日本製「自動式耕耘機」の紹介もみられる（三八年二月四日）。ピッツのもとで韓国のハンドトラクター導入について博士論文を書いた朴賛石《パク・チャンスク》は、総督府の農業近代化の恩恵に浴したのは日本人入植者であったと論じているが（Park 1981: 35）、これらがハングル記事であることから推察すると、日本とほぼ並行して、先進的な朝鮮人農家も耕耘機への関心を抱いていたと考えられる。戦後にピッツが農事試験所の倉庫で発見することになったのはこの時期に朝鮮半島に渡った一台だろう。

戦後は韓国政府が一九五七年に耕耘機数台を輸入し、改良を加えた後に地方の農事試験所に配置したり、国内企業に助成金を与えてつくらせた試作機一〇九台を各地に配ったりしたという（Park 1981: 36）。これらが含まれるか判然としないが、ピッツの調査では書類上は六一年の段階で約一五〇台が国内に存在していた（피츠　一九六一：四一頁）。しかし、農林局の年報では五九年から六三年の台数は順に、一六一、一五三、三〇、九三、三八六と一貫しない変動をみせる（Park 1981: 38）。戦後最初の導入の試みは実を結ばなかったとみてよいだろう。

これに続く試みが、ピッツの導入プロジェクトである。先に触れたように、予算が立法府を通過したのが一九六一年四月であった。同じこの月、ピッツは、アジア財団が出資し岡田らが実施した農村機械化調査の報告書を抄訳（Pitts 1961）して韓国政府に提出し、日本に出張して新池を再訪していることが注目される

（四月一〇日）。足取りがわかるのは、農業機械化調査の現地世話役を務めた植田近雄の記録があるからだ（植田　一九八五）。この来訪者記録をみると、国内の研究者や地方公共団体職員が視察に来たばかりでなく、ミシガン大学日本研究所の共同研究の成果が『Village Japan』（Beardsley et al. 1959）として出版されたことも手伝って、欧米の大学教授や大学院生、ジャーナリストに加え、パキスタンやビルマ、ベトナム、インドなどアジア諸国の政府関係者が次々とこの小さな集落を訪れたことがわかる。ただし、韓国からの視察は六一年に集中し、韓国政府顧問（D・マクラレン、七月二六日）、農林局農事院長（鄭南圭《チョン・ナンギュ》）と統計課長（呉興根《オ・フングン》、九月一一日）、農林部職員（朴錦東《パク・グムドン》）と食料農業研究所長（朴性用《パク・ソンヨン》）および延世大学教授（朴基赫《パク・ギヒョク》、一〇月九日）、ソウル大学教授（李萬甲《イ・マンガップ》、一一月九日）、水原農事試験所経営技術科長（韓成金《ハン・ソングム》、一二月八日）と矢継ぎ早に続いている。明らかにピッツがお膳立てした新池の視察であった。

韓国で耕耘機製造が始まるのはそれから二年後の一九六三年である。この年、三菱と提携した大同《デドン》工業が二七七台を生産し、ヤンマーと提携した新一《ジニル》機械工業がこれに続いた(8)。一方で、農業機械訓練プログラムの整備や、品質保持のための国家検査所の設置、当初は六割という高比率で給付された農家への導入資金助成など政府が積極的に後押ししたことで、ハンドトラクターは一九六〇年代後半から急速に韓国農村に普及しはじめる。

ハンドトラクターを導入して韓国農業の改良をはかろうというのは、瀬戸内海の洗練された耕作法を他地方にも広めようというのと同じか、またはその延長ともいうべき提言である。韓国農業の主軸が比較的小規模な水田での稲作であれば、畑地用に開発された欧米の耕耘機やトラクターではなく、水田用に最適化された日本のハンドトラクターが有利であった。そして、単に日本製機械の導入だけでなく、耕耘を機械化することで二毛作地域での徹底的な土地利用をはかることが、つまり瀬戸内海式の耕作法の導入が勧められていたのである（피츠　一九六一）。

しかし、一歩近づいてみるならば、地域ごとに耕地の状況やそれを取り巻く社会の状況は異なっている。同じ水田稲作を主とする日本式農業を韓国に導入することは、アメリカ大陸の大規模農業を押し付けるよりはリスクが小さいだろうが、狙い通りに実現するとはかぎらない。ハンドトラクターは一九七〇年代のセマウル運動によって津々浦々まで普及したが、かならずしも耕耘機として受け入れられたのではなかった。運転免許が不要で税金も課されず、購入には政府の補助がつく「自家用車」として歓迎されたという面もあった。そのような使用が多かったことは、耕地で使用させるために路上通行禁止令が出たことからもわかる(Park 1981: 48, 50)。

ネメスによれば、水田の少ない済州島でもハンドトラクターは、耕地よりも一般道で姿を見る交通運搬機械であった。それに加えて、自走するので山間部の果樹園に運びやすい殺虫剤散布機の動力でもあった。これが流用という問題だけで済まないのは、機械導入時に牛馬を手放した農家が、燃料やメンテナンス、化学肥料などを購入し続けなければならなくなってしまっていたからだ(Nemeth 1988)。機械化が外部への従属を強め農業経営のリスクを大きくし、かえって実質的な生活を貧しくするという、開発学では馴染みの問題であった。

一九六〇年に経済開発顧問として農村地帯を巡見していたピッツは、若い韓国人農夫からハンドトラクター導入計画への猛烈な反論を浴びせられたという。朝鮮赤牛と農家の生態学的な絆を断ち切ってはならないというのが理由であったという(Pitts 2002: 282-283)。回想記で言及し、後進によるインタビュー(Nemeth 2008: 86)でも触れているのだが、再批判も譲歩も付していないので、あえて対論に言及した本意はわからない。しかし、フィールドに農業機械化への懸念が存在したことを書き留める彼の脳裏にも一抹の懸念が存在したのは確かだろう。

実は、岡山のフィールドにも似たような懸念はあった。先に触れた植田は機械化調査の終了が近づいたある日の日記に次のように記している。「機械化して経済的に利益か否かは疑問であるが、機械化は一種の流行の如きもので耕作面積の多寡にかかわらず皆機械に頼るようになった。本年は役牛十三頭を六頭に減ず」（六月二六日）。岡田らの報告書にも、所有耕地面積が一ヘクタール未満の農家にとってはハンドトラクターの導入が経済的にマイナスになってしまうと指摘されていた。それが問題化しなかったのは、農業機械化プロジェクトとは関係なく高度成長期に入った日本の社会的経済的状況という外部環境が予想以上の好条件を提供したからにすぎなかった。

## 5　おわりに

対日戦争の必要に応じておこなわれた言語訓練が、アメリカの学術界に一世代の日本専門家たちを生み出したことはよく知られている。ピッツの研究歴は、日本についてのこの学知が一分岐を沖縄研究へと伸ばしたばかりでなく、それを越えて韓国研究へと連なっていったことを示している。経済開発顧問としてのハンドトラクター導入プロジェクトの後も、彼は韓国での調査とその地理学研究を続け、韓国研究者としての地歩を固めた。一九七二年には、転勤先のハワイ大学に全米初となる韓国研究所を設立し、機関誌『Korean Studies』の初代編集長も務めている。

いまひとつ指摘しておきたいのは、この学術の発展がほぼつねに実践的な目的と結びついていたことである。それは戦時のインテリジェンスであり、占領下日本の農業復興であり、米軍統治下の沖縄民政の安定化であり、韓国および他のアジア諸国の農業機械化であった。ピッツの経歴は、専門学術とその実践的応用が一本の糸のように絡み合いながら続いていく様を例証するものだ。ただし、実社会の要求に学術専門家がつねに従属していたわけではない。米軍の権威が隠そうとする現実に肉薄したり、自文化中心主義的な農業改革プランを批判したり、農業機械化一辺倒の趨勢に留保を示唆したりというのは、フィールド調査という武器を備えた地域研究者ならではの実社会への応答であった。

アメリカが政治的経済的に支配的になった冷戦期の東アジアで、その官僚、軍人、企業人が域内の個々の要所を転任や派遣で巡るのは自然なことであろう。同様に、彼らと一枚岩とはいかなくとも、アメリカ人研究者もまた東アジアの個々のフィールドを股にかけて調査活動を発展させていくことは少なくなかった。このような現象は戦後のアメリカに特有なことではない。台湾総督府民政長官を務めた後藤新平が満鉄総裁に転じたり、鳥居龍蔵が台湾、千島、南西中国、満蒙、朝鮮へと帝国日本の拡大に沿ってフィールドを拡げていったりしたことと重ねてみればそれは明らかである。

あるひとつの地域で優勢な国家に属する政治・経済エージェントと学術研究者は、その地域のなかの個々の「地域」を結んで動く。いや、むしろそのように動けるということがすなわち優勢であることだといってよい。であれば個々の「地域」に停滞していることは相対的な劣位の証なのだ。そして、この関係は実際の静動以上に視角の問題でもある。地域研究の歴史を顧みるときに、戦後の日本、沖縄、韓国あるいはその他の「地域」それぞれとアメリカという枠組みでばかり語ることは、個々の「地域」の相対的劣位を追認してしまう。これに替わる新たな視座を築くためにも、複数のフィールドを結ぶ地域研究史を描くことが必要なのではないだろうか。

［付記］本章に用いた一部資料の収集にあたっては科研費（課題番号二五三七〇九五四）の助成を受けた。

## 注

（1）以下、一次資料はワシントンの米国アカデミー資料室が所蔵する運営資料中のフォルダ「太平洋学術部会

――文化変化研究」に挟まれた文書による。

(2) 同研究所の活動については、現地岡山側の共同研究者であった石田寛が編集した論集(一九八五)に関連した論考がまとまってあるほか、関係者の日記も収められている。また、岡山理科大学が発行する『社会情報研究』誌は、最近、特集を組んで現地出張所の活動を再考している(第一一号、二〇一四年三月)。後者に寄稿のある中生勝美、谷口陽子(谷口 二〇一〇、二〇一一も参照)、また、同地の追跡調査で博士論文を書いた桑山敬己(桑山・中西 二〇一六も参照)の各氏からは特に多くの教示を受けた。記して感謝の意を表したい。

(3) Summation of U. S. Army Military Government Activities in the Ryukyu Islands, July-November 1946, p. 26.

(4) 牛馬に犁を牽かせて田畑を耕す作業を代替する機械を一般に耕耘機と呼ぶことができるが、欧米では、①トラクター(牽引機)に犁相当部品を装着するか、あるいは、②耕起に特化した一体の機械つまりティラーの二様に発展した。前者は装着部品を付け替えて刈入や農薬散布など様々な作業に用いられる汎用性があり四輪自走し大型化もするが、後者は一般に小型の園芸用が多く、人が支えて歩行に合わせて動く。回転式耕耘機(ロトティラー)とは回転爪により耕耘するもので後者の主流をなす(スクリュー式や鍬の動作を模したクランク式などもある)。日本で耕耘機が製造された頃には様々な名称に混じって「トラクター」とも呼ばれたが、後段で述べるようにモデルとなったのは回転式耕耘機であり実際はティラーに近い。けれども、一方で初期モデルのひとつの特徴は脱着可能なエンジンにあり、また、後には二輪貨車を装着して自走するような使い方が目立った。さらに、粘土質の水田での作業に適合させるために大幅な改良が加えられ、一般に畑地用でもあるティラーと同じ名称でも呼びがたい。「ハンドトラクター」とはそのような日本製耕耘機の名称であり、ピッツも回想ではこの語を回転式耕耘機と区別して使用しているので、本章もこれにしたがった。

(5) 포레스트 피츠(フォレスト・ピッツ)「韓國과 日本農業에 對한 美國人의 印象」、『食料과農業』第四巻第一二号、一八四―一八九頁(英文対訳)、一九六〇年一二月。同「韓国農業機械化의課題」、同誌第五巻第一号、四〇―五八頁、一九六一年一月。同「林野所有権에 関한 考察」、同誌第五巻第二号、七二―七三頁、同年二月。同「農民生活向上展望」、同誌第五巻第三号、五三―五六頁、同年三月。これらの入手にあたっては宮川拓也および陳泌秀両氏の助力を得た。

（6）　石田寛（一九八五：二二〇頁）がForrest R. Pitts. 1960. Proposal for Introducing Hand Tractors to Korea.という二〇頁の小冊子について言及しているが未見。
（7）　朝鮮および韓国の耕耘機関係の新聞記事については李徳雨氏より教示を受けた。
（8）　韓国の耕耘機製造会社については金広植氏より教示を受けた。

## 参考文献

### 日本語文献

石田寛（編）（一九八五）『外国人による日本地域研究の軌跡』古今書院
石田寛（一九八五）「「新池」をめぐる日本地域研究の追跡調査・再訪問調査」石田寛（編）『外国人による日本地域研究の軌跡』古今書院：一九九―二二一頁
植田近雄（一九八五）「植田日記――新池部落機械化関係日誌」石田寛（編）『外国人による日本地域研究の軌跡』古今書院：四五三―四五九頁
岡田謙・神谷慶治（一九六〇）『日本農業機械化の分析――岡山県高松町新池部落における一実験』創文社
桑山敬己・中西裕二（二〇一六）「ピアズレー他Village Japan（一九五九）――愚直なまでの民族誌的記述から見えること」桑山敬己（編）『日本はどのように語られたか――海外の文化人類学的・民俗学的日本研究』昭和堂、三月刊行予定
島清（一九七〇）『わが言動の書――沖縄への報告』沖縄情報社
泉水英計（二〇一三）「琉球列島学術調査（SIRI）、一九五一―一九五四年――米国文化人類学と沖縄軍政」ヨーゼフ・クライナー（編）『日本民族学の戦前と戦後――岡正雄と日本民族学の草分け』東京堂出版：四七〇―五〇三頁
谷口陽子（二〇一〇）「米国人人類学者が見た戦後日本のむら――コーネルと馬繋」岡山理科大学「岡山学」研究会『高梁川を科学するPart.1』吉備人出版：九〇―一〇九頁
谷口陽子（二〇一一）「コンタクト・ゾーンとしての文化人類学的フィールド――占領下の日本で実施された米国人文化人類学者の研究を中心に」田中雅一・舟山徹『コンタクト・ゾーンの人文学Ⅰ』晃洋書房：二〇―

四六頁
農林省農業改良局普及部営農改善課（一九五二）『農業機械化普及上の問題点』農林省農業改良局普及部営農改善課
比嘉政夫（一九八五）「外国人による沖縄村落研究――社会人類学の視点から」石田寛（編）『外国人による日本地域研究の軌跡』古今書院：二五七―二七六頁
藤井康弘（一九七四）『心の柱――土を耕すわが半生の記録』世紀社出版
マレッキ、トーマス・W（一九六二）「第二次世界大戦後の米国人類学者による琉球研究」『民族学研究』第二七巻第一号：九七―一〇二頁
和田敦彦（二〇〇七）『書物の日米関係――リテラシー史に向けて』新曜社
和田一雄（一九七九）『耕耘機誕生』富民協会

**韓国語文献**

포레스트 피츠（一九六一）「韓国農業機械化의課題」、『食料과農業』第五巻第一号：四〇―五八頁

**英語文献**

Beardsley, Richard K., John W. HALL & Robert E. WARD (1959) *Village Japan*, Chicago: The University of Chicago Press
Burd, William W. (1952) *Karimata: A Village in the Southern Ryukyus*, Washington: Pacific Science Board, National Research Council
Dignman, Roger (2013) *Deciphering the Rising Sun: Navy and Marine Corps Codebreakers, Translators and Interpreters in the Pacific War*, Annapolis: Naval Institute Press
Hall, Robert B. (1947) *Area Studies: With Special Reference to Their Implications for Research in the Social Sciences*, New York: National Research Council
Hall, Robert B. Jr. (1958) Hand-Tractors in Japanese Paddy Fields. *Economic Geography*, 34: 312-320
Lebra, William P. (1966) Okinawan Religion: Belief, Ritual, and Social Structure: University of Hawaii Press

Nemeth, David J.（1988）The Walking Tractor：Trojan Horse in the Cheju Island Landscape. *Korean Studies*, 12：14-38

Nemeth, David J.（2008）Blame Walt Rostow：The Sacrifice of South Korea's Natural Villages. *In:* Timothy R. Tangherlini & Sallie Yea（eds.）*Sitings: Critical Approaches to Korean Geography*. Honolulu：University of Hawaii Press

Park, Chan-suk.（1981）Diffusion of Rototillers in Rural Korea to 1977. PhD Dissertation, University of Hawaii

Pitts, Forrest R.（1955a）*Comparative Land Fertility and Potential in the Inland Sea and Peripheral Areas of Japan*. PhD Thesis, University of Michigan

Pitts, Forrest R.（1955b）*The Urban Setting — Koza*, Washington：Pacific Science Board, National Research Council

Pitts, Forrest R., William P. LEBRA & Wayne P. SUTTLES（1955）Post-War Okinawa, Washington：Pacific Science Board, National Research Council

Pitts, R. Forrest（1961）*Two Asian Studies of Tractors and Livestock in Oriental Farming*, Oregon Advisory Group, Economic Development council, Ministry of Reconstruction

Pitts, Forrest R.（1964）Rural Prosperity in Japan. *In:* Richard K. Beardsley（ed.）*Studies on Economic Life in Japan*. Ann Arbor：The University of Michigan Press

Pitts, Forrest R.（2002）Sliding Sideways into Geography. In：Peter Gould & Forrest R. Pitts（eds.）*Geographical Voices: Fourteen Autobiographical Essays*. New York：Syracuse University Press（＝二〇〇八）「脇道から地理学へ」『地理学の声』古今書院）

Smith, Allan H.（1952）*Anthropological Investigations in Yaeyama*, Washington：Pacific Science Board, National Research Council

# あとがき

最後に、本書の成り立ちについて記しておく。本書は、もともとは編者の坂野と執筆者のひとりである愼蒼健氏が中心となって二〇〇五年に組織した「植民地と学知研究会」が母体となっている。当研究会は、植民地における学知を中心に、植民地統治をめぐる問題に関心をもつ複数の領域の研究者がゆるやかに集まり、自由に議論をする会として始まり、二〇一〇年には、この会のメンバーによる論文集として、坂野徹・愼蒼健編『帝国の視角／死角――〈昭和期〉日本の知とメディア』（青弓社刊）を刊行することもできた。

その後も、研究会のメンバーは親しい研究仲間として交流を続けてきたが、坂野が勤務先で、二〇一二年から研究プロジェクトをおこなう機会を得た。そこで、特に植民地における学知の歴史を研究している愼（科学史）、菊地暁（日本民俗学）、アルノ・ナンタ（科学史）、木名瀬高嗣（文化人類学）、泉水英計（文化人類学）の諸氏に声をかけ、三年間にわたる「帝国日本のアジア地域における人類学・衛生学に関する歴史研究」プロジェクト（日本大学経済学部中国・アジア研究センター、二〇一二―二〇一四年度）を実施することになった。

プロジェクトの三年のあいだには、シンポジウムや研究会も複数回開催したが、活動の主眼は、「帝国日本」「ポスト帝国」時代に実施されたさまざまなフィールドワークの足跡を、われわれ自身で現地調査することに置いた。「フィールドワークをフィールドワークする」と称して、三年間に訪問した国内外の調査地域は、韓国（ソウル、蔚山、釜山、済州島）、台湾（台北、花蓮、台東、高雄）（二〇一二年度）、対馬・壱岐、ミクロネシア連邦（ポンペイ島）（二〇一三年度）、奈良・大阪・山口、ミクロネシア連邦（ヤップ島）、沖縄（八重山諸島）（二〇一四年度）と多岐にわたり、こうしたプロジェクトの実施過程で、研究対象は、当初の「人類学・衛生学」にとどまらない多領域の学問分野へと広がっていった。

そして、少なくとも編者自身にとって、文化人類学や民俗学といったフィールド系の研究者との共同調査は、フィールドワークについての認識を深めるための得がたい経験となった。本書は、研究プロジェクトの最終的成果となる論文集だが、ここでプロジェクトのメンバーには改めて感謝の意を表しておきたい。また、各自の研究や学務の関係で皆だんだんと忙しくなり、現在、もともとの「植民地と学知研究会」の方は開店休業状態となっているが、本書刊行を機に、研究会を再開できることを期待している。

なお、本書の刊行においては、かつて編者がはじめての単著を刊行する際に編集を担当してくださった勁草書房の松野菜穂子さんに再びお世話になった。短期間で刊行までの裏方作業をこなしていただいた松野さんにもお礼申し上げる。

［追記］本書の刊行にあたっては日本大学経済学部中国・アジア研究センターの出版助成を受けている。

二〇一五年一一月　再び戦争の足音を感じる晩秋に

坂野　徹

## 執筆者紹介（執筆順。*は編著者）

**坂野　徹**（さかの　とおる）*　序論、第四章

1961年生まれ。東京大学大学院理学系研究科博士課程単位取得退学。博士（学術）。

現在、日本大学経済学部教授。

主著：『帝国日本と人類学者―― 一八八四－一九五二年』（勁草書房、2005年）

**菊地　暁**（きくち　あきら）第一章

1969年生まれ。大阪大学大学院文学研究科博士課程修了。博士（文学）。

現在、京都大学人文科学研究所助教。

主著：『柳田国男と民俗学の近代――奥能登のアエノコトの二十世紀』（吉川弘文館、2001年）

**アルノ・ナンタ**（Arnaud Nanta）第二章

1973年生まれ。パリ第七大学大学院歴史地理学部博士課程修了。博士（歴史学）。

現在、フランス国立科学研究センター（CNRS）一級研究担当官（准教授）。

主著：「植民地主義の歴史と〈記憶〉闘争」『環』49号（2012年）

**愼　蒼健**（しん　ちゃんごん）第三章

1964年生まれ。東京大学大学院総合文化研究科博士課程単位取得退学。

現在、東京理科大学工学部第一部教授。

主著：『帝国の視角／死角――〈昭和期〉日本の知とメディア』（共編著、青弓社、2010年）

**木名瀬高嗣**（きなせ　たかし）第五章

1970年生まれ。東京大学大学院総合文化研究科博士課程単位取得退学。

現在、東京理科大学工学部第一部准教授。

主著：『日高文芸　特別号　鳩沢佐美夫とその時代』（共編、491アヴァン札幌、2013年）

**泉水英計**（せんすい　ひでかず）第六章

1965年生まれ。オックスフォード大学大学院社会文化人類学研究科修了。博士（D. Phil）。

現在、神奈川大学経営学部教授。

主著：『記憶と忘却のアジア』（共著、青弓社、2015年）

# 人名索引

カ　行



サ　行

タ　行



ナ　行

## ハ　行



## マ　行

ヤ　行



ラ　行



ワ　行

# 事項索引

## サ　行

ナ　行



ハ　行

アルファベット

帝国を調べる　植民地フィールドワークの科学史

2016年2月15日　第1版第1刷発行

編著者　坂《さか》野《の》　徹《とおる》

発行者　井 村 寿 人

発行所　株式会社　勁《けい》草《そう》書 房

112-0005 東京都文京区水道2-1-1　振替　00150-2-175253
（編集）電話 03-3815-5277／FAX 03-3814-6968
（営業）電話 03-3814-6861／FAX 03-3814-6854
本文組版 プログレス・大日本法令印刷・松岳社



ISBN978-4-326-20054-2　Printed in Japan



http://www.keisoshobo.co.jp

坂野徹　帝国日本と人類学者　一八八四—一九五二年　A5判　五七〇〇円

廣野喜幸・市野川容孝・林真理 編　生命科学の近現代史　四六判　三四〇〇円

金森修　遺伝子改造　四六判　三〇〇〇円

金森修　自然主義の臨界　四六判　三〇〇〇円

金森修　負の生命論　認識という名の罪　四六判　二五〇〇円

金森修・中島秀人 編著　科学論の現在　A5判　三五〇〇円

金森修 編著　科学思想史　A5判　六六〇〇円

金森修 編著　昭和前期の科学思想史　A5判　五四〇〇円

坂野登　不安の力　不確かさに立ち向かうこころ　四六判　二七〇〇円

＊表示価格は二〇一六年二月現在。消費税は含まれておりません。